災害の倫理

災害時の自助・共助・公助を考える

Naomi Zack
ナオミ・ザック［著］
髙橋隆雄［監訳］
阪本真由美・北川夏樹［訳］

勁草書房

災害の倫理——災害時の自助・共助・公助を考える／目次

目次

ペーパーバック版序論……ix
災害倫理の概要　xi
リスクと災害／災害における政府の役割／実践的な災害倫理
近年の災害　xix
ハリケーン・カトリーナからの復興／ＢＰの流出事故／二〇一〇年ハイチとチリの地震
将来に向けた研究と展開　xxvi
序論……xxxv
本書の背景　xxxv
謝辞……xlv
序章と各章の概要……1
災害とは何か？　1
「災害」の定義　11
第Ｉ部および第Ⅱ部と各章の概要　14

目　次

第Ⅰ部　倫理

一章　防災計画――最大数を救うことが最善なのか？……23
戦争における医療トリアージ　24
日常のなかで計画を立てることの倫理　29
災害計画の倫理　31
最近の鳥インフルエンザ流行に対する計画とその広範な倫理的意味　34
準備計画と対応計画　37
最大数を救う　48

二章　救命ボートの倫理と災害――太った男を吹き飛ばすべきなのか？……59
救命ボートの倫理、道徳システム、そして災害　59
洞窟の中の太った男　62
評価と苦悩　64

洞窟探検隊　66
ウィリアム・ブラウン号の大型ボート　69
評価とさらなる問い　70
旅行者ジム　75
ニューオーリンズにおける殺害？　78
ハックルベリー・フィンと義務論　83

三章　災害時の徳――ミッチ・ラップとアーネスト・シャクルトン……91

アリストテレスと徳　91
アキレス　95
ミッチ・ラップの復讐　99
認識論　102
『ザ・ロード』における家族の価値　109
アーネスト・シャクルトン　114
災害のための新たな道徳システム？　122

第Ⅱ部　政治

四章　社会契約——トマス・ホッブズ、ジョン・ロック、アート・スピーゲルマン……129
自由（FREEDOM）と自由（LIBERTY）、道徳と法　129
社会契約論　134
自然状態　135
災害時の第二の自然状態　139
被災後のホッブズとロック　143
理論上の第二の自然状態　144
消えたタワーの影のなかで／九・一一委員会報告

五章　公共政策——スネーク・フライト、ペンタゴンの火災、そして災害の権利……163
スネーク・フライトとペンタゴンの火災　163
国土安全保障　168
ＤＨＳ（国土安全保障省）とハリケーン・カトリーナ　169

安全　170
災害時の権利と航空旅客の権利　175
平常時の人権　179
災害時の権利　181
尊厳と災害の被害者　186

六章　不利な人々と災害――ハリケーン・カトリーナ……197
恥　197
社会的不平等と災害　201
ハリケーン・カトリーナ　204
制度化された集団殺戮？
陰謀論　214
災害時の積極的行動　221
資本主義と災害　222
カトリーナ後の不利な立場の人々に対するスパイク・リーの見方　224

より広い見方 227

結論――災害の倫理綱領、その意味するところと水危機……237
災害の倫理綱領 237
災害の倫理綱領
災害の倫理の意味するところ 240
世界的な水危機 243
世界的な水危機に対する倫理綱領

追記――人の生命の道徳的価値と金銭的価値 248

『災害の倫理』解説 253

事項索引 iv

人名索引 ii

ペーパーバック版序論

ハードカバー版『災害の倫理』が二〇〇九年四月に出版された。それから十五ヵ月、世界的な大不況の進行、壊滅的な被害をもたらしたハイチ地震、チリの巨大地震、メキシコ湾のこれまで類を見ない重油漏洩が立て続けに起きた。ハリケーン・カトリーナから五年となるニューオーリンズの復興問題もある。近年、災害からの復興は効果的になっただろうか。次の災害はいつ、どこで発生するのか。それに対する備えはされているのか。過去の教訓や知見は活かされるのか。次の悲劇的な出来事から得られる教訓は、未来の行動や政策に実装されるのか。世界中の観衆は次の災害で誰を非難し、またその非難はどのように対処されるのか。

これらは部分的には、哲学者が「経験的問題」と呼ぶものである。未来の事象が答えをもたらすのである。しかし、事実を超え、義務、価値、選択の領域に入ってくる側面がある。それは災害の倫理的な部分であり、これらの問題の根底にあるものに「〜すべき」という形で答えをもたらす。ハリケーン・カトリーナの犠牲者たちは、日常に戻るため、もしくは容認できる「新しい日常」をつくるための十分な助けと継続的なサポートを享受すべきだった。私たちは次なる災害がいつどこで起こるか知らないが、今のような気候変動、世界的貧困、政治的混乱の時代では、国民と政府は将来想定される災害に対する準備をするべきである。国際的なメディアから出される災害速報は、苦しみの中にいる人々を救わなければという緊急の義務を受け手にもたらす。そんな突然のどうしようもない義務を背負い込むことは不公平だし、普通ではない。しかしそれは非常時における、避けようのない道徳的な構造である。すべての住民、役人は彼らの地域で起こりうる災害に備えるべきであるし、発災時の対応や復興支援のための準備をすべきである。皆が、過去の教訓をもって未来の災害にアプローチするべきである。皆が、次の災害で得た知見をその次の災害に活かすことを率先して行うべきであり、またその能力を有するべきである。被災者やオブザーバーたちは、事件を起こした人々や、天災や人災への対応を公的に担っている人々の悪意や手抜き、リーダーシップの欠如に対し倫理的、法的に責任を問うべきである。先進的で大胆で、成果のある活動・計画は、人々に肯定的に受け入れられるべきである。

これらの道徳的、倫理的なべきはどこから由来し、何を基盤とし、どのように正当化されるのか。こうした哲学的な問いへの答えが、本書の内容をなす。この第二の序文ではまず、災害倫理という分野の外観について示し、はじめに言及した最近の災害について倫理的な側面から改めて考察する。災害倫理は、差し迫った出来事への人道的な援助や救助活動の緊急の義務以外については、まだ新しく、理論化が十分でない分野である。特定の環境破壊や人々の苦しみ、死といったものの具体的イメージは、今や、それらの分類学なしでも数多く映像化されている。こうしたことは災害倫理を、ある種のジャーナリズム的企てと化す。最近の理論はともすれば、新しい情報に影響されて急速に伝搬したり、重視される点が変化しがちである。私はアカデミックな哲学者として、理論的な革新が、最新の情報源に頼っている現状に当惑している。しかしその当惑は、的を射たものであるか、知的な見当違いであるかのどちらかである。災害倫理の基本原理は、新しい手に負えないことが起こるにつれて変化するものではないが、そうした原理の適用はより包括的かつ、状況に則したものとなっていく。それゆえに、この序論の最後のパートには、最近の災害をふまえて、災害に対しての本書の内容を超える倫理的な示唆が含まれている。

災害倫理の概要

自然災害も、近年の人為的災害も、科学の進歩の複雑化や期待との関連の中で、社会的に構成されている。少数の遊牧民族を除いたすべての人間は、破壊可能なインフラに依存した特定の地理的コミュニティの中で生活している。インフラがひとたび壊されると、産業に依存しない社会の住民たちでさえも、自然の中で生計が立てられない。技術の進歩は技術への依存に拍車をかける。技術への依存が高まると、脆弱性が高まる。そして、災害発生の可能性が高まれば、人命や物質的な幸せがより脆弱なものとなる。

リスクと災害

災害は、国際機関によって「人命救助や破壊からの復興に外部の助けを必要とする、突発的な物理的出来事」と定義されてきた。金融破たんによる二〇〇八年の大不況は、数百万人の生活に破滅的な結果を生み、緊急「救助」を引き起こした。しかし、株式市場の崩壊や銀行の破産といった抽象的、無形的な事象はなおも「災害」というステージで語られることはなかった。災害は物理的なものなのである。

災害による目に見える驚きや、ドラマ、臨場感は、亡くなった人の数よりも、私たちの関心を引きつける。災害はリスクと同じものですらない。私たちは災害を出来事として、リスクを平常時の状態として見ている。私たちはいかにリスクと共に生きているのか――二十世紀を見ると、第一次・第二次世界大戦では一億人が死んだ。二〇〇九年のアメリカでの自動車事故の死者は約三万四千人であり、二〇〇八年は三万七千人以上だった。二〇〇一年から二〇〇七年の間、二十四万五千人ものアメリカ人が交通事故で亡くなっており、世界規模では六百万人だった。アフリカでのエイズのパンデミックは、二〇一〇年までに二千五百万人の孤児を生むと見積もられる。世界的な水不足は二〇二五年までに世界人口の三分の一に、安全な飲料水や公衆衛生の不足をもたらすのではと予測されている。現在では、途上国における八十％の病気が、水中の病原菌を原因としている。では、これらの数値を災害の被害者数と比較してみよう――二十世紀を見ると、約五百万人が自然災害で死んでいる。二千七百五十人が、九・一一の世界貿易センターでのテロで死んでいる。[1] 二〇〇四年のインド洋津波では三十万人が犠牲になったと言われている。ハリケーン・カトリーナでは千八百人以上である。[2]

リスクとしてみなされる事象の犠牲者数を考慮すると、倫理学者や人道主義者たちは何故災害にこだわって携わる必要があるだろうか。合理的にいえば、彼らはリスクに焦点を当てるべきである。しかし、私たちは人間の心理から逃れることはできない。私たちは、突然の大きな危害に対し、継続中の小さなものより激しく反応する。たとえ小さな危害の総計が、突然の大きな危害をはるかに上回ったとしてもである。だが、私たちは災害と同様の結果をもたらす平常時のリスクについて注意を払うべきである。すなわち、人々の道徳心が向上している世界においては、災害の呼びおこす激しい共感や懸命な対応の類は、リスクという興奮に乏しい問題にまで及ぶであろう。シンガー（Singer, P.）は著書『あなたが救える命——世界の貧困を終わらせるために今すぐできること』の序文で、五歳以下で貧困のために亡くなる子どもの数が一九六〇年から二〇〇七年の間で毎年二千万人から千万人以下に減少し、その間に世界の人口は二倍になったと記している。シンガーはこの改善を、経済的な進歩のみならず、天然痘やはしか、マラリアといった疫病対策の成果であると見ている。[3] これらの対策は、「たった一人の子どもでも貧困のせいで死ぬのは道徳的に誤っている」という道徳的議論なしには成立しなかっただろう。

災害における政府の役割

遠くの地で起こる災害は（テレビ等で）家に居ながら見ることができ、今や家の中に災害がある。権力や安全の中心と被災地との距離が近くなることで、災害倫理は必要なものとなってきた。災害倫理は難解な学術問題や演習ではない。国や社会が信心深いとか、民主主義的であるとか政治的な弾圧が行われているといったことに関係なく、災害倫理は世界中で普遍的に受け入れられるようなしっかりした原理にもとづかなければならない。この原理には次のことが含まれる——一人一人の命のもつ内在的［本来的］価値の認識、人命を守るという政府の義務、自分や家族を守るという個人の義務、他人を害さない義務、自分に害が及ばないかぎりにおいて他者を助ける義務、自身の行動が物理的環境や将来世代に及ぼす影響について熟考する義務。こうした一般的な義務は、既にひどく恵まれない暮らしをしている人を助けることまではしないという人々や、環境や将来世代のための義務は個人の自由を侵害すると考える人に、反対されるかもしれない。また、人道的な支援を即座に行うことばかりが優先される一方で、道徳的や政治的、また現実的な不和といったものは隅に追いやられている。そのことが災害復興や将来的な災害における減災のための行動だけでなく、リスクを最小化する行動も制限してしまっている。

民主主義社会において、災害倫理における利他的な原理は自明に見えるが実は曖昧である。抑圧的な政治をしている政府の中には、そのような原理を脅威や干渉とみなすものもあれば、利益になるという理由で受け入れるものもある。例えば、ミャンマー（ビルマ）と中国の両政府が二〇〇八年五月にサイクロン・ナルギスに対してとった対照的な措置を見てみよう。ナルギスでの約八万人の死者のほとんどは高潮によるものである。ミャンマーの軍事政府は、外国人に対し二百万人が家を失ったイラワジ・デルタに入ることを許さなかった。[4] 中国では、温家宝総理は諸外国の援助を歓迎し、後日中国西部で発生したM七・九の地震のさいも、即座に外国に対し援助を要請した。[5]

両国の災害対応の違いは、災害倫理が政治学や政治哲学と深い関連があることを強調している。人命や幸福の価値といった、国家の法と違って個人的なものであり、政府の方針に批判的となりうる価値についての倫理的議論を続けることは大切である。そして、災害倫理と政府の義務について関連づけることは重要である。なぜならば、現代の突発的な巨大災害に対して効果的に備えるとともに対応できる資材と管理能力を有するのは主として政府だからである。個人が自他を守る義務を負わず、災害に準備し対応する義務がないという意味ではない。どのような形にせよ、政府が現代の巨大災害の主たる対応者であるかぎり、政府は状況を悪化させたり、保有する基礎的な組織化された努力を怠るべきではないのである。

災害に対して政府が責任をもつことの一部は、社会契約論と普遍的人権理論という明らかに西洋的な伝統に、また一部は倫理の本性に起因する。このように、人命は、人間が個人や家族、集団の一員として生きるうえで本来的に価値のあるものである。人命は、普遍的に尊重されるに値する尊厳をもつのである。また、人間は地球の物的資源に究極的に依存しているが、その力が環境におよぼす力のために、今日では環境保全や保護が必要である。こうした倫理的な捉え方を、政府とその支配下にある人々の関係にまで拡大すると、政府が正当なものであることが部分的にではあるが示されることになる。

実践的な災害倫理

実践的な災害倫理には、公共政策で長きにわたり無視されてきた四つの重要な要素がある。備えと計画の重要性、功利主義と備えの関係、安全と安全保障の違い、そして災害が老人、障がい者、とくに貧困者に最悪の影響を及ぼす仕方の四つである。

人間はお互いに対して、思慮深いことや、不慮の事態に対し備えていることを日常的に期待している。保険やシートベルト、予防接種が、貯金と共に生活の必需品となっている理由である。（二〇〇八年の株価暴落の後、貯金は改めて人気を得ている。）食品や薬品は購入時に不純物がないと思われているし、車は安全に運転できるよう作られているはずである。橋は一定の重量を支えられるし、商業ビルは火災や地震に強く作られている。沖合の油田は爆発しないよう保安が万全なはずである。こうした予防の数々は生活の一部であり、予防策がとられず死傷者が出た場合、民事責任が問われるし、刑事罰が適用されるかもしれない。こうした法的措置は広く認められている道徳的直観にもとづいている。それによると、身体の完全性と人命はもっとも価値のあるものであり、それらを毀損することは重大な道徳的悪であり、法的に罰せられるべきである。比較的近年に法整備がされたにもかかわらず、地域が限定されたり活動が限定された災害への備えは、こうした義務としての思慮の範疇にあり、そのような備えの失敗は、義務としての思慮の失敗と同様に道徳的な問題とされる。ただし、それへの法整備は比較的近年になってなされた。災害への備えの失敗が道徳的な悪とみなされると、それが犯罪となるのは、時間と対策の仕方にかかってくる。

災害救助や緊急対応において通用している「功利主義」の用法では、「最大の人数を救え」という原理が批判なく受け入れられているようである。耐震化された建物や洪水対策に徴収された税金は、地震に弱い建物や不適切な税金よりも多くの人を救いうる。資材と人員の制限のもとでは、最大人数を救うことは、いかなる場合も道徳的に意味がある。しかし、救うことのできる最大人数は、事前対策の妥当さに強く関連する。「最大の人数を救え」よりも善い原理は、「適切な備えのもと、救える人は全員救え」である。加えて重要なのは、救われるべき全員とは誰なのかは公平に、必要であれば無作為に選ばれる方が、その人のもつ生産性、コミュニティでの価値や、医学的予後によって、事前に選定するよりもよいということである。こうした公平性は人間の価値は平等であるという平等主義の原則のみならず、人々の選好にも一致する。そのような人々の選好は、トリアージにおいて、単なる無作為選抜や「最初に来た人を救う」以外の仕方が用いられてきたことが知られるたびに明らかにされてきた。

安全保障（security）にかんする規定とは別の規定によって、災害は事前の備えや対応の結果としての安全性（safety）を要する緊急の状況として捉えられるべきである。この違いは、九・一一の後、連邦緊急事態管理庁（ＦＥＭＡ）が国土安全保障省に組みこまれた再編のときに不鮮明になった。安全にかんする脅威は継続中であり、犯罪やテロ、軍事攻撃は安全の問題ではない。それらは安全保障上の問題としてある。安全保障の綻びは安全の脅威となり、安全でない状態は安全保障上の問題に見えるかもしれない。しかし平常時の物理的な予防や災害への備え、災害からの復興には、安全保障とは違った人的資源や政策が必要となる。安全と安全保障が安全保障に統合されるとき、日頃の用心や、公共の安全の維持に必要なインフラの保全は、警察や軍によるドラマチックな安全保障対策を重視することで、最小化されてしまうだろう。

ある人は、災害でもっとも犠牲になるのは年寄りや障がい者だと予測する。また、サポートが必要な人とともにいる人、特に女性はケアする者として災害時の移動性に乏しい。しかし、災害の顔となる、技術的に発展途上にある国の貧しい、白くない顔の人々――その「顔」はハリケーン・カトリーナの際のアメリカでも現れた――彼らこそ特別な弱さをもつ。貧しい人々は、来る災害に備えるにも、逃れるにも、立ち直るにもお金がない。この経済的な理由による無抵抗は、道徳的な観点から、埋め合わせとしての助けを必要とする。現在では、こうした償いの気持ちは人道支援、慈善支援の形で現れるが、多くの場合、こうした支援は一時的に、最低限度の生活を引きのばさせる程度にすぎない。同情の感情を超えて、災害時の不平等が道徳的問題であるならば、この人類におけるもっとも脆弱な集団が自立するための物的基盤の再建、場合によってはその形成のための国際的な協力が必要とされるかもしれない。

近年の災害

災害として認識されるには、人道的支援の枠を超えた社会的、政治的、経済的な変化を必要とする。それは、メディアが公の声を形作り政策に影響を及ぼすような、裕福な民主主義国家における純粋な事実問題とは異なる。アメリカでは国内の災害だけが国民意識に働きかける力をもち、先述の災害と同様のリスクは国のレーダーにすら記録されていないかもしれない。重油の流出について考えよう。ＢＰ（ブリティッシュ・ペトロリアム）の流出事故よりも注目を集めなかったのが、二〇一〇年の七月に起きた、パイプライン爆発を引きおこした中国の流出事故である。この事故では四百平方マイルにわたる沖合地域も影響を受けた。ナイジェリアデルタでの流出事故は数十年にわたっており、ＢＰ社の流出を上回ると推定されているが、ナイジェリア政府がシェルオイル会社に課した法的努力は極めて不十分である。イラク軍は一九九一年の第一次湾岸戦争の際、クウェートの七百もの油井を爆破し、その環境被害は未だ十分に評価されていない。[6]

ハリケーン・カトリーナからの復興

国際的な事柄に対する想像力と共感の欠乏が世界的に広がっているとしても、自国の災害の道徳的側面にも注目しないアメリカ人は鈍感にちがいない。ＢＰの流出以前にあった、直近のアメリカの大災害は、二〇〇五年にニューオーリンズで起こった人命と財産を奪う破壊であった。どうして復興に五年以上もかかっているのか。二〇〇九年時点で、カトリーナの死者は千八百三十六人。二十七万五千件の家が失われ、被害額は百十億ドルにのぼる。[7] 二〇〇六年の「カトリーナによる社会的、経済的影響の一次報告」の中で、パターソン（Petterson, J.）、スタンレー（Stanley, L.）、グラジア（Glazier, E.）、フィリップ（Philipp, J.）はニューオーリンズ復興の険しい道のりについて報告した。もっとも壊滅的な被害を受け、別の地域に移っていった貧しいアフリカ系アメリカ人たちにとって、戻って家を再建し、仕事を得るための財源は不十分である。筆者らがエクソン・バルディーズ（Exxon Valdez）号によるプリンス・ウィリアム湾の流出事故での経済的反応になぞらえた、[8] 二〇〇六年の湾岸地区の再建は、裕福な投資家が被災地の所有権を得る様相となっており、地域にお金をもたらすものではなかった。高級化と「カジノ化」が二〇〇六年夏までには拡大しており、中央アメリカから労働者がやってきて新しく作られた職を得るようになっていた。第二のカトリーナやそれ以上の嵐に対抗するための課税強化や新しい建築基準については十分計画されなかった。[9] 四年が経ったいま、この報告についての確認はなされたのだろうか。

二〇一〇年の三月はじめ、ＰＢＳのリポーターは言った、

マルディグラ[(1)]ではビッグバンドやカラフルな山車があります。フレンチ・クオーターに集まった群衆はバーボン通りで浮かれ騒ぐためひしめいています。ニューオーリンズ・セインツが初め

てスーパーボウルに勝った至福（〝クラウドナイン〟）がまだ続いているようです。見たところ、ニューオーリンズの街は、まだまだ元気のようです。

しかし、ロウワー・ナインス・ウォード（Lower Ninth Ward）にあるクレイボーン・アベニュー（Claiborne Avenue）橋が架かる産業運河（Industrial Canal）では、かつて一万八千人ものアフリカ系アメリカ人のワーキング・プアたちがいたが、彼らには嵐によるたくさんの建物の破壊の他には何も残されなかった。[10] 二〇一〇年の四月、国際アムネスティ（政治犯救済や人権擁護のための国際委員会）は報告書「非自然災害」の中で、アメリカ政府はニューオーリンズの地勢を恒久的に変えてしまうことで人権を侵害していると述べた。公営団地は取り壊され、安価な復興住宅は建てられず、多くの学校、病院は再建、再開されなかった。アメリカが採択している国連の「国内強制移動にかんする指導原則」では、政府が国内の住まいを失った人々を自発的に元の家に返し、資産を失った補償金を得るようにさせることとなっている。[11]

つまり、カトリーナに対する復興施策は、もっとも大きな損失を味わったもっとも脆弱な人々に補償を提供していないのである。この復興が住居を奪われた人々に対して国際的に認められている権利を侵害しているかもしれない事実は、アメリカ国内で広く認知されていない。個人の利益となることを掲げた復興が、次なる嵐でも維持できるものなのかどうかは、わからない。

BPの流出事故

BP以前の最大の流出事故は、メキシコのカンペチェ（Campeche）湾で一九七九年七月三日に起こった、Ixtoc（イストク）Iの探索井戸の約三百三十万バレルの流出である。Ixtoc IはPEMEX（メキシコ石油）から借りた半潜水プラットフォームSEDCO一三五の地点を二マイル掘削した。そこは、テキサスから南に六百マイルの地点にあった。泥の循環不足のため噴出が起こり、プラットフォームが燃えて油井の入口に落ちた。[12] 二〇一〇年二月、イギリスの企業であるがアメリカ資本が大株主であるBP社（British Petroleum として知られる）は同社のマコンド（Macondo）プロジェクトで、トランスオーシャン（Transocean）社からリースした削具「ディープウォーター・ホライズン（Deepwater Horizon）」を使って沖合掘削をしていた。ディープウォーター・ホライズンの掘削はルイジアナ州ベニスの海岸から四十二マイル地点のミシシッピ峡谷二五二ブロック（五千フィートの深さ）に位置した。掘削の目的は油井を一万八千フィート掘ったら栓をして、後の海底油井とするために海に放置することだった。ディープウォーター・ホライズンは四月二十日に爆発し、十一人が亡くなった。翌日には百十五人が避難した。四月二二日には、約五十万ドル相当の削具が、五マイルもの油層をのこして潰れ沈んだ。BPは油井の噴出防止装置を作動できず、沿岸警備隊によると一日当たり五千バレルの油が流出したとみられている。四月三十日には、オバマ大統領が、BP事故の損害がわかるまでアメリカ海岸付近のすべての沖合掘削を停止した。五月までには、メキシコ湾の二十％の水域での漁業が停止された。六月までには、油の分離剤が事故地点の近くでまかれ、ＢＰは「トップの閉塞（top kill）」と呼ばれる油井の閉塞作業を開始した。ＢＰは損害賠償として二百億ドルを第三者預託口座に預けた。トップの閉塞戦略は成功したと、七月十五日に公表された。八月四日、アメリカの政府系科学者たちはこの事故で四十九億バレルが流出したと推定している。その頃には、ＢＰのシェアは六月に達した十四年ぶりの低水準から回復していた[13]。七月二十七日、事故に対して終始無能かつ尊大とされていたＢＰ取締役のヘイワード（Hayward, T.）は、年間百万ドル近い退職後の手当とともに辞任した[14]。

ＢＰの事故は二〇一〇年の四月から夏の初めまで、新聞の第一面を飾る強い関心と激しい批判の対象となった。最初から環境活動家と生物学者が、メキシコ湾の環境の崩壊を警告した。六月には、ＢＰが油湧出の現場にインターネットカメラをつけたが、これは多くの視聴者に催眠効果を与えたようである。視聴者たちは油まみれになった海鳥や死んだ亀のイメージにさいなまれた。二〇一〇年六月七日、ＩＵＣＮ（国際自然保護連合。本部はスイスのグラン）の管理団体は「深海や南北両極を含む生態学的に影響を受けやすい地域における重油およびガスの調査の一時停止」を求めた[15]。しかし八月五日、ニューヨーク・タイムスはアメリカ政府の報告として「ディープウォーター・ホライズンから流出した油の四分の三は蒸発、拡散するか捕捉、除去されており、残りの多くも水で薄まって無害になっている」と報じた。それでも、海の生物やメキシコ湾内の環境には長期間の傷跡が残る[16]。ＢＰ事故に向けられた関心は、危険性を大いに誇張されたものなのか、あるいは単にアメリカ沖合の油井掘削の禁止解除につながる楽観的なイメージなのだろうか。現代の災害は今回のような力をもつ感化された参加者をもっており、その不確実性のある部分は、まさにそのような解釈を必要とする問題を中心としている。

二〇一〇年ハイチとチリの地震

BPの石油流出事故と比較して、ハイチ地震とその余波は恐ろしい爪痕を残している[17]。二〇一〇年の一月一二日、M七（リヒタースケールに代わる、より正確な尺度であるモーメントマグニチュード）の地震がポルトー・プランスの南西十マイル地点を襲った。震源は地下六・二マイルだった。一月二十四日までに、M四・五を超える余震が五十二回計測された。ハイチの人々は、百万人が家を失った二〇〇八年の地震からの復興段階にあった。二〇一〇年の地震の最終的な死者は二十五万人、百万人が家を失ったと推定されている。世界中の国々や人道支援団体が、総計三百九十万ドルの支援を、四十八時間以内に行った。地震により病院、学校、道路、電子通信といったインフラは破壊され、ハイチは混乱状態だった。飛行機管制塔や港湾の破壊、地上の障害物が救助の妨げとなった。暴動や略奪、水や食料の不足が生じ、家を失った百万人もの人々の多くは建物の中に戻ることを恐れた。隣国のドミニカ共和国は最初の医療支援を行ったが、難民の数に圧倒されすぐに撤退した。薄いテントだけが大勢の人たちの唯一の避難所であった。数千～一万の遺体が、大きな集団墓地に並べられた。孤児を別の場所に移す国際的な取りくみがあったが、孤児たちに生きた肉親がいるかどうか不明で中断した[18]。

二〇一〇年の七月までに、救助のための寄附十一億ドルのうち、二%しか分配されなかった。約四十億ドルは緊急時の病院の建設や物資、職員確保のためと表明された。CBSは二〇一〇年五月までに、家を失った家族一世帯あたり三万七千ドルの国際支援が集まったと報じた。しかし、瓦礫が除去されたのは二%に過ぎず、ポルトー・プランスは通行不能のままだった。仮設住居は建てられず、百六十万人もの人を収容するテント場ではしばしば、電気、水、下水処理、安全が行き届かなかった。さらなる地震やサイクロン、豪雨に見舞われれば、まちがいなく数千人以上が亡くなるだろう。

二〇一〇年のチリ地震は、ハイチ地震よりもさらに壊滅的な地震であった。二月二十七日、マウレ地域沿岸でM八・八の地震が発生し、人口の八十%が地震を感じた。地震学者は一日の長さが一・二六マイクロ秒短くなり、地軸が八センチ動いたと推測した。チリ第二の街であるコンセプシオンは、もっとも被害を受けた都市であるが、この地震では「静振（seiches）」[2]が五千マイルも離れたニューオーリンズ付近のポンチャートレイン（Pontchartrain）湖ですら発生した。三月六日までに、百三十回の余震があった。この地震は津波を二月二十八日に発生させ、その後も二回起こし、世界中の海岸部で警戒された。サンティアゴからの空路は不通となり、数週間の間、食料の不足や暴動が起きた。死者は初期の段階で八百人、その後五百人以下と修正された。五十万戸の建物が破壊され、二十二万ドルの支援が二日以内に集まった。[19]

はっきり言って、チリの被害は即座に復旧できるものではない。しかし二〇一〇年八月の時点で、チリの失業率は八・八％に下がり、自国通貨の対ドルも金額を維持している。[20] チリとハイチの復興に差をもたらしているのは、チリには地震発生時に十分発達した経済があり、最新のインフラがあったがハイチには建築基準すらなかったということだ。チリの大統領は地震後二時間で声明を出しているが、ハイチの大統領は百六十八時間後だった。チリの平均寿命は七十七歳であるのに対してハイチは六十一歳である。チリの国民千六百万人の平均年収は一万四千六百ドルで、十八％の人が貧困層であるが、ハイチの平均年収は千三百ドルで、貧困層は八十％である。また、ハイチは汚職指数で世界の百六十八位に位置するが、チリは二十五位である。[21] 二〇一〇年のチリとハイチの地震からの復興の違いは、もともとの貧困や不利な立場が災害に対する脆弱性を増してしまうという悲しい例である。その違いは、ひょっとすると、マグニチュードで五百倍違う二つの地震の差をはるかに超えるものかもしれない。

将来に向けた研究と展開

人間の価値、平等、環境保全にかんする基本的な倫理にもとづく効果的かつ体系だった災害へのアプローチは、現在進行中の課題である。こうした取り組みには、倫理的な関心一般を喚起する議論によって成り立っているものもあれば、必要に迫られて進められるものもある。今後の研究と実践には、資本主義的システムにおける企業の責任や、防災や災害対応にかんする専門的知識の制度的活用、世界の貧困者による貧困者のための政治、経済、文化の使命の新たな方向性が含まれる。
防災や災害対応の失敗のうちいくつかは、自由民主主義の構造が要因である。国や地方の建築基準、連邦安全法、環境への影響にかんする規制のような特別の規制のないかぎり、人には備えをしないことの自由がある。災害に備えるよう促す新しい命令や法があったとしても、効果的な実行には動機づけが必要である。最近の石油流出のような人為災害は、私的な虚構的存在として守られ、特権的ステイタスをもつ世界企業の活動に起因する。今日では、民間企業のステイタスは主権国家の範囲を超えるだけでなく、予期せぬ破壊（災害）の原因となる自由をもたらすこともあるため、その責任が問われる。企業が災害と十分な仕方で共存するには、法律で明文化されていなくても、道徳的な要求を満たすよう努めることが自らの経済的利益にかなうことを見出す必要があるだろう。そのような要求の緊急性を高めていくことは、企業倫理の課題である。

最近の災害を見ると、適切に備えることが極めてむずかしい。たしかに、ドラマチックな出来事には国際的な人道主義的対応が期待されている。しかし、たとえば、現時点でいえば、パキスタン北東部の洪水[22]への場合がそうであるが、それへの対応は、その国がかかえる政治的な緊張によって複雑な問題になりうる。ジュネーブ協定のような国際条約や協定は災害に対応できるように、正式に強化されるべきである。国内的にも、特にアメリカのような国では、不適切とされてきた非常時対応に従って、調査委員会や別の専門の分析組織が作られつづけている。世界は大規模で調整された効率のよい災害救助の初期段階にあるにすぎない。二十一世紀では災害準備だけでなく、災害対応、被害軽減のための、防災の専門家による常設団体が、人々の人生をより長くするため、また先進国の人たちの消えそうな期待を満たすため、必要になると考えられる。

最後に、災害後のコミュニティの再興や被災者の経済的、社会的、物質的な再建のためには、組織的な研究と協力における革新が必要である。貧困者の所有物が災害時に破壊と無慈悲な資本主義的占有にさらされるならば（たとえば、インドネシアの津波以前には伝統的な漁村の経済の一部であった海岸に立つ高級ホテル）、被災者にとってこの「あたらしい普通」は災害以前の「古い普通」のようにはなりそうにない。しかし人間は、あらゆる環境に適応し、革新を起こすことができる。地域が自分たちで強くなるための努力を認め、そのサポートをすることが重要である。たとえば、ミュージシャンであり、二〇一〇年一月の地震後にNGOヤーレハイチのミッションを復興に集中させたジョン（Jean, W.）は、現在大統領に立候補している[23]（彼はヤーレハイチを二〇〇五年に設立した）。もし西半球でもっとも貧しい国が、きれいな水や医療、住宅、教育や他の公共サービスを求める国民のために政治方針を転換できるなら、災害対応や復興が、長く存在する世界の構造的不平等を緩和する、あるいは解決するかもしれない事例になるだろう。

ジョンがアーティストだということは偶然ではないかもしれない。デトロイトの街は数十年に渡る米自動車産業の財政的問題、景気後退、高い失業率、犯罪、人口減少、都心のひどい荒廃により破たんした。しかし最近は、二十世紀のアメリカの常態を打ちこわす新しいアイデアと希望を反映した、文化再興の街になっている[24]。フランス人写真家のマルシャン（Marchand, Y.）とメフレ（Meffre, R.）は、二〇〇九年のタイム誌の写真エッセイで、さびれた産業、打ち捨てられたマンション、無人の高級ホテル、学校、工場を組みあわせた写真を掲載した。[25] デトロイトの街も、映画会社や音楽家、画家、概念芸術家、「緑の」建築家、有機農家、革新的な小企業といったよく知られた革新的な活動の支援をはじめた。[26] 新しい創作活動は、しばしば町の貧しい地域に集まる。なぜなら、芸術家のほとんどは貧しいからである。多くのアメリカの街では、相対的に家賃や地代が高く、一方で危機的状態にある貧しいエリアは高級化の波にのまれ、接収されていく。その一方で、二〇〇八年〜二〇〇九年の財政破たんの間、デトロイトには百ドル以下で売られる家があった。[27] ひょっとすると、災害がきっかけとなって、何らかの理由で、慣習的な大規模資本主義が手を束ねて、土地と開かれた心が生みだされるとき、人々は今までとは根本的に異なる自立の道に進むことができるのかもしれない。

ナオミ・ザック
ユージーン、オレゴン
二〇一〇年八月五日

注

1　この数値は二〇〇一年九月十一日以降、わずかに下方修正されている。下記ＵＲＬを参照（二〇一〇年八月四日アクセス）。http://911research.wtc7.net/sept11/victims/nyckilled.html.

2　交通事故による死亡者数については、www-fars.nhtsa.dot gov. を参照。災害による死者の統計や近年の関連研究：www.ilankelman.org/disasterdeaths.html；戦争による死者 www.infoplease.com；エイズの孤児 http://aidsorphansrising.org；世界の水質危機：www.unwater.org/statistics.html（すべて二〇一〇年八月四日アクセス）。

3　Singer, P.（2009）, *The Life You Can Save: Acting Now to End World Poverty*, New York: Random House（児玉聡、石川涼子訳『あなたが救える命――世界の貧困を終わらせるために今すぐできること』勁草書房）

4　ミャンマー政府の対応とそれに対する世界の反応については、下記を参照（二〇一〇年九月一一日アクセス）。Asia-Pacific Centre for the Responsibility to Protect, “Cyclone Nargis and the Responsibility to Protect: Myanmar/Burma Briefing, no. 2,” 16 May 2008, at www.r2pasiapacific.org/documents/Burma_Brief2.pdf.

5　サイクロン・ナルギスと地震に対する中国とミャンマーの対応の違いについては、下記を参照。“A Tale of Two Disasters: Cyclone Nargis in Burma, Quake in China,” Ed/OpCommentary, May 19, 2008, at http://www.mizzima.com/edop/commentary/543-a-tale-of-two-disasters-cyclone-nargis-in-burma-quake-in-china.html.

6　Nossiter, A., “In Nigeria, Oil Spills Are a Longtime Scourge,” New York Times, June 16, 2010, p. A1, www.nytimes.com/2010/06/17/world/Africa/17nigeria.html?_r=1&scp=1&sq=In%20Nigeria, %20oil%20spills%20Are%20a%20Longtime%20Scourge&st=cse; “China Oil Spill after Pipe Blast ‘Worse than Thought,’” July 21, 2010, at www.bbc.co.uk/news/world-asia-pacific-10708375; Ali Mohamed Al-Damkhi, “Planning to Rescue Kuwait’s Oil Wells: An Environmental Issue,” *Disaster Prevention and Management* 16, no. 4, pp. 513–21, www.

emeraldinsight. com/journals.（二〇一〇年八月四日アクセス）

7　その他の統計については、下記を参照（二〇一〇年八月四日アクセス）。www.hurricanekatrinarelief.com/faqs.html.

8　この災害の情報と予後については、下記を参照（二〇一〇年八月四日アクセス）。www.evostc.state.ak.us/facts/index.cfm.

9　Petterson, J. S., Stanley, L., Glazier, E., and Philipp, J., "A Preliminary Assessment of Social and Economic Impacts Associated with Hurricane Katrina," *American Anthropologist* 108, no 4, pp. 643–70.

10　Bembry, J. "New Orleans' Lower Ninth Ward Still Recovering from Katrina," WYPR Public Radio 二〇一〇年三月三日放送。放送を文字起こししたものについては下記を参照。www.publicbroadcasting.net/wypr/news.newsmain/article/0/1/1622642/WYPR.News.in.Maryland./New.Orleans%27.Lower.Ninth.Ward.Still.Recovering.From.Katrina.

11　"Un-Natural Disaster," at www.amnestyusa.org/countries/usa/katrina html. を参照。これらの記事の要約としては、下記を参照。www.huffingtonpost.com/2010/04/09/amnesty-international-hurricane-katrina-human-rights_n_531349.html.

12　James, F., "One Gulf Oil Spill Went for Nearly a Year," NPR, www.npr.org/blogs/thetwo-way/2010/05/one_gulf_oil_spell_went_for_ne.html; "Incident News: Ixtoc," www.incidentnews.gov/incident/6250（二〇一〇年九月一一日アクセス）

13　ＢＰの石油流出事故のタイムラインについては下記を参照。"BP Oil Spill: Timeline of Events," Channel 4, www.channel4.com/news/articles/world/bp+oil+spill+timeline+of+events/3674127 and "BP Oil Spill: The Official Deepwater Horizon Disaster 'Timeline,'" Guardian, www.guardian.co.uk/news/datablog/2010/sep/09/bp-oil-spill-deepwater-horizon-timeline：マコンドプロジェクトの技術的な説明については、下記を参照。www.

offshore-technology.com/projects/macondoprospect/（すべて二〇一〇年九月十一日アクセス）

14 "BP Boss Tony Hayward's Pension Could Reach 11m," Telegraph, at www.telegraph.co.uk/finance/newsbysector/energy/oilandgas/7911712/BP-boss-Tomy-Haywards-pension-could-reach-11m.html（二〇一〇年九月十一日アクセス）

15 International Union for Conservation of See International Union for Conservation of Nature, http://cms.iucn.org/?uNewsID=5420.

16 Justin Gillis, "U. S. Report Says Oil That Remains Is Scant New Risk," New York Times, August 4, 2010, p. A1 and A14.

17 ビデオレポートは、下記を参照。BBC News/Special Reports/Haiti Earthquake, at http://news.bbc.co.uk/2/hi/in_depth/Americas/2010/Haiti_earthquake/default.stm（二〇一〇年九月十一日アクセス）

18 実際のレポートは、下記を参照。For factual reports, see "Haiti Earthquake 2010: Facts, Engineering, Images, and Maps," at http://mceer.buffalo.edu/infoserv1ce/disasters/Haiti-Earthquake. Wikipediaには、ハイチ地震にかんする包括的なレポートと二百を超える引用文献・外部リンクが掲載されている。http://en.wikipedia.org/wiki/2010_Chile_earthquake.

19 チリ地震にかんする事実およびハイチとチリの地震の比較については、下記を参照。"Chile Earthquake Facts. Chile vs. Haiti, in Numbers," *Christian Science Monitor*, www.csmonitor.com/Woeld/Global-News/2010/0302/Chile-earthquake-facts-Chile-vs.-Haiti-in-numbers（二〇一〇年九月十一日アクセス）。Wikipediaには、チリ地震にかんする包括的なレポートと百五十もの引用文献・外部リンクが掲載されている。http://en.wikipedia.org/wiki/2010_Chile_earthquake.

20 Woods, R., "Chile's Jobless Rate Unexpectedly Fell as Economy Recovers from Quake," July 30, 2010, www.bloomberg.com/news/2010-07-30/chile-s-jobless-rate-unexpectedly-fell-as-economy-recovers-from-quake.

html（二〇一〇年九月十一日アクセス）

21　注19の *Christian Science Monitor* の出典を参照。

22　千五百人が犠牲となり、三百万人が家を失った、過去八十年で最悪であったその水害では、ザルダーリー（Zardari, A. A.）大統領のリーダーシップが疑問視された。米国は一千万ドルの援助を約束したにもかかわらず、パキスタンでは反米感情、タリバン思想が根強い。"Devastating Pakistan Floods Sweep Punjab," Reuters, August 4, 2010, at www.reuters.com/article/idUSTRE66T3RS20100804.

23　Padgett, T., "Wyclef Jean to Run for President of Haiti," Time Magagine, August 4, 2010, www.time.com/time/world/article/0,8599,2008588,00.html. にて入手可。

24　当時のデトロイトにかんする情報は、下記を参照。http://Detroit.blogs.time.com（二〇一〇年四月五日アクセス）

25　"Detroit's Beautiful, Horrible Decline," at www.ume.com/time/photogallery/0,29307,1882089,00.html.

26　Ryzik, M., "Wringing Art Out of the Rubble in Detroit," New York Times, August 4, 2010, pp. C1 and C5.

27　二〇〇八年四月、デトロイトには一ドルで売られる家があった。www.zillow.com/blog/the-remains-of-the-1-detroit-house/2008/08/14.

訳者注

（1）マルディグラ。二月〜三月に行われる米国で最大のカーニバル（謝肉祭）。

（2）地震等で湖沼、湾などの水が周期的に振動する現象。

序論

本書の背景

この十六年間で十二回、私は大人数の倫理学入門講座を担当した（一九九一〜二〇〇一年にはニューヨーク州立大学オールバニ校、二〇〇二年から現在まではオレゴン大学において）。これらの講座には、通常二百人以上の学生が出席している。私のティーチングアシスタントたちが、課題とされた短いレポートを採点し、毎週二十〜三十人からなる学生の小グループによるディスカッションを指導する。この講座では最初に道徳の議論を紹介し、古典的な倫理学の体系である帰結主義（Consequentialism）[1]、義務論（Deontology）[2]、徳倫理学（Virtue Ethics）[3]について説明する。私は、文学や映画の事例をよく利用する。また、学生の積極的な議論を促しながら、常に双方向による講義をしている。

知識の面からは、大人数の講義資料を準備することはむずかしくない。しかし、授業を行うには学ぶ意欲が必要である。入門クラスの学生の多くは、哲学者のあいだでの、基本的な道徳の価値や原理をめぐる不一致の程度と激しさに驚く。最初、多くの学生が、自分自身の意見の論拠を見つけ出すことのむずかしさに気づく。彼らの困惑は、私自身の困惑を明確に表現することを促した。そして、彼らのもっともな困惑は、私自身の話や文章の明瞭さのレベルを上げることとなった。学生たちが自分自身の原理にもとづく考え方を身につけるような倫理学の教え方を見出すことが、この本を準備する上でもっとも役にたった。

しかし、私自身が災害のもつ道徳的な側面をすぐに認識していたわけではない。はじめ、私はハリケーン・カトリーナを報じるメディアの報道をとおして災害に関心をもった。私が見たことは、私にとっては新たな恐怖であり、慎重に議論しなければならない新たな不安であった。カトリーナの後、アメリカ中の政府職員は自分たちの地域特有の災害についてテレビのインタビューを繰りかえし受けた。ニューヨークの公衆衛生関係者が、核攻撃を受けた場合のことを話すときには、彼らは素人にもできる除染方法と、放射線「プルーム」(4)の風上にいる方法を示した。サンフランシスコの市長は、来るべき大地震、それも確実に来るに違いない地震に対し、街は適切に補修されていないと述べた。太平洋北西部での大地震発生の可能性にかんする新しいドキュメンタリーでは、今後五十年以内での発生が予想されている。アメリカのいたるところで、情報を周知するための映画が放映されている。すべてのインタビュー、予測、災害描写、警告、そして今も現在進行中のカトリーナの問題は、市民に対して次のような公的なメッセージを発している。

災害時は、専門の救急隊員はすぐにあなたへの対応ができない。あなたは三日から二週間、自力で乗り切らなければならないかもしれない。あなた自身が、災害に備える必要がある。

一市民として、このメッセージに対する理解と解釈が、災害という課題に対する私の第一歩となった。私は防災用品を集め、オレゴンに住んでいることから、地震保険に加入した。二〇〇五年の秋には、地域の防災対策にかんするユージーン市民クラブの集会に参加した。その会議で、オンライン・ジャーナル『国土安全保障問題（*Homeland Security Affairs*）』の編集主任であるベラヴィータ（Bellavita, C.）博士と出会った。彼は私に、現在の災害に対する哲学的アプローチとはどのようなものなのか尋ねた。私は答えられなかったが、その問いについて考えるようになった。哲学者は災害の問題に対し、いったいどのような貢献ができるのだろうか。

私は、哲学的に関係があると考えられることと、素人としての現実的な観点を重ねあわせて、「哲学と災害」という文章を書き、それは二〇〇六年四月の『国土安全保障問題』に掲載された。[1]このことから「災害の哲学と緊急対応」という新しい講義をはじめるというアイデアを得た。二〇〇六年の春の間、私はコミュニティ緊急事態対応チーム（ＣＥＲＴ）[(5)]の二十五時間研修を受講した。このコースでは簡単な捜索救助、基本的な応急処置や小さな消火器の使い方などを修得した。これに続き私はロサンゼルスで開催された国家ＣＥＲＴ会合で実施された「トレーナー養成コース

（Train the Trainer）」に参加した。[2] この実践的な研修は、個人（素人）としても有効であったことに加え、新たな理論的研究の拠り所となった。

また二〇〇六年の春には、レーン郡のパンデミックにかんする医療専門家の災害タスク・フォースの会合に招待された。この会合のテーマを鮮明にするのに二つの最近の論文が役にたった。一つめは「伝染病における人工呼吸器のトリアージについて（Concept of Operations for Triage of Mechanical Ventilation in an Epidemic）」で、緊急災害医学会（Society for Academic Emergency Medicine）から出版された。(6) 二つめは「インフルエンザ・パンデミックへの医療対策：倫理と法」で、『米国医師会雑誌』（*Journal of the American Medical Association*）に掲載された。[3] どちらも、インフルエンザが流行した際に呼吸困難を解消するための人工呼吸器が不足する可能性を議論しており、トリアージモデルを提言している。そのモデルは、患者の将来の生存予測年と回復の可能性を基盤とした治療基準レベルより成っている。そこにある原理は、「治療によってもっとも利益を受け、それによりもっとも長く生きる人に治療する」というものだ。しかし、行政職員や医療従事者もまた、優先的に治療する必要があるだろう。年齢で区切りを設けるのはむずかしいが、病気の人や高齢者は、健康で若い人よりも治療の優先順位が低く位置づけられる。（私が参加した最初のタスク・フォース会合では、幼児を治療のために搬送しないことも議論された。）

一つめの論文は、治療により生き延びる可能性がある患者から人工呼吸器を外し、トリアージリストのより上位にいる人へ割りあてることは許容されることを、いくつかの事例を通して提示している。倫理と法という副題がついている論文は、究極の非常事態においては、「盲目的公正」という無作為な治療の配分よりも、よりよい配分方法が必要であることを既定の結論としている。これに対する包括的な倫理学的原理は、「最大多数を救え」であるが、その原理でさえ、社会の役に立つ人や若い人を救うような緊急時には重要性を失う。どちらのモデルも、トリアージを規定する役人や、それを実行する医療関係者に法的補償を与えることを含んでいる。私はこの問題の全体像には道徳的に根本的な誤りがあると思ったが、まだ防災や災害対応にかんする全体的な課題に対して道徳的な観点から理解できてはいなかった。

一年後、私は初めて「災害の哲学と緊急対応（The Philosophy of Disaster and Emergency Response)」の講義を行った。この講義では災害への備え、対応、被害軽減といった実践的な問題に重点をおくとともに、それらを哲学的に検討した。しかし、回を重ねるごとに、講義や議論において道徳的な問題にかんする質問が増えた。私は、自分が災害への計画や対応について、すべきこととすべきでないことにかんする強い直観をもっていることに気がついたが、その直観を多くの学生も共有していた。さらに、私たちの直観の妥当性について、私たちが提供できる唯一の根拠は、他者がそれを共有することであることが明確になった。人の命の尊さの価値や、互いに公平に扱わなければならず、傷つけてはならないという原理を「証明」する方法はない。私たちはそのような原理や、原理が前提する人の命の尊さの価値を、私たちの人生と社会に生きることを謳歌するための基本的な要求として受けいれるのである。

哲学的には、災害を生きぬくには、計画する時間がまだあるのであれば、私たちは事前に簡単に平時の道徳的直観を諦めるべきではない、という結論に達した。そして、このことこそが本書の主題である。

本書は、災害という幅広く学際的なかつ多様な現場において道徳的内省をもたらすことを目的としている。ここで私は新たな緊急対応の規則や協定計画に「倫理」という言葉を用いる傾向とは対照的な仕方で、「道徳」という言葉を用いている。「倫理」のそのような用法では、それら規則や協定が正しいのかどうかという議論あるいは内省はされていないのである。しかし、哲学者もそれ以外の人たちも「道徳」と「倫理」を同じ意味で用いており、ここでは私も同様にしたい(7)。

災害にかんする計画を立てたり、それらの計画の延期の可能性を決めたりするさいには、公開して議論が行われる場合と非公開に議論が行われる場合がある。公開の議論では、倫理がかかわる分野において実務に携わっていない、一般市民や専門の倫理学者が議論に加わることがある。非公開の議論では、十分な力と権限をもつ人は誰でも選ばれることができ、関連する道徳的前提、あるいは結論から帰結する結果さえ検証されないまま、どのような結論を導きだすこともできる。非公開の議論は、はじめに結論ありきの選択であり、ことが起こった後にさらなる調査や罰則が行われがちである。しかし、その時には生き残りに優先順位がつけられなかった人にとっては遅すぎる。

哲学は、災害の倫理において確立した役割をもっていない。これまでの災害への備えや災害対応にかんする倫理学的議論は、現在の公共政策にかんする議論と同様に、公平中立の立場からのものではなかった。長い間、哲学者たちはいわゆる「救命ボートの倫理」という事例を、サイエンスフィクションを用いるのと同じ方法で用いてきた。相手の道徳システムが望ましくない結果に陥ることを示すために、極端な筋書きが仮定されたのである。救命ボートから捨ててしまうという倫理は、西洋の政治哲学の長年にわたる前提、すなわち道徳と正義は社会を規制し組織する政府があることによる、にもとづいている。この前提は、プラトン（Plato）の『国家』の原点であり、ソクラテス（Socrates）は、個々人という小さなものから徳としての正義を定義することのむずかしさを述べている。ソクラテスの解決策は、個人を国家という形に「大書する」ことであった。十七世紀、ホッブズ（Hobbes, T.）は、正義は政府の存在なしにありえないと主張した（彼は『リバイアサン（*Leviathan*）』において、政府を大きな個人と捉えている）。十八世紀、ヒューム（Hume, D.）は、規律正しい社会は正義の前提条件であると考えた。彼の言葉は、通常の生活が機能停止するときには、通常の道徳もまた機能停止するという、危機についての二十一世紀初頭の一つの考えに通じるものである。

社会が、あらゆる生活必需品の欠乏状態となり、最大の倹約そして産業も、多くの人命が滅びることを防ぐことができず、すべての人がきわめて凄惨な状況になったと仮定してみよう。私が思うに、おそらく容易に、そのような差し迫る非常時には正義にかんする厳しい法律は機能停止し、必要性と自己保存に対する強い衝動がそれに代わるだろう。船が転覆した後に、もともとっていたものかどうかにかかわらず、安全確保のために利用できるあらゆる手段や道具をしっかり握ることは罪なのだろうか。包囲された街が飢餓で滅びようとしているとしよう。人がそのような事態を前に、命を守るための何らかの手段を見出しながら、他の状況であれば良心的に従うべき平等と正義の規則のために命を失うことを想像できるだろうか[4]。

世界の豊かな場所で生きている私たちの多くは、比較的安全な何気ない毎日を享受している。これは、それ自体が主要な価値であり、価値の源泉でもある。災害をそのような日常の崩壊だと考えるならば、私たちの日常や安全な生活が到達された人間の理想であるという事実を見失ってはならない。この到達された理想こそが、私たちが人として、そして知識人として守らなければならない価値なのである。

注

1　Zack, N. "Philosophy and Disaster," *Homeland Security Affairs* 2, no. 1, art. 5（2006）: 1–2（www.hsaj.org/?article=2.1.5）.

2　ＣＥＲＴは連邦緊急事態管理庁（ＦＥＭＡ）によって設立された。ＦＥＭＡは、現在では国土安全保障省の一部となっている。

3　J. Hick and D. O'Laughlin, "Concept of Operations for Triage of Mechanical Ventilation in an Epidemic," *Academic Emergency Medicine* 13（2006）: 223–29; L. Gostin, "Medical Countermeasures for Pandemic Influenza: Ethics and the Law," JAMA 295（2006）: 554–56.（これらの論文については四章でより体系的に論じる。）

4 Hume, D., "Of justice," in *An Inquiry Concerning the Principles of Morals*（Indianapolis, IN: Hackett, 1983）, 22–23.

訳注

（1）結果の善悪が道徳にとってもっとも重要な要素であるという立場。「最大多数の最大幸福」を原理とする功利主義は帰結主義の代表である。

（2）結果の善悪にかかわらず私たちは普遍的な道徳原理に従うべきという立場。

（3）行為の規則や原理よりも個人の徳・性格特性を倫理学上重要とする立場。

（4）飛散した放射性物質が、大気に乗り流れていくこと。

（5）災害などの緊急事態発生時に、行政による公的支援が入るまでに現場に駆けつけて活動を行うボランティアベースの組織であり、ＦＥＭＡにより提供される研修を受講し、資格が認定される。なお、原著ではCitizens Emergency Response Teamとされているところもあるが、本書ではＦＥＭＡにより認定されている一般的な名称を用いる。

（6）患者の措置の緊急度に応じ、対応の優先順位をつけること。

（7）以下の本文では、「道徳」と「倫理」は厳密な区別なしに用いられている。ただし、両者について広く知られた区別としては、たとえば「生命倫理」とは言っても「生命道徳」と呼ばないというのがある。すなわち、「倫理」は領域（医療や生命科学）に限定されて用いられる場合があるが、「道徳」は人間一般を対象にしている。そこから、著者が言うように、倫理規則への道徳的内省という表現も出てくることになる。

謝辞

私が災害について哲学の観点から考えるきっかけとなった質問をいただいたベラヴィータ(Bellavita, C.)博士には感謝している。この問いは、私の学術プロジェクトの原点となる論文「哲学と災害(Philosophy and Disaster)」(『国土安全保障(*Homeland Security Affairs*)』2, no. 1, art. 5, April. 2006, www.hsaj.org/?article=2.1.5)につながった。オレゴン州ユージーンの緊急事態対応チーム(CERT)のプログラム・マネージャーであるシモンズ(Simmons, G.)博士にも感謝している。彼から教わった災害への備えや災害対応にかんする実践的・実質的側面は、私の理論研究の礎となった。ソイク(Soyke, J.)博士には、レーン郡の医療従事者のパンデミック対策にかんする議論(二〇〇六、二〇〇七年)に加えていただいたこと、また、彼女とその時の聴衆の寛容さにも感謝している。

哲学の貢献は、災害という物理的現実と直接向きあい考える人に比べると必然的に実践性、専門性は低いが、こうした専門家たちの活動や話に接触することは哲学の貢献を重要なものとする一助となる。私が二〇〇七年と二〇〇八年春にオレゴン大学で、新しい講義「災害の哲学と緊急対応法（Philosophy of Disaster and Emergency Response）」を教えたとき、最後の単元では学生が心肺蘇生法（CPR）やCERT訓練のような新しい緊急対応技術を身につけることにした。最終的に、私は学生から、この課題について、哲学的にだけでなく、より一般的に人道的視点からどのように紹介し、発展させるのかを学んだ。そして、学生が身につけた具体的な技術について聞くことで、私自身の知識も広がった。私の卒業生でティーチング・アシスタントのカーグ（Kaag, J.）（二〇〇七）とジョーダン（Jordan, J.）（二〇〇八）は、刺激的な議論を行い、哲学の考えや方法を幅広い専攻の学生に説明するのを手伝ってくれた。ジョンとジェイソンはまた、この本を進展させることを励ましてくれた。この講義を進展させるための研究、CERTの訓練をも含め、学会参加、学外の講師の招聘には、オレゴン大学のトム及びキャロル・ウイリアムズ学部教育基金の素晴らしいサポートを受けた。オレゴン大学と哲学部には、二〇〇七年秋と二〇〇八年冬に研究のための長期休暇をいただいたことにより、この本の初稿と原稿の見直しに集中することができ感謝している。

初期の考えを述べた論文に対する以下の時と場所における聞き手やコメンテーターからの反応は、本書をさらに発展させるうえで貴重なものであった。本書の六章の内容をなす「災害時の人種、階級と金銭（Race, Class, and Money in Disaster）」は、二〇〇八年九月にメンフィスで開催されたスピンデル会議「二十一世紀の人種、差別と自由主義（Race, Racism, and Liberalism in the 21st Century）」で発表したものである（*Southern Journal of Philosophy* の次回の特集号にて刊行予定）。二〇〇七年十二月の米国哲学会（American Philosophical Association：APA）の東部会議では、災害ドキュメンタリーと災害にかんする自分の講義について論文発表したが、これらはともに本書の序章となった。二〇〇七年九月には、この本の四章「社会契約と防災」をルーマニアのトゥルグ・ジウ（Targu-Jiu）にある、コンスタンティン・ブランクーシ（Constantin Brancusi）大学の民主主義・自由主義・プラグマティズム学会で発表した（*International Perspectives on Pragmatism*, ed. Cerasel Cuteanu, Cambridge, UK, Cambridge Scholars, 2009, 33-46で出版予定）。二〇〇七年七月には、「災害の備えの倫理学（The Ethics of disaster Preparation）」という題目の講演を英オックスフォード大学のセント・アンズ・カレッジでの経営哲学会で行った。この講演では一章の主要部分について話しており、Philosophy of Management（*Special Issue, Ethics of Crisis*, ed. Per Sandin, autumn/winter, 2008-2009, 7.3）で刊行予定である。二〇〇七年春には六章の草稿である「アイデンティティー、歴史的説明と災害（Identities, Historical Explanation and Disaster）」を、サンフランシスコで行われたＡＰＡ太平洋会議イリス・ヤング（Iris Young）記念セッションと、オレゴン大学の人種、民族、性研究所長のガルシア（Hames-Garcia, M.）氏によるセミナーで発表した。

二〇〇七年春には、ロック（Locke, J.）と社会契約論にかんする主要な考え方を、ヴァージニア州レキシントンにあるワシントン&リー大学の関心が高い学生を相手に講義をした。二〇〇七年の冬には、学内のワークショップで哲学部の同僚から、国土安全保障の論文についての貴重な助言をいただいた。プラット（Pratt, S.）、リュサケール（Lysaker, J.）、ジョンソン（Johnson, M.）、そしてライアン（Ryan, C.）に厚く感謝を申し上げる。また、社会契約論と市民の緊急対応における政府の役割については、二〇〇六年のサンフランシスコのAPA太平洋大会やポートランド州立大の「災害を招くもの（Spelling Disaster）」会議等のいくつかの機会で話した。

災害と倫理にかんして今もなお議論を継続してくれている、オレゴン大学の哲学部の院生たちには感謝している。特にガブリエル（Gabriel, J.）は、この原稿の初版を校正し、二〇〇七年十二月に参考文献一覧を作成してくれた。ジョーダン（Jordan, J.）も初版の原稿を読み、また、後から一七五五年のリスボン地震について思いださせてくれた。私が過去に勤務した教育学部の博士論文審査委員会のヒューリック・バイザ（Hulick Baiza, B.）には、マッカーシー（McCarthy, C.）の『ザ・ロード（The Road）』を読むことを勧めていただいたことに感謝している。これは、三章の重要な源泉のひとつとなった。

スターバ（Sterba, J.）には、この本を彼の *Rowman & Littlefield series, Studies in Social, Political, and Legal Philosophy* に収録していただき感謝している。そのシリーズの編集者ミラー（Miller, R.）には、専門家による編集のアドバイス（と承認）を、ウィーグ（Wiig, E.）には編集と出版の補助を、マックガラー（McGarraugh, E.）には出版計画を、そしてケランド・フェイゲン（Kelland Fagan, J.）には原稿整理を行っていただいたことに感謝している。彼らの提案や補助なしには、この本は、統一性や明瞭さを欠いたものになっていただろう。Rowman & Littlefield の外部査読には、大いなる励ましをいただいただけでなく、この本を確固たるものにするための詳細な提案をいただいたことに感謝している。そしてもちろん、シスク（Sisk, J.）には、私が彼の出版社で一九九五年に出版して以来、R&Lのしっかりとした舵とりに感謝している。もし不手際や間違いがあれば、すべては私に帰するものである。

ナオミ・ザック
ユージーン、オレゴン
二〇〇八年十二月二十一日

序章と各章の概要

災害とは何か？

災害という言葉は、広く現代人にとって、おそらくなかでもアメリカ人の読者に理解できるものなので、この問いに応えるには近年のいくつかの災害を簡単に指摘することから始めるのが有用だろう。二〇〇八年の六月、事実情報の商用情報源であるInfopleaseは、上半期に発生した世界の災害について、ウェブサイト上に以下の災害を記載した。[1] 一月には、ケニアのルオ族とキクユ族の間で起こった暴動[(1)]により、三百人以上が死亡し、かつ著しい物的損害が生じた。アメリカ中西部で発生した竜巻で四人が死亡し、物的損害が発生した。中国東部と南部で吹雪が七千八百万人を襲い、二十四人が死亡した。二月には、コンゴ民主共和国で二つの地震が発生し、四十五人以上が死亡、四百五十人が負傷した。テネシー州、アーカンソー州、アラバマ州、ケンタッキー州、ミズーリ州で竜巻により五十五人が死亡した。ベネズエラで旅客機が墜落し、乗員四十六人全員が死亡した。三月には、ジョージア州で竜巻により二人が死亡、三十人が負傷した。テキサス州からペンシルバニア州に広がった洪水で、十三人が死亡し、数百人が避難した。四月、一月にブラジルで始まったデング熱の感染者が七万五千人に上り、死者は九十人となった。ヴァージニア州で三つの竜巻により、二百人以上が負傷、家屋百四十棟が倒壊した。五月には、アーカンソー州で嵐により七人が死亡、十三名が負傷した。サイクロン・ナルギスがミャンマーのイラワジ・デルタおよびヤンゴンを襲い、七万八千人が死亡した。死者の多くは、高さ十二フィートの高潮によるものであった。オクラホマ州とジョージア州で竜巻により、二十人が死亡、数百人が負傷した。中国西部でマグニチュード七・九の地震により、六万七千人が死亡、数十万人が負傷した。四川省では十五万人が洪水から避難した。六月には、インディアナ州、アイオワ州、イリノイ州、その他中西部の州で洪水により十人が死亡した。竜巻によりアイオワ州のボーイスカウト四人とカンザス州の二人が死亡した。中国南部の洪水で六十人が死亡、五百四十万エーカーにわたる作物に被害。フィリピンではタイフーン・フェンシェンがフェリーを直撃し、五百人以上が死亡した。

災害の定義にもたくさんあるが、核となる共通点は、災害は多数の人々に大きな被害を与えるということである。また、この言葉は、突然の被害、死、あるいはごく少数の人命が失われる器物損壊にも正当に適用される。世界の災害にかんする上記のリストには、アメリカ国内での死者が一桁の事例が、アジアでの数万人の死者を出した事例と併記されている点が衝撃的である。近年の世界の災害の一覧がアメリカを特別扱いしていることは別にしても、それは、災害と呼ぶにふさわしい、破壊的で予測のつかない性質を強調している。

サイクロン・ナルギスと中国西部地震は、二〇〇四年に二十六万人が犠牲となったスマトラ島の津波に匹敵するような、きわめて甚大な災害である。[2]しかし、残念ながらアメリカ人の視点で見ると、これらの出来事はまさに北米やヨーロッパ圏外の、遠い異国で起こる災害だという感覚が喚起される。こうした距離は、即時にコミュニケーションがとれ、高速で旅行ができるようになったグローバル時代にあっては、地理的距離以上のものを意味する。近年のアジアにおける災害は、裕福、あるいは技術の発達した北側や西側の諸国の人々に共感や人道的支援の気持ちを抱かせるが、こうした道徳的な距離感を持ちつづけているために、相対的に安全な彼らは緊急時の義務感を負うに至っていない。二〇〇八年五月のアジアにおける災害は、メディアで継続的に「一面記事」にはならず、教養ある多くのアメリカ人は単純にこれらの出来事を知らなかった。

道徳や倫理の問題には、人の幸福がつきものである。私たちは、他人を傷つけない、苦しんでいる人を助けるという一般的な道徳的義務をもっている。こうした義務は、例えば家族のような、すでに私たちの保護下にいる人が助けを必要としているときに、より特別なものになる。そしてこの義務の特別性は、隣人や同僚、(地理的、宗教的、民族的に)同じ集団、州、国、同盟国のメンバー、などにも拡大する。

不幸に見舞われた他者に対し、私たちは一般的にいささか自己中心的な反応を取るにもかかわらず、他人を害することの苦悩や彼らを助けなければという義務感は、その不幸が予期せぬものであったり、犠牲者が明らかに無実であった場合に、より強く、切迫感のあるものとなるようだ。人類の歴史の中で、災害は常にあった。しかし、無実の災害犠牲者に対する、抑えきれない心配は比較的新しい感情で、これは十八世紀におけるヨーロッパの啓蒙主義(2)の中で力強く出現したものである。啓蒙主義では、科学や技術の開拓や発見、発明のためだけでなく、道徳的な道具としても人間の理性の力が高く掲げられた。その背景には、自然現象だけでなく、人間もまた原理上理解可能であるという確信の高まりがあった。ゆえに、もしも全能で慈悲深く正しい神が存在するならば、不当な大災害が起こる道徳的な理由が、観察者にとって明らかであるべきだと考えられた。

一七五五年の一一月一日、専門家たちが現在のマグニチュード九（リヒタースケール）に相当すると見積もる地震がリスボンの街を破壊し、九万人以上が死亡した。一七五五年のリスボン大地震は、善き神がどうして無実の者に苦しみを与えるのだろうかという心を乱す問いを焦点化した。さらに、可能な諸世界の中で現在の世界が最善の世界であり、人類の生活が終わりなく進歩し続けるという楽観主義的な見方を突き崩した。

ヴォルテール（Voltaire）は「リスボン大震災に寄せる詩：あるいは［すべては善である］という公理の検討」で、まずライプニッツ（Leibniz, G.）とアレクサンダー・ポープ（Pope, A.）の楽観主義的思想を批判した。

「すべては善である」と唱える歪んだ哲学者よ
来い、すさまじい破壊のようすをよーく見るがいい
その残骸、その瓦礫、その灰を見よ

それからヴォルテールは、善き力ある神が不当な危害を許すことがあるのか、という問いを提示する。これは「悪の問題」として知られる。

「天罰だ、自分が犯した罪の報いだ」と答えるのか
圧死した母親の血だらけの乳房にすがりつく赤子は
この世でどんな罪、どんな過ちを犯したというのだ
壊滅したリスボンは、歓楽の都市パリやロンドンよりも悪徳にまみれていたのか
リスボンは海に飲みこまれ、パリではひとびとが踊る[3]

ルソー（Rousseau, J. J.）は直ちに、ヴォルテールのいくつかの主張について反応した。彼はまず、「神が人類を救えなかったのは、救うことができなかったからだ」と主張した。さらにルソーは、人間こそが自らの道徳的な悪の源であるとし、リスボンの人々は人口密集地に七階建ての住居を建てたため、多くが避難をできなかったと述べた。またルソーは、彼らが初めの弱い地震で避難しな

かったのは、財産を守ろうとしたからだと推測した。さらに彼は、死んだ多くの人が日々のひどく惨めな人生から逃れることができたかもしれないという考えに、さらなる安堵を覚えた。[4]

リスボン地震の発生時、ポルトガルの首相はポンバル侯爵のセバスティアン・デ・メロであった。彼は即座に死者を埋めさせて伝染病の発生を防止するとともに、おそらくヨーロッパ初の耐震建物の建設を含む、街の再建策を講じた。全体を見ればリスボン地震は災害にかんする近代の思想に重大な影響を与えた。無実の人々の苦しみ、世界に対する悲観的な見方、不安定性、不平等、責任、そして災害に対する十分な備えと対応にかんする議論が興った——これらは今日においても重要なテーマとしてである。[5]

これらのテーマが以降の章でどのように展開していくか説明する前に、災害にかんする専門用語の定義に言及するのがよいかもしれない。私たちは災害と、リスクの分類に入る他の大規模な不幸を区別することができるが、そうすることで災害という言葉は概念的に強固なものとなるかもしれない。

赤十字／赤新月社の定義によると、「災害は多数の人が突然に死亡したり負傷する、異例な出来事」である。ベルギーのブリュッセルにある災害疫学研究センター（ＣＲＥＤ）の定義では、「災害は地域の対応能力を圧倒的に超えた状況あるいは出来事で、国や国際レベルでの外部支援を必要とするもの」である。[6] ＣＲＥＤが規定する災害時に必要となる外部支援とは、政策立案者、緊急対応実務者の災害支援を計画・実行する人々の視点を表している。被災者たちの被災前後の責任だけでなく、彼らにかかる損害や、普段の生活の崩壊の問題は、異なる視点を提示する。実際に、災害の精神的な側面が一旦考慮されると、災害の公式的な定義が少々表面的なものであることが明らかになる。

災害と、その他の犠牲者数が様々である大規模惨事をどう区別するかは、災いのない普段の生活の中で許容可能な危険の度合いと関連する。そうした普段からある危険は、今では、災害というよりむしろリスクの問題として理解される。例えば、アフリカで二〇一〇年には千八百万人の孤児を生むとされる世界的なエイズの蔓延は、公式には災害とみなされていないが、鳥インフルエンザはみなされるだろう。[7] ベック（Beck, U.）の一九九二年の『リスク社会（Risk Society）』にもとづいて、今日では社会批評家の中には、すべてを予測可能なものとする近代初期の考えと、多くの技術進歩が新しい不確定な危険の可能性を生んでいる現在の状況を区別する考えがある。[8] リスクは一般的に災害と同じとはみなされていないが、このような洞察はリスクの広汎性を認めるものである。

リスクと災害の違いを示す強力で明白な例は、昨今の災害と自動車事故との比較において明らかである。ＬＡタイムスの特集として、二〇〇七年の八月五日に掲載された「交通事故死（Road Kill）」の中で、ブルックリン局のイースターブルック（Easterbrook, G.）は、九・一一以降、二十四万五千人のアメリカ人が交通事故で死亡したことを指摘した。全世界では、この数値は六百万人にも上る。[9] 二〇一二年までに、さらに世界中で六百万人が、アメリカ国内で二十五万人が路上で死亡することだろう。ハリケーン・カトリーナと毎年のテロ攻撃、現在進行中のイラク戦争を合わせても、早すぎる死を迎えた人の数はこれに及ばない。イースターブルックは、交通事故とテロの死者数の比較について私たちが無関心であることに対して、もっともらしい理由を述べている――自動車産業は毎年馬力を大きくする競争で繁栄している。重大な交通事故は回避可能だが、「道徳と人の尊厳への」犯罪行為ではない。さらに、今日ではより多くの人が車を保有し、人口密度も高まっており、ドライバーの携帯電話使用に対する法律も施行されていない。[10]

　イースターブルックの分析を拡大すると、テロと自動車事故との間にはいくつかのさらなる違いがある。まず、テロ事件やそのほかの災害は自動車事故の頻度よりもはるかに予測が困難である。二つ目の違いは、テロや災害は、自動車利用の際には伴わない大きな恐怖心を喚起する出来事である。三つ目はもっとも重要な違いだが、自動車事故は一般的な、ありふれた出来事の一部であるが、アメリカにおいて、テロ事件はそうではないということである。

　二〇〇二年から二〇〇七年にかけて、192H5N1 型鳥インフルエンザの死者が百九十二人であったのに対し、世界中の交通事故死者数は六百万人であった。鳥インフルエンザでの死は事故死に比べ、やはり「予想外」であり屈辱的なものである。また、自動車への恐怖心の欠落が自動車会社に富を与えることが論じられるのと同様の仕方で、鳥インフルエンザへの恐れが製薬会社に富を与えると論じることはできない。なぜならば、鳥インフルエンザ対策でもっとも問題なのは、ワクチンも医療投薬も不十分であることだからである。すなわち、製薬会社はそこから十分な収益を上げることができないのである。[11]鳥インフルエンザに対する世の中の恐怖は、テロリズムに対するそれよりも拡大しなかった。だがそれにもかかわらず、交通事故ではなりえなかった、「ポスト九・一一」における現代の災害の一つとなった。

上記のような、恐怖に違いが生じる理由は何だろうか。理由の一つに、鳥インフルエンザやテロに対するイメージはすでに具象的な方法で十分に満たされているが、交通事故はそうではないことが挙げられる。鳥インフルエンザウイルスやテロリストは「異国の病気や悪魔のような異国の人間」という、それ自体が恐怖を象徴する存在である一方、自動車はそれらよりはるかに危険であるものの、便利で、美しく、所有や運転が楽しいものである。テロリストやH5N1ウイルスが存在することによる「死への距離」は、プリウスやハマーやSUVを所有し運転・搭乗することによるそれよりも短いと仮定されている。鳥インフルエンザのパンデミックやテロ行為がひとたび発生すると、ほぼ同時に大量死が発生してしまう一方、交通事故死は単独または少人数のものであり、独立したその場特有の事象として生じることもまた、理由の一つである。

恐怖に見られる違いとして他に特筆すべき面は、テロや鳥インフルエンザのカセクシス的性質「心的エネルギーが特定の観念に蓄えられること」[3]である。どちらも急速に大衆の恐怖を喚起させることができる。九・一一後の炭疽病の発生に関しても同様だろう。これらはみな「ホットな恐怖」である。ホットな恐怖は社会に広がる、すなわち、人をひきつけ社会で共有される恐怖である。それらは人を介して急速に拡散する。他者がそれを恐れているということだけで、自分もそれを恐れる理由となる。ホットな恐怖は不快、もしくは早期の精神的恐怖として発現したり発現しなかったりする。ホットな恐怖の対象の中には、通常は恐怖を運んでくるものとして不適当なものもあるかもしれない。アメリカの生活における古典的な例として、公に社会的平等を支持する多数派が、特定の民族や種族をひそかに悪魔扱いし、その一方で、低く評価されたグループに対する多数派の恐怖が被害妄想を引き起こすかもしれないというのがある。

交通事故への恐怖とポスト九・一一の災害への恐怖の間にある違いは、国民一般が日常生活に組み込むことができるリスクと、現代の災害の性質の違いというように、明確に分類できるかもしれない。現在進行中の戦争のように日常生活を完全に破壊するものとはかぎらないが、災害は平常を破壊する能力を持ち、それは生命の喪失や資産、物理的環境の破壊という実害を超えたものになりうる。日常生活は以前には想像できなかったリスク（例えば、肥満の蔓延）に満ちて来ているが、災害はそれとは違い、独特な仕方で、まさに道徳的でドラマティックな面をもつ。リスクを含んだ普段の生活とホットな恐怖を喚起する災害の間には、火災や洪水、嵐、地震、温暖化を想起させる不気味な環境変化、水などの天然資源の差し迫った不足といった自然の大惨事がある。それら自然の大惨事は、テロや鳥インフルエンザのようなパニックを喚起するものではなく、またそれらほど予見不可能というものでもないが、過去の記録や実際の被害や被害予測を考えると、人々はそれらを疑いなく災害とみなしている。

災害の定義

私たちはここまで、災害に対する公式の粗略な定義づけや、日常生活における実際に予見できるリスクと昨今の災害との、恐怖に基づいた心理的な区別について示しながら、直接いくつかの災害について考察してきた。歴史的に知られている災害や近い将来に起きるだろう災害の中には、自然の大惨事とその余波も含まれる。この原則に則り、災害にかんする概念的で包括的な定義づけができるだろうか。哲学者はそれを試みる（あるいは、直ぐに試みるだろう）が、最近の災害にかんする社会科学者の調査における方法論と立場に不一致があることにはじめに言及しなければならない。一九六三年に米デラウェア大学に災害研究センターを発足したクアランテリ（Quarantelli, E. L.）は、災害には三つの主要な異なる概念があることを認識しており、そのことは彼が編集した一九九八年の論文集『災害とは何か（What Is a Disaster）』における論文に示されている。一つ目の概念は、災害は種々の見方や観察を「つなぎ合わせる」ことで知られる客観的な事象であり、目の不自由な人々が象に触っているのをモデルにしている。二つ目は、災害は社会的構成物として議論されており、研究者たちは社会的構成物としての災害にかんする、それぞれ違った理論を用いて災害を定義づけしようとしている。三つ目は、災害は当然ながらさまざまな方法で主観的に定義づけされており、それは研究者の視点と同じくらい、犠牲者の視点にもとづいている。[12]

客観的もしくは普遍的に災害とみなされる出来事があるという考え方と、文化的な要素に関連してそう呼ばれるという考え方があり、両者の緊張状態から、「災害」という用語は政治的なものであり価値観に依存することが推察できる。

出来事を「災害」と呼ぶことは、その出来事が緊急で真剣な注目と、状況を改善する決断力ある行動に値することを証すものである。すなわち、出来事や状況を災害ではないとみなすことは、それを早急な対応不足、あるいは無視へと追いやることである。これらの考察から、災害研究の専門家たちが災害の定義づけに従事しているときに、何を災害とみなすのか、またそれをだれが決めるのかを決定する計画に乗り出していることは明らかである。それらの問いに対する解答は、専門家たちが何を調査したいかだけでなく、彼らが研究のためにどのような資金で雇用されるかを決定することでもあろう。

災害研究の専門家と比較して、倫理学者であり、素人のオブザーバーであり被害に遭う可能性のある者でもある私の仕事は、ずっと「事後的」である。オブザーバーや被害に遭う可能性のある人たちは直接的であるかどうかにかかわらず、すでに「災害」と指定されてしまった破壊的な出来事を経験している。この見方にかんするクアランテリの説明によると、「私は災害を定義することはできないが、遭遇したときにはそれだと分かる。[13]」倫理学者たちはこれらの予め指定されてしまっている「災害」の道徳的問題を指摘する。そしてさらに、この本の趣旨であるが、災害は以下のように定義することができる。

い、災害は重大な数の人々を傷つけ、殺し、もしくは市民の生活を大きく損ね、妨げるような出来事（または、一連の出来事）である。災害は自然に発生するほか、偶発的、意図的な人間の行動によっても発生する。災害には火災、洪水、嵐、地震、化学物質の流出、中毒性物質の漏洩・浸出、従来型の、また核、生物兵器によるテロ、伝染病の蔓延やパンデミック、電子通信の大規模停止、その他当局者、または専門家が「災害」と指定するものを含むが、これらに限られない。災害は常に驚きと衝撃を与える。それらは襲来を望まれないものであるが、必ずしも予測できないものではない。災害はまた、被災者や対応したりした人々にかんする英雄的行為、失敗、そして犠牲についての物語やメディア表現を生み出す。

この定義は、まだ「災害」と指定されていない、現在進行中の破壊的な出来事を「災害」の分類に含むことに対する注意深い議論の余地を残している。この定義では、災害にかんする文献の中で「紛争」とされる出来事や状況を除いている。軍事専門家の視点によれば、戦争は熟慮された執行機関、組織的な計画、合法的な政府の積極的な関与によるものであるため、災害とは区別されるが、戦争が市民に及ぼす影響の点では災害に当たるかもしれない。しかし、組織的な活動であるがゆえに、戦争は災害よりも制度化され強められたリスクに近いといえるだろう。

クアランテリは、危機管理の研究者が伝統的に、紛争の状況を災害と区別してきたと主張する。

一九五〇年代初頭から、災害は一般的に、同意された向社会的な行動によって特徴づけられるという統一見解があるが、紛争の状態は、混乱を長引かせることで加担者が得る利益によって特徴づけられてきた。人々は災害の発生場所に集合するのに対して、紛争の場所を避け遠ざかる。また、被災者たちは法を順守して協力的である一方、紛争への参加者たちは略奪したり医療支援の妨げとなる傾向がある。[14]

専門家でない人々にとって、災害は偶発的であり、それゆえ発生したときには驚きを伴う。平常の、組織だった、人間らしい毎日の生活が、初期のうちは社会的、物理的な予測と制御を超えた出来事により、突発的にあからさまに切り裂かれる。この瞬間的で、予測できず、いかなる時、場所でも発生しうる災害の性質は、近い将来にいくつかの災害が起こるという歴史的にも現代においても明らかである確実性とともに、災害という回避することのできない事実を、切実な道徳と倫理の問題と化している。人の幸福と損害は、これから起きる災害にかかっており、そのこと自体が、災害に備える道徳的義務とともに、災害対応に適用されるあるいは適用されない道徳原理について熟考する道徳的義務を生み出すのである。

第Ⅰ部および第Ⅱ部と各章の概要

第Ⅰ部では、災害で浮上する倫理的問題について取り扱う。一章では既存の道徳的規範を守りつつ、備えの義務について論じることから始める。二章では、哲学者が「救命ボートの倫理」と呼ぶところの、古典的かつ現代的な災害のシナリオについて考察する。これらの事例は、災害時には帰結主義と義務論のどちらの道徳的理論がもっとも適しているかという問題を提起する。結果として、帰結の最大化も、例外のない道徳原理への固執も、それだけで限定なしでは、予測不能の生きるか死ぬかの状況下では役に立たないことが分かる。正しい徳もまた必要となる。三章では災害時にもっとも適切な徳について考えることで、災害のケースに古典的な徳倫理学を適用する。私は誠実さ(integrity)と勤勉さ(diligence)こそが、成功を求める勇敢さ(glory-seeking bravery)、どう猛さ(ferocity)よりも望ましいことを主張する。

第II部は政治理論という意味での政治について扱う。道徳と政治理論は密接に関連している。人間は純粋に個人的なものとして、また単なる社会的なものとして、道徳体系を構築していないし、実行してもいない。アリストテレスが主張したように、正しい個人は徳を支えるために正しい国家を必要とする。逆もまた然りで、正しいあるいは有徳な政府は、正しいあるいは有徳な市民を必要とする。西洋の社会契約の伝統では、政府を正当化するものは本質的に道徳的なものである。政府は、無政府状態よりも人間の生活がよくなるがゆえに設立され、合法的に存続すると理解されている。

四章では災害に社会契約論の視点を適用する。この社会契約論は、アメリカ合衆国の設立文書にも関連のある、ロックの『市民政府論』から導かれるものである。これは、政府の存在は、政府のない「自然状態」での生活と比較したうえで正当化されるという理論である。しかし現代は、自給自足の生活がもはやできず、もし自給自足ができたとしても、国土自体が破壊されてしまうため、自然状態に戻ることを防ぐために社会が政府に依存している。ところが、災害は「第二の自然状態」を作り出すかもしれない。私は政府が、災害による第二の自然状態において市民が生き残るために備えるという、政府の起源に基づく義務を負っていると主張する。このような備えは公共政策として実施が求められる。

公共政策は五章のテーマである。九・一一の出来事、特にアメリカン航空七十七便がペンタゴンに衝突した事件は、国土安全保障省設立のきっかけとなったが、連邦緊急事態管理庁（FEMA）は今やこの局に従属する部門である。国土安全保障省の設立と九・一一後の不安は安全保障と安全を混同させ、災害への備えと対応にとって最善とはいえない結果となった。

近年の災害に関する政策は、犠牲となる可能性のある人の視点よりもむしろ、公務上の視点が由来となっている。こうした方針のもとでは、個人の尊厳の道徳上の重要性は見落とされてしまうだろう。六章では災害に対して予め不利な人々、特にハリケーン・カトリーナ後のアフリカ系アメリカ人について考察しながら、災害の犠牲者に焦点を当てて議論を発展させる。他にも、身体障がい者のようなグループは、災害時に普段以上に制度上の不平等を経験する。災害への備えは歴史的に存在してきたこれらの不平等を是正できる見込みはなく、また将来の災害によってどの社会的グループが最も損害を被るのか、予測することもできないため、必要にもとづいた（need-based）備えと対応のモデルが提唱される。

結論では、第Ⅰ部と第Ⅱ部の主な主張を、各章で直面した実践的・理論的問題に注目しながら結びつける。その成果が災害の倫理綱領である。災害についての道徳的熟考は、何を災害とみなすかについて新たな含蓄をもたらす。私は最後に世界的な水不足について短い考察を行う。追記では、現時点で人間の命がどのように「金額化」されているかに言及しつつ、命の価値について再び述べる。

注

1 www.infoplease.com/world/disasters/2008.html を参照。

2 www.bbc.co.uk/weather/features/understanding/tsunami2.shtml を参照。

3 ヴォルテールの詩の全文は、http://courses.essex.ac.uk/cs/cs101/VOLT/Lisbon2.ht で見ることができる。後述のルソーからの返事は、http://faculty.gilman.edu/us/jamiespragins/Euro_Hum_200203/Voltaire/lisbon2.htm.Source, 7, Rousseau, Jean-Jacques."Letter to Voltaire Regarding the Poem on the Lisbon Earthquake," August 18, 1756, Source 7 from Oeuvres completes de Voltaire, nouvelle edition, vol. 9 (Paris: Garnier, 1877), p. 470. 翻訳 Julius R. Ruff にみることができる。リスボン地震がヨーロッパ思想に及ぼした影響については Kendrick, T. T. (1956) *The Lisbon Earthquake*, London: Methuen and Co. を参照。なお、邦訳は、カンディード（斉藤悦則訳、光文社古典新訳文庫、2015）を引用した。

4 前掲注3。

5　このエピソードが引き起こした問題は未だ進行中だが、その問題の当時の影響は Dynes, R. R. "The Dialogue between Voltaire and Rousseau on the Lisbon Earthquake: The Emergence of a Social Science View," Disaster Research Center, www.udel.edu/DRC/preliminary/pp294.pdf に見ることができる。

6　これらの定義は両方とも from www.pitt.edu/AFShome/e/p/epi2170/public/html/lecture15/sld007.htm による。

7　World Health Organization, "2007 AISA Epidemic Update/Sub-Saharan Africa," "UNAIDS, March 2008, data.unaids.org/pub/Report/2008/jc1526_epibreifs_ssafrica_en.pdf を参照。

8　Beck, U.,（1992）, *Risk Society: Toward a New Modernity*, London: Sage 及び Beck, "Risk Society Revisited: Theory Practice, and Research Programs," in Adam, B., Beck, U. and Van Loon, J., ed.（2008）*The Risk Society and Beyond: Critical Issues for Social Theory*, London: Sage, 211–229.

9　Easterbrook, G., "Road Kill: Why Are We So Worried about Terrorism When So Many More People Are Dying on Our highways?" LA Times, August 5, 2006, op-ed, http://articles.latimes.com/2007/aug/05/opinion/op-easterbrook5.

10　Easterbrook, G., "Road Kill."

11　Gibbs, W. W. and Soares, C. "Preparing for a Pandemic: Are We Ready?" Scientific American, Special Report, November 2005. http://www.sciam.com/article.cfm?id=preparing-for-a-pandemic-2005-11. 更に最近の情報は www.influenza.com を参照。

12　Quarantelli, E. L.（1998）"Epilogue: Where We Have Been and Where We Might Go: Putting the Elephant Together, Blowing Soap Bubbles, and Having Singular In-sights," Quarantelli, E. L., ed. *What Is a Disaster? Perspectives On the Question*, London: Routledge, pp. 234–273.（核心的な概念の記述は二三四頁に、そして、その調整に向けた試みは二七三頁。）

13 Quarantelli, "Epilogue," 236.
14 Quarantelli, "Epilogue," 238–241.

訳者注

（1） ケニア危機（二〇〇七～二〇〇八）。大統領選の結果に不満を持った野党勢力の抗議活動が暴動に発展した。
（2） 聖書や神学といったそれまでの権威ではなく、人間のもつ理性によって世界を把握しようという思想。
（3） アメリカ炭疽菌事件。二〇〇一年、米国のメディアや政治家に対して炭疽菌の入った容器が送りつけられ、感染した五人が死亡した事件。

第I部　倫理

一章　防災計画――最大数を救うことが最善なのか？

権限をもつ人が災害に対して意図し行動することは、倫理的な事がらである。なぜなら、そこには人の幸福が含まれるためである。災害への備えは平常時に行うが、災害対応は災害発生直後あるいは差しせまった状況で行う。災害への備えも対応も計画が必要であり、その両方の計画には倫理的な側面がある。では、災害対応計画の倫理と異なる災害準備計画の倫理があるだろうか。

備えのための計画と対応のための計画を区別する一つの理由は、想定外のことが起これば、不測の行動をとらなければならなくなり、その行動に対する規則が必要になるからである。たとえば、整然とした避難計画があるとしても、地震時には、出口が閉鎖され、急いで新たな出口や避難方法を見つけなければならないかもしれない。準備計画ではヘリコプターによる救助は必要とされていないかもしれないが、状況の展開次第ではそれが必要になり、災害対応計画に含まれるかもしれない。すべての人が安全に避難するという意図が両方の計画に示されるかぎり、このような変更は、倫理原理の変更をともなうものではない。準備計画と対応計画の明白な矛盾を避けるための一つの方法は、準備計画を十分に一般的なものにすることである。たとえば、準備計画では、そこにいるすべての人が安全に避難することを主要目標として設定し、あらかじめ複数の出口を示すが、出口の選択は実際の状況により規定されるものとする。

しかしそれとは別に、それ次第では準備計画と対応計画における人の幸福にかかわる規則が異なるものになってしまう、そういう変更があるかもしれない。備えが尽きること、そして計画が限られた人のみを救うために作られていることが、あらかじめわかっていると仮定しよう。そのような対応計画は、倫理的に正当化できるだろうか、あるいは、非倫理的なのだろうか。この問いに対して答えるために、現代の災害以外の危機が道徳的にこれまでどのように評価されてきたのか、ということから始めてみよう。

戦争における医療トリアージ

戦争での想定外かつ突然の損害については、ナポレオン時代からトリアージの原理と実践として体系的に取りくまれてきた。大量の死傷者とそれに対応するための役人の命令はリアルなため、軍事医療の歴史が現代の災害の議論の中にも登場している。たとえば、ウィンズロウ（Winslow, G.）は『トリアージと正義（Triage and Justice）』を、市民災害を戦争と関係づけたかなり標準的なトリアージの定義からはじめている。

トリアージとは……軍事あるいは市民の災害医療において、治療の優先順位や、多数の犠牲者を三つのグループのいずれかに決めるための、患者の医療スクリーニングである。すなわち、治療をしたとしても生きのびることがむずかしい人、治療しなくても回復する人、そして優先される集団として、生きのびるには治療を必要とする人、の三つのグループである。[1]

今では古典となった一九九二年の論文「トリアージと平等（Triage and Equality）」において、ベイカー（Baker, R.）とストロスバーグ（Strosberg, M.）は、近代の戦争の事例から二種類のトリアージ、すなわち、平等主義モデルと、功利主義もしくは効率性モデルを区別する。[2] ナポレオンの軍医総監だった、ラレー男爵（Larrey, D.J.）が、トリアージの平等主義モデルを発展させた。ラレーは、「深刻に負傷している人は最初に治療しなければならず、階級や相違についてはまったく考慮しない」という主義にもとづき負傷者の選別と搬送を行った。[3] ラレーの目的は、戦争遂行のために負傷者を回復させるという効率的功利主義の目標ではなく、もっとも深刻な負傷を受け、即座の治療により最大の利益を享受することができ、それがなければ死んでしまう人を治療するという平等主義の目標によるものである。ベイカーとストロスバーグは、ラレーの「組織化された援助」（methodical succor）モデルが、誰にも不利益を与えずにかぎられた資源によって最大の効果をもたらすことを説明する。すなわち、重傷者は救助され、軽傷者は将来重症になれば救助されるが、現時点で治療を待つことにより危害を受けるわけではない。また、死にかけている人は、治療により利益を受けるわけではないので、危害を受けるわけではない。ベイカーとストロスバーグはさらに、「組織化された援助」が、現代の緊急医療と集中医療においても一般的に行われていると述べる。[4]

ベイカーとストロスバーグは、軍事において、医療トリアージの効率性モデルが平等主義モデルとどのように異なるのかを正確に示している。効率性モデルは、いつでも、身体的に有能な兵士ができるだけ多くいるべきだという軍事的要求の観点から、医療トリアージの結果を最大化することを求める。ラムゼイ（Ramsey R.）に対するエンゲルハート（Engelhardt, J. T.）とジョンセン（Jonsen, A.）の反論によれば、「そこでは戦う機能を早急に回復することが目的である。早急の回復が難しい場合には、必要性が深刻であったとしても後回しにされる」。ビーチャー博士（Beecher, H.）の回顧録には、第二次世界大戦中の北アフリカにおいて、ペニシリンの配分についてこの原理を適用した有名な記録がある。ペニシリンは、戦闘で骨折した兵士に与えられずに、売春宿で性病をわずらった患者に提供された。後者のグループは、より早く前線に復帰できるからであるが、道徳的な反対は大きかった。[5]

グロス（Gross, M.）は、戦争時のトリアージにかんする平等主義と効率的な功利主義をさらに鋭く対比させる。一九四九年のジュネーブ諸条約の第一条約、第二条約によると「治療の順序における優先権は、緊急な医療上の理由がある場合にかぎり、認められる（ジュネーブ条約Ⅰ、Ⅱ、一九四九年一二条三）」。さらに、一九七七年のジュネーブ条約議定書は、この原理を負傷した敵（第一議定書、一九七七b第十条、四五三節）にまで拡大している。しかしながら、アメリカ国防総省は、一九八八年に医療トリアージの目標を「救える兵士の最大数」としており、これはジュネーブ議定書において示されている治療の順番、優先される患者の両方と矛盾する。[6] NATOの方針も救助にもとづく。救助者の最大化にもとづく軍事の条約は、トリアージの平等主義の原則にあきらかに反している。

　戦争時のトリアージにかんするこの議論を災害との関係からみると二つの重要な点が示される。最初に、戦時の医療トリアージは、特別なプレッシャーの中で起こり、備えを補強するためにできることはほとんどない。補給、時間、資源不足はいかんともしがたいので、主要な倫理的関心は、最善の対応にかぎられる。さらに、だれかが重症になる、あるいは死ぬかもしれないという予測は当然のこととしてある。対照的に、災害に備えることは原理的に可能なことであり、死傷者の発生は事前に受けいれる必要がない。第二に、評論家は、民主主義社会の時代ではいずれ、公衆の理想である公正あるいは平等主義と、実務者の目標である効率性のあいだの対立は、戦争というプレッシャーにおいてさえも、公正に軍配が上がる仕方で解決されるだろうという点で一致している。戦時のトリアージモデルとして平等主義が効率性よりも選ばれるとすれば、災害トリアージにかんする道徳的原理についても学ぶべきところがあるはずである。しかし、災害は戦争ほど結果の切迫性をもたない（なぜなら、戦争では、戦っている人以外の人も危険に晒されかねないからである）。とはいえ、災害は戦争よりもさらに予測困難かつ非秩序的なものとなりかねない。とりわけ災害への備えがない場合はそうである。

ヴィーチ（Veatch, R.）は、移植用臓器の配分において、効率性よりも平等にもとづく方法が取られるのは正義の理想によるものであり、それは大災害におけるトリアージ計画とも関連することを示唆する。全米臓器配分ネットワーク（United Network for Organ Sharing）の倫理委員会の審議にもとづき、ヴィーチは、平等モデルと効率性モデルとの対立について少なくとも幅広い議論があるべきだと提案する。[7] 平常時におけるかぎられた医療資源のトリアージは、戦争と災害の比較事例を提供するだろう。共有された道徳的理想は、平常時の生活においてもっとも実現されるだけでなく、平常時の生活のなかから出現することが多い。さらに、災害の被害者については、戦争と異なり、直接被害を受けた人の命を救うこと以外の目的があるわけではない（すなわち、災害時に安全である市民を救うわけではない）。

市民が効率性よりも公正を好むことを理解するためには、長期的には、平和と平常時の生活が最終的に復旧され、市民たちの価値観が再び目立つようになる、ということを忘れてはならない。現代の災害は、日常生活の只中で市民の生活を襲う。その理由だけでも、平常時の倫理的見解には、許容可能な災害準備がいかなるものであるか知らせることが期待されているのがわかる。また、そうなると災害への備え自体も、戦争時にかぎられた資源のもとでいかに効率よく対応するかという計画よりも、通常の計画様式に類似していることが期待される。なぜなら、それは直接には、前線で戦うだけでなく味方を守る立場にもある兵士と対比して、災害に巻きこまれた人の命と健康のみを守るからである。

日常のなかで計画を立てることの倫理

私たちが通常の計画の構造を念頭におき、計画がいかに倫理的事柄であるかについて明確な直観をもつならば、災害対応計画が災害準備計画と異なる倫理的指導原理をもちうるのか、という問いに答えることができる。多かれ少なかれ予測できる日常生活において、行動のための備えあるいは行動のための計画／原理と、行動への適用あるいは行動計画／原理のあいだに違いはない。行動計画は、通常は行動のための計画をまっすぐ進ませることであり、その適用は備えを反映する。専門家による活動、建設計画や、消費のための製造品は、ほとんど、計画、青写真、材料リストからはじまる。それらは、政府あるいは管理権限をもつ人により、行動が合法的に実施される前に承認されなければならない。たとえば、建築基準は、建築による環境インパクトや、安全確保の方策が計画に詳細に記されていることを要求し、それらは建設がはじまる前に承認を得なければならない。そして建設は、承認された計画に従って行わなければならず、それを確認するために、建設過程の異なる段階において役人が検査し、計画を承認した機関にそれを報告する。医薬品や食品の容器に記載された認可を受けた原材料は、記載された割合で容器にあると仮定される（すなわち、要求され想定される）。委員会により承認された倫理規定にもとづく業務は、これらの規定が実施過程において侵害されないという仮定にもとづき機能する。それが侵害された場合は、実践者は不正行為の罪に問われ、民事と専門職上の罰則の対象となるだけでなく、刑事上の罪も被る。

一般的に、人の商業的そして専門的な人生は、危険や不正から守るものとして承認された事前計画にもとづいている。承認された計画の特質、承認された計画とそれにもとづく行動と生産との一致、そして製品と行動の質はすべて、もっぱら暗黙の了解のもとにある倫理的原理に従っている。さらに、計画と材料にかんする情報は、それに影響を受ける人が手にすることができる。この関連情報の開示性は、人が、製品やサービスに影響されるかぎり知る権利があるという仮定にもとづく。言うまでもないが、消費者、購買者、患者そして顧客は、専門的なサービスや商業製品によって被害を受けるべきではなく、手に入れようとしているものに対し欺かれるべきでない。事前に、製品（例、タバコ）や行為（例、スカイ・ダイビング）により害を受けるかもしれないとわかっている場合は、最終的な消費者や利用者は含まれているリスクを想定しており、販売者やサービス提供者が、結果として生じる被害のすべてに責任を負うわけではないというのは妥当である。

幅広く受け入れられている無危害原理（PNH, Principle of No Harm）は、被害が発生した際に法的、金銭的な責任を生じさせる。専門家、製造者、ビジネスマン、販売者が、承認を得られる適切な計画を提出する場合、承認という過程を求める動機の一部は、被害による法的責任や責務を回避することにある。承認過程を求める別の側面は、完全な道徳的像とは言えないにしても、暗黙的にPNH自体の道徳的重要性に支えられている。法的と道徳的理由の両方において危害を回避することの基盤にあるのは、人の幸福という肯定的な価値である。一般的な幸福の原理（PWB, Principle of Well-Being）によると、商品やサービスは、利用者と消費者の幸福に貢献しなければならない。さらに、幸福は、喜びや楽しみと同様に、豊かさ、便利さ、健康とゆるやかにむすびつくものと理解されている（たとえば、ファーストフードや砂糖を含む軽食が美味しくなければ、その栄養面での欠陥がそれらのありのままの姿となってしまい、それに対する欲求もなくなる）。

物とサービスが人の幸福を推進するという一般的な仮定は、生産される、あるいは実施されるものの基準となるだけでなく、計画自体を動機づけ、慎重さを美徳とすることになる。二回測ってから一回で切る大工は、よい本棚をつくるばかりでなく、よい大工である。よい計画は、実践者をよい実践者にするばかりか、その道徳的性質にも肯定的印象を与える。結果として、計画は、道徳的にもまた実践的にもすべての影響力のある活動に求められており、それ自体、その結論がどのようなものであれ、道徳的な精査の対象である。計画は、被信託者、執事、保護者に要求されるような義務である。計画は、すべての成人の一般的な責任であり、自分自身と、優先的な義務を負う人を配慮するための不可欠な部分としてある。

災害計画の倫理

ふだんの生活では、多かれ少なかれ計画にもとづき仕事を続けることができるが、災害時にはもっともよい計画ですら適用がむずかしいことがある。災害のための計画のどの部分の適用がむずかしいのかを事前に知ることができないことが、災害計画のあらゆる側面を制限することになる。第一に、計画が備えの一部であるかぎり、計画は災害が起こる、もしくは差しせまる前に存在しなければならない。もし、事前に準備されていなければ、道徳的な判断を曇らしかねない緊急のプレッシャーによる影響を受ける。備えの一部としての防災計画は、バイアスのないものでなければならない。そして、時間があると想定されるかぎりは、備えが平常時に行われるからといって、実施すべき事項に対し妥協するべきではない。第二に、災害への備えのための計画は、一般的なものでなければならないが、道徳的にあるいは実質的に空虚なものとなってしまうほど一般的であってはならない。第三に、災害計画は、私たちのもっとも優れた道徳原理を示すものでなければならず、その逆であってはならないが、同時に現実的、あるいは、実施可能なものでなければならない。第四に、私たちは、楽観的な計画をたてなければならない。それは、既存の道徳原理を侵害するかもしれない、あるいは、求められる目的を達成するとは思えない計画をたてるべきではない、という意味においてである。すなわち、楽観的な計画は、よい計画をたてることができるという仮定にもとづいている。

詳細は別として、非常事態にかんする事実として知られていることは、災害への備えは、災害のリハーサルと同じではないということである。どれだけたくさんの疑似災害が、計画通りに演出されたとしても、実際の災害はそのいずれも反映しないだろう。災害への備えの計画をたてるということは、走り高跳び、あるいは短距離走の練習よりも、マラソンの練習に似ている。マラソン走者は、四二・一九五㎞の全行程を走る練習をしているわけではない。むしろ、短い距離を走ることで型を作り、練習を組みあわせることで持久性を得る。上手く準備できれば、事前に予測できようができまいが、ある程度の天候条件において、予め定められたコースと距離を走るには最適な状態となる。これが、通常のマラソンの準備である。

しかし、未公開の土地での、未確定の距離の、いつでもはじまりうる謎のマラソンのために準備すると想像してみよう。そのような不確実性に対し準備する方法はたくさんあり、謎のマラソンの開始が告知された時の参加者の準備段階はさまざまだろう。また、リハーサルが問題外であるという点では、通常のマラソン以上である。もちろん、通常のあるいは謎のマラソンに参加する必要はなく（通常の選択の範囲外である）、人の幸福が危うくなることもないのだから、そのために準備する必要はない。ましてそれが道徳的に要求されることもない。対照的に、たまたま私たちがいる場所で災害が起きるのか、いつ起きるのか、ということを選べないし、自分自身や他人に対する私たちの責任として備えが必要であること以外のことも選べない。

まとめると、災害への備えをするということは、倫理的な事柄であり、義務である。この備えのための計画内容は、予期できない緊急事態に備えるためにも、できるかぎり一般的なものでなければならず、計画は平常時において、災害が発生する、あるいは差しせまった状況になる前に行わなければならない。災害計画は、危害を加えないことと人の幸福を積極的に保護することという、平常時の計画の原理と整合的でなければならない。さらに、災害計画は、備えの一部として、特定の対応における行動やそれらの行動を統治する原理とは異なる。最後に、被害を受けるのは市民であることから、開いた民主的な社会において、一般的な災害計画は公開された情報でなければならない。これにもとづくならば、無危害原理（PNH）や幸福の原理（PWB）と一致していない計画は、見直さなければならない。それを見直すことができないならば、どの危害が避けられないのかについて、幅広い公開討論を行わなければならない。

最近の鳥インフルエンザ流行に対する計画とその広範な倫理的意味

私たち人間は比較的用心深いので、災害計画は人間にとって新たな企てではない。しかし、生じるかもしれない特定の災害に対する計画は、その災害を政策分析者と倫理学者に新しい危険として捉えさせることで、新たなプロジェクトをともなうかもしれない。これらの専門家はまさに緊急事態として、特定の不測の事態に対する計画策定の取りくみを指揮する、すなわち災害対応の計画をたてる。しかし、平常時において十分に考えられて、しかも無危害原理（PNH）や幸福の原理（PWB）に明確にもとづいた一般的な準備計画が欠落しているという点が、現在の災害文献における特徴として目につく。特定の緊急対応計画が倫理的に確かなものとして示されはしても、その計画を練り上げる重要なプロセスが置きざりにされている。とくに、これらの対応計画が、実践家や、十分な情報を得た市民による災害準備計画では受けいれそうにない、幸福についての考えを含むガイドラインを採用している場合がそうである。

　鳥インフルエンザ流行に対する適切な対応にかんして、疾患と既存の医療基盤について既知のことにもとづくと、少なくとも三つの大きな障害がある。第一に、鳥インフルエンザに対し人口の半分以上に接種可能なインフルエンザワクチンを生産することができたとしよう。それでも、発生する鳥インフルエンザの特定菌を予測することは大変むずかしく、事前に十分なワクチンを作ることはさらにむずかしく、発生した特定菌は、予測できない方法で変異するかもしれない[8]。これは、ウイルス標的組織の変化という問題である。鳥インフルエンザ流行に対する適切な対応の第二の障害は、標的とするウイルスが特定されても、有効なワクチンを開発するには何か月もかかることである。かくして、適切なワクチンが利用可能になるまで感染は拡大することになる。標的の変化とワクチンを培養するのに求められる時間枠は、予防をめぐる問題であり、現在、それを解決するのは困難である。適切な対応をめぐる第三の大きな障害は、病床や人工呼吸器の数や抗ウイルス薬という点において、資源がかぎられていることである。その結果、ウイルスに感染したあらゆる人に措置することが困難なのが現状である[9]。

　現時点では、かぎられた資源を原則に則った仕方で分配することを示した鳥インフルエンザ対応のモデル計画があると思われる。モデルは、二〇〇七年にアメリカ疾病管理予防センターアドバイザリー委員会の倫理小委員会（Ethics Subcommittee of the Advisory Committee to the Director of the

U. S. Centers for Disease Control and Prevention）から所長に送付された倫理ガイドライン[10]、トロント大学附置センターインフルエンザ流行生命倫理ワーキンググループ（University of Toronto Joint Centre for Bioethics Pandemic Influenza Working Group）による二〇〇六年の報告書[11]、そして、不十分な資源という状況における稀少トリアージに限定された論文[12]でも明らかである。ガイドラインは、政府職員が、通常の組織的な集まり（例えば学校への出席）や、商業的そして娯楽的な場所での社会的接触を制限することにより感染を管理しなければならないと規定している。検疫対策も必要とされる。ここでは一般的な緊急時のトリアージが援用されている。それによれば、緊急の医療措置により利益を受けることができる人は最初に措置を受けるべきであり、死にかけているケースや、より軽度の傷病は後回しにされる。読者や市民の多くは、現行の対応計画モデルの内容が、常識とよく合致しているだけでなく、道徳的にも受けいれられると考えるだろう。

しかしながら、現在の鳥インフルエンザ対応モデルは二つの側面において、道徳的により詳細な検討が必要である。なぜならば、平常時においては当然とされる平等の原則と乖離しているためである。第一は、予防接種と治療は、医療従事者と、不可欠な公共サービスと公共事業の提供者を優先すると規定されていることである。第二の点は、「トリアージのトリアージ」にかかわる。すなわち、第一次のトリアージで即時の医療措置により利益を得るはずの人のすべてがそれを得られるわけでなく、希少性のさまざまなレベルに応じて得られるという点である。特定の人に治療が提供されるかどうかの数字的「順位」を決めるために「余命」「既往歴」や、曖昧な「人の価値」といった項目を提案する論者もいる。鳥インフルエンザ流行では、人工呼吸器がもっとも必要な希少資源であり、インフルエンザ以外の症状ですでに人工呼吸器を使っている患者や、インフルエンザに感染しているものの予期されたほど改善しない人から人工呼吸器を外し、必要な人に提供することが提案された。[13]

さらに、鳥インフルエンザ流行対応計画の現行版はすべて、計画に対し公開討論の必要性を規定していることを強調しておくべきである。現時点の計画が、アメリカ中のあらゆる地域レベルの緊急対応の人々により議論されている一方で、[14] 二〇〇八年一二月の時点において、トリアージの戦略や治療の受け手として誰を選ぶのかについて、幅広く市民に公布されてはいないようである。医療専門家の間での半ば私的な議論では、感染が蔓延する状況では、患者はもはや個々の人ではなく、コミュニティであるかのように捉えられている。[15] この観点からみると、個々人のケアでは受け入れられない方法も、「コミュニティ」の生き残りを確実にすると思われるならば、より倫理的に受けいれられるように見える。（ここでいう「コミュニティ」については、次節の最後において、より詳しく述べる。）

準備計画と対応計画

対応計画は、準備計画と同じではない。備えるとは、「準備が整う」ことである。感染症流行に対し準備が整うためには、行動でき、かつ行動する意欲があるという従事のための要素や、よい結果を出すために必要なものをもつという要素が含まれる。戦争では、少人数のグループの兵士が、事前に自分たちの多くが死に、敵を負かすことができないかもしれないと思いながらも、敵と戦うことができるし、それを望むかもしれない。敵と戦うために自らの心の準備をするだろうが、これは、彼らが物理的に敵を負かすのに備えるという意味ではない。軍隊が、それと同じ敵に備える時、その対応は、少人数のグループの場合と同様の心理的な内容をもつかも知れない。しかし、より多くの人員と兵器は、よい結果を導きだすための備えとなるだろう。

どのような起こり得る災害においても、備えには、よい結果を導きだすのに必要な物資と実践的な対応能力の両方が必要である。鳥インフルエンザ流行においては、十分な予防接種の材料や抗生剤、そして訓練された人員が必要である。それにより、平常時に緊急のための医療措置を受ける人が、感染症流行においても受けることが可能になる。現在の問題は、十分な物資と技術をもった医療人員にかんするものである。専門家によると、現行の世界の感染症対策は、約一世紀前に、スペイン風邪の流行で四千万人が死亡した時から進んでいない。[16] しかし、私たちは、十分な物資と訓練された人がいれば備えることができるはずである。準備計画は、感染の深刻さの程度に応じて何が求められるのかを正確に示すだろう――予防接種が何セット必要になるのか、どの抗生剤が何ダース必要なのか、病院では何床必要なのか、人工呼吸器がいくつ必要なのか、それに加え、それらの資源をうまく活用するためには何名の人員が必要で、どのような訓練を受けなければならないのか。

言いかえると、準備計画は、対応に必要な状況を再構成することができる。それにより、資源が希少であるという理由で平常時における倫理的原理を侵害することなく、事前に望ましい対応を描くことができる。

災害対応計画と災害準備計画における倫理原理（まだ存在すらしていないかもしれないが）の違いは、最大数を救う（SGN, Save the Greatest Number）と、助けられる人をすべて救う（SALL, Save All Who Can Be Saved）の違いである。最大数を救うこと（ＳＧＮ）は、アメリカの現在の災害対応計画の背後にある実施原理であり、ボランティアの取りくみ、たとえばコミュニティ緊急事態対応チーム（CERT, Community Emergency Response Team）の訓練においてもしばしば触れられる。[17]しかしながら、最大数を救うこと（ＳＧＮ）は、無条件では受けいれられない倫理的原理である。それは、功利主義と帰結主義という哲学的倫理学的伝統に由来するが、その伝統的原理の（危険かもしれない）単純化である。それに対して、助けられる人をすべて救う（ＳＡＬＬ）は、西洋民主社会の一般的な道徳的合意と合致するものである。

ＳＧＮは、助けられる人の最大数が、その問題の脈絡に依存していることから道徳的には限界がある。もし、橋が落ちないよう十分に維持されており、地域が適切な緊急対応計画をもっていれば、橋が落ちないかぎりは助けられる人はすべて助けられる。もし橋が落ちたとしても、救助は成功するだろう。両方とも、ＳＡＬＬの事例である。しかし、橋が補修管理されておらず、それが落ち、たくさんの人々が押しつぶされると想定してみよう。救助の取りくみは、生き延びた人の最大数を救う（ＳＧＮ）ことにあるが、橋が十分に補修されていたならば押しつぶされることがなかった人を永遠に失うことになる。もし、救助のための備えが不適切だったとしたら、ＳＧＮについても「助かる」数はさらに少なくなる。そのため、ＳＧＮは、緊急の状況において用いられるものの、防ぎ得る損失というのは依然として存在する。それゆえにＳＧＮは、相対的な功利主義の原理であり限界がある。ＳＡＬＬは、対応だけでなく備えと対策も考慮する必要があることから、どのような災害に対しても、より包括的で、より安定的である。もし、橋が適切に補修管理されており、落ちなければ、あるいはそれが落ちたとしても、救助対応の準備が十分にあるならば、助けられる人はすべて救うことができる。ＳＧＮとＳＡＬＬの違いは、両方とも功利主義の原理にもとづくものであるが、ＳＡＬＬが備えと対応の両方を考慮しているのに対し、ＳＧＮは対応を注視している点にある。

備えは対応ではない。対応しなければならないとき、あるいは、どのように対応しようか考えているときは、すでに備えのための時間はすぎている。備えには、対応と異なり、即座に対応しなければならないというプレッシャーがない、平常のときに行われる性質のものである。平常時―それは、備えるべき災害に対する平常時のことである――の備えにおいてこそ、対応についての具体的計画を導きだす道徳原理について考えるべきである。これは、私たちの既存の道徳原理を検討することや、それを未来の段階の備えそのものに適用することも含む。すなわち、既存の道徳原理は、どのように対応するかだけではなく、さらにどのような備えが必要なのかをも示している。[18]

「私たち」の既存の道徳的（あるいは倫理的）原理が何であるのかについて何ら神秘的なことはない。なぜなら、それは、少なくとも西洋の伝統においては、千年もの宗教そして人文研究と実践の結果としての価値にもとづくからである。さらに、これらの原理と価値は、民主主義社会の遺産を最小限でも分かちあっている人にとっては、即座に正しいとして認識されるものである。すなわち、

一．人の命は、本質的に価値がある。

二．すべての人の命は平等に価値がある。

三．すべての人には他の人に傷つけられない等しい権利がある。

四．すべての人は、人以外の力により傷つけられることから守られる権原を与えられている。


民主主義政府は、一から四に記された原理、すなわち一般的な社会的原理を支持することが義務づけられており、そのように想定されている。これらの原理は、下記のように個人にとっての倫理的規則となる。

A．私たちは、私たち自身そして私たちに依存している人の世話をする義務がある。
B．私たちは、互いに傷つけない義務がある。
C．私たちは、私たちが傷つけられないかぎりにおいて他人の世話をする義務がある。

両方のリストは不完全であり、異なる表現で表されるかもしれないが、二つ合わせることで、民主主義社会の平和な平常時の生活における共通の道徳を捉えている[19]。それゆえに、それは平常時の生活を支える物理的秩序と資源が災害により阻害され、不完全になり破壊された時の倫理的ガイドラインとして役に立つ。そして、それら、あるいはそれと同様の何かが、災害への備えの手引きとならなければならない[20]。

平和な生活における共通の倫理的価値は、災害計画において、平常時に実施される災害準備の一部を占めるものとして認識されなければならない。災害において、あるいは、対応計画の構築過程においては、これらの価値は理想として機能するだろう。特定の対応計画がそのような理想を満たしていない場合は、道徳的あるいは倫理的であることに失敗している。倫理的な対応計画は、共通の倫理的原理に忠実でなければならない。単に人の幸福を含む事項に「倫理的」というラベルをつけ、対応を実施するさいに、平常時に倫理的とは言いがたい行動が生じても法的責任を負わせないことを推奨するだけでは、大方の見解とは違って、対応計画を「倫理的」と呼ぶのに十分ではない。

環境に相対的なのは倫理ではなく、期待に相対的である環境の良さや悪さである。この意味において、悪い環境は、悪い倫理があることの言い訳とはならない。アメリカのいくつかの地域を含む世界のさまざまな場所において、多くの人々が、物理的に大きな危険の中で、比較的恩恵を受けている人が当然だと考えている快適さがない中で生活している。たとえ不利益を被っている人が苦しむトラウマや剥奪が、私たち恩恵を被っている人が災害において経験することと等しい、あるいはそれより悪いかもしれなくても、私たちは通常の倫理的な義務によりそれらを補償するわけではない。平常時に比較的恩恵を受けている生活という観点からは、恩恵を受けた通常の生活が「ここ」で繰り広げられている一方で、困難で危険な状態はどこにでも存在しており、そうした状態は困難や危険を経験している人に対する道徳的な休日として捉えられるわけではない。それゆえに、平常時に比較的恩恵を受けた生活をしている人は、災害にどう対応するかを計画するときに、自らに道徳的な休日を与えるべきではない。貧しい社会における強い政府が、医療措置における生と死の格差を強いることが間違っていると考えるのならば、私たちが災害に直面したときにそのような格差を強いることがなぜ正しいのだろうか。子ども、高齢者や障がいのある人が治療可能な病気で死ぬ一方で、選ばれたわずかな人にだけ医療措置が可能な社会を私たちは「不公平」という。それならばそのような政策が、私たち自身の社会の災害対応計画に取りこまれたとき、どのようにして、「倫理的」と言えるだろうか。

災害への備えは、平常時において、私たちが習慣的に受けいれているのと同じ道徳的指針にもとづき行われなければならない。鳥インフルエンザ流行の事例で示したように、専門家は、準備の一環としての計画段階をまるごと除外し、かぎられた資源あるいは不適切な準備のもとで、災害が起こった後、あるいは差し迫っている状況下で妥当となる対応計画に、一直線に進んでしまった。しかし、数カ月の間に感染症は次々に起こるだろうから、何が専門家をそのように急がせることになるのか明らかではない。それにもかかわらず、一般的に、どのような段階においてもできるかぎり準備したとしても、突然起きる出来事や想定外の大災害には不十分かもしれない。

前述の倫理的分析は、事前にかぎられた資源の分配計画をすべきではないという仮定にもとづいている。なぜなら、資源を増やすための時間がある、あるいは別の方法で適切に備える時間があるときには、そのような希少性を受け入れるべきではないからである。しかし、常識、あるいは分別は、詳細に予測が困難、あるいは予行練習がむずかしい出来事に備えるための準備の一部として、かぎられた資源の分配にかんする訓練を実施すべきであることを示している。そのため、このことは、どのようにかぎられた資源が分配されるべきかという問題、トリアージのトリアージという問題に連れもどす。哲学者ロールズ（Rawls, J.）がここでは参考になる。彼の正義に関する有名な思考実験において、ロールズは、公正な社会におけるかぎられた資源の計画立案者は、自らの関心についての「無知のヴェール」の背後で熟慮しなければならないと提唱する。考える人は、自ら豊かであるのか貧しいのか、若いのか年をとっているのか、主流あるいは不利益を受けている人種や民族の一員なのかを知らないとされる。[21] もちろん、実際には、人々は自らの関心をこのように簡単に忘れることはむずかしく、そして歴史は、そのような「無知」の思考が、もっとも利他的な政府や、制度構築者にさえ行われていなかったことを示している。しかし、ロールズは、民主主義の政治思想家が、基本的な政府構造と制度を、無知のヴェールの思考実験の基準にもとづき試し、批判するべきであることを指摘する。なぜなら、「原初状態」[1]（ロールズの用語）は、公正（fairness）を保証するからである。ロールズにとっての公正は、正義の具体的概念あるいは適用であり、正義こそがすべての社会において最重要の徳である。私たちは、この「無知のヴェール」の考えを、災害時のかぎられた資源の公正な分配にも適用できるだろうか。できる。なぜなら、ロールズは、特定の政策よりむしろ基本的な社会の構造を考えているものの、彼のヴェールの「モデル」は特定の政策にも適用できるからである。

鳥インフルエンザ流行の対応計画を構築するという現在の事例では、計画者は、自分たち自身が高齢で、すでに病気で、障害をもっている、あるいは、若くて健康であるかについて知っていてはならない。同様に、彼らが、実際そうであるように、詩人か、幼稚園教諭か、聖職者か、警官か、政府職員か、公共政策の専門家か、医療従事者か、委託を受けた倫理学者か、についても知っていてはならない。そう考えるのは、計画を作る人がかぎられた資源を分配するさいに優遇されないという条件に近づけるためである。これは、そのような計画を作る人が、高い道徳原理を備えた人ではないと言っているのではない。ただ公正性の構造を確認しているにすぎない。ロールズの熟慮と正義の原理をトリアージに適用しているウィンズロウが、災害時には、かぎられた医療資源を、医療関係者、警官と消防隊員に優先して提供することは受けいれられるとしていることは興味深い。ただし、ウインズロウの叙述の根拠は、それが長期的にはより多くの人命を救うだろうというわかりやすい功利主義的計算ではなく、「ヴェールの下」では、自分の職業を知らない人ならば、そのような分配を選ぶだろうという想定である。ウィンズロウのロールズ的論法によると、そうした分配は治療へのもっとも平等な機会を、とくに治療をもっとも必要としている人に対し、提供するだろうからである（すなわち、ロールズの「格差原理」によれば、もっとも困っている人が利益を得るのであれば、不公平な分配も正当化されるのである）。[22]

かぎられた資源の直接的な功利主義的分配と、自発的な功利主義的分配の違いは、まさにベイカーとストロスバーグが、効率的功利主義と平等主義的功利主義として示した相違である。すなわち、平等主義では、功利主義的目標があるが、それは自発的なものでなければならず、それに対して、功利主義の目標を最大化するための効率的な手段は、自発的なものである必要はなく、すべての参加者や影響を被る人々によって選択される必要もない。[23]

希少な資源について、誰がどのような対応計画を決めるのかについての公正性を実践的に確認するための一つの方法は、希少な資源の分配にかんする幅広い公開討論である。そのような公開討論は、現在では広く受けいれられている災害対応計画の要件として実際に明示されているが、アメリカ国内では「タウンミーティング」のような方式でも、モデル自体に対するマスメディアの広報でも行われていない。民主主義社会においては、予防接種や、抗ウイルス治療を受けることがむずかしい人や、彼らの代弁者が、これらの希少な資源の分配についてどのように「投票」するのかは、経験的問題である。そして、原則にもとづいた民主主義的な公共政策として、そのことについて国民に問いかけることは、倫理的にも必要なことと思われる。多くの人は、災害時の希少な資源の分配を、救助に関わる行政職員が優先的に受けることを選ぶだろうか。もしそうならば、優先して治療を受けた人が救助活動を継続させられるようにするためには、どのような規定が適切だろうか。もし、人々が医療関係者や公共サービスに関わる人の治療を優先させるのであれば、この事項は、準備計画のうちにしっかり反映させせなければならない。

緊急時のかぎられた資源の分配にかんする幅広い公開討論は、民主主義社会における災害準備の主要な内容であるべきだが、そのことはこれまで見落とされてきた。討論の結果としては、現在の対応計画の資源分配の優先順位で提案されていることと変わらないかもしれない。あるいは、治療を受けられそうにない人、そして／あるいは彼らの代弁者からの強い反対があり、その反対が動機づけ活気づけることで、鳥インフルエンザ感染のためのワクチンや抗ウイルス剤が適切に準備されることになるかもしれない。この視点は、人々の福祉への関心の程度をかなり楽観的に見ているかもしれない。現代の市民は、感染症や他の災害における政策が倫理的ではないことを直接経験したときに、ようやく反応することができるのかもしれない。繰りかえすが、これは適切な準備のために必要なコミュニケーションを通してのみ答えることができる経験的な問いである。

準備過程において幅広いコミュニケーションをとることは、大規模災害でのトリアージ対応計画における、コミュニティという言葉の使い方に対し、文字通りの意味を与えるだろう。コミュニティは、話すことができない人の代弁者を含め、討論参加者から構成される。この対話によるコミュニティは、災害により被害を受ける可能性がある人すべてより成り、彼らを代表している。「コミュニティが患者である」という考えは、平常時における公共医療においては確立された経験則（経験をもとに意思決定する思考方法）である。しかし、平常時においても、これは抽象的な経験則的考え方であり、実際は個人が患者である。通常の「コミュニティを治療する」という言い方は、個人の健康と幸せを強化するための社会的事項と方法にかんする注意を集める。けれども、多数の人々の犠牲をともなう出来事において、「コミュニティを救う」というとき、「コミュニティ」が何により構成されるのか明らかではない。そのコミュニティとは、近隣、町、市、郡、あるいは国家なのか。コミュニティには、平常時には当然とされる道徳的価値が含まれるのだろうか。物質的基盤の大部分が破壊されるような状況において、コミュニティを救うことが出来るだろうか。「コミュニティを救う」ことが、「コミュニティの生存者の最大多数を救うこと」の言いかえであるときに、「コミュニティは良い。この計画はコミュニティを救う。だからこの計画は良い」という文章に対して、修辞的な目的以上のものが付け加わっているとは言いがたい。

最大数を救う

現在、緊急の備えにおいて、救助専門家の活動にかんする道徳規則は、最大数を救う（ＳＧＮ）ことである。それは法律そのものではないが、多くの場合は、法律を侵害しないものとして、それゆえ、その活動が法律により保護されるものとして受けいれられている。与えられた事例について、あらかじめ、何がＳＧＮなのか知ることはむずかしい。なぜなら、最大数は、時間の流れや、救助活動の危険性、人的資源や物的資源の限界により変わるためである。救急医療用語では、SGNはもちろん「トリアージ」として解釈される。それは、負傷者を、致命的な負傷により死ぬ可能性が高い人、軽症の人、素早い医療措置が必要であり、それによって生き延びる可能性がある人に分けることである。三番目のグループが、最初に治療を受ける。これは、車両事故のような平常時の緊急状態における、緊急対応の手順である。[24]

しかし、前述の通り、多数の人が犠牲になる場合、かぎられた資源のもとでの対応において、即座に医療措置を受ければ生き延びる可能性がある人すべてに措置をすることがむずかしいときに、別の種類のトリアージという問題が呼び起こされる。[25] SGNが、高齢者や、すでに病気の人、長期的予後がよくない人、治療する価値があまりないとみなされている人を排除するために活用されるとすると、SGNは、「＿という人の最大数を救う（SGNW, SGN Who＿）」となり、＿の空白部分は、医療措置を受ける患者の既定の特性で埋められる。さらに、大規模災害のダイナミックな特質と、事前に被害予測が困難であることにより、資源は大幅に不足するかもしれない。そのため、SGNWの空白は、即座の状況において埋められ、あるいは見直され、そして、状況が変化すると再び見直されることになる。[26]

SGNWには二つの道徳的な問題がある。第一に、生と死にかんする裁量を、事前であれ事後であれ、市民には透明ではない方法で個人の手に与えている点である。そのような個人は、行政職員として、あるいは、災害時の医療従事者として合法性をもつかもしれない。しかし、それ以外の仕方では、彼らはそのような権限を執行する資格があると認定されていないし、市民が知るかぎり、そのような資格が道徳的に認められているわけでもない。さらに言えば、そのような「道徳的資格」がどのようなものであるのか、決して答えることができない。第二に、SGNWモデルや計算式は、事前に資源の限界を受けいれているが、事前とは、備えを強化することで十分な資源を確保する時間があるときのことである。SGNが、常識や通常の思慮分別と合致しているという事実は、それが道徳的に合法であるような外観を提供している。「＿という人」という空白を、医療や法律を執行する人で埋めるという判断を正当化するのは、もし彼らの治療が優先されれば、最大数が実際に救われるということである。さらに、SGNWは、求められる記述に合致しない人を排除すべきではない。それは、合致する人の優先だけを指示している。しかし、SGNWによっても答えが出ないことはたくさんある。優先される人をすべて救うことは可能だろうか。市民は、自分に優先順位が与えられていないと事前にわかっていたら、SGNWを受けいれるだろうか。また、優先順位が与えられている人が愛する人の優先性についてはどうだろうか。そのことはSGNにどのような影響を及ぼすだろうか。

理想的には、災害時には、壊滅的な出来事の後で、助けられるすべての人が実際に救われることである。すなわち、「助けられる人はすべて救う（SALL）」である。そして、もし私たちが、まだ準備するための時間がある平常時においてSALLを思い描けなければ、災害に対し計画を立てるという義務を満たしていないことになる。私たちは、SALLについてはすでによく知っている。

なぜなら、それは平常時の緊急の備えの規則だからである。たとえば、二〇〇六年七月に、ボストンの「ビッグ・ディグ（Big Dig）」トンネルの天井パネルの崩落により、女性が亡くなった後に、マサチューセッツ州の州知事は、トンネルの構造的な問題を調査し、トンネルは、調査が完了し修理されるまで閉鎖された。[27]この論拠はSGNではない。SGNでは次の事故の後にトリアージをすることとなるだろう。[28]それではなく、論拠はSALLであった（であるかのように見えた）。徹底的な調査のためにトンネルを閉鎖し修理することは、将来の崩落事故から助けられる人すべてを事前に救うだろう。あるいは、少なくともそれが目的だろう。

類似した予防的原理は、衝撃に耐える能力があり、乗車した乗客が動かないように抑えるだけでなく、乗客がそれを使うことができるような装置をもつ車をつくるための努力においても機能しているようである。しかし、ビッグ・ディグについてはその意図は、特定の原因（構造上の欠陥）による将来の事故を防ぐことである。これはおそらく災害予防の事例である（もし、トンネルが外部からの圧力に対して補修されたとするならば、それは被害軽減であろう）。外部衝撃による被害を最小にするという、車の設計と製造における意図は、厳密には、災害被害軽減（mitigation）である。[29]それゆえに、いくつかの災害準備は、原因の予防（テロリストがテロを実行する前に捕まえるための努力のようなもの）を含む。これに対し、他の災害準備策には、災害が起こった後の効果的な対応も含まれる。明らかに、備えにかんする二つの仕方はともに重要である。もし適切に備えなければ、大規模災害の後にSGNで動くしかないだろうし、そして、もし不適切な事前準備を受け入れるならば、SGNWと道徳的に妥協することになるだろう。

しかし、もしSALLが適切な事前準備とともに適用されたとして、災害が起こり、助けられる人すべてを救うのに十分な資源がない場合は、何が起こるだろうか。SGNWに従って行動することは、道徳的に正当化されるだろうか。どのような性質が空白を埋めるかについての幅広い公開討論がないかぎり、答えは否である。原則にもとづいた合意がない状況では、誰もが「神を演ずる」権利をもっていない。そのため、適切な資源があれば助けられる人を、資源の不十分さのため救えない場合に、誰を救うかを決める人により何がなされるべきだろうか。そのような決断の唯一の公正な方法は、ランダムに、あるいは先着順に提供することかもしれない。事実、感染症流行においては、すべての病人が同時に治療を受けにくるわけではない。そして、そのほかの災害における救助作業においても、生存者自身が治療を受けにくることも、あるいは、救助者が彼らを見つけだし、見つけだした順に治療することもある。治療を必要とする多数の生存者が同時に現れるならば、平常時の緊急トリアージ以外の選択方法を想像することはむずかしい。資源が限定的であるという事実は、特定の人に他の人の生や死にかんする裁量権を与えることではない。人々が自らの失敗ではないことにより被害を受ける状況において、資源がかぎられているという事実は、支援者と被災者を非常に悪く不安定な立場におくだけである。私たちに残されるのは、「最善の備えのもとで助けられる人すべてを公平に救う（FSALLBP, Fairly Save All Who Can Be Saved, with the Best Preparation）」という原則である。

資源に対し要望が競合するなかで、どのように「最善の備え」を定義できるだろうか。たとえば、平常時においてより多くの健康管理を行う、あるいは、起こりうる感染症流行へ備えるためにより多くの物資を準備することを選ぶだろうか。民主主義においては、この質問への答えは、公開討論と市民の意見により決める必要がある。理想的には、最善の備えとは、希少な資源を使うことにならないために十分に備えることである。それが、平常時に幅広く支持された倫理原理を侵害する対応計画を正当化する。助けられる人すべてを公平に救うことのできない現在のトリアージモデルの正当化に、希少な資源を引きあいに出すのは、これに関連する道徳事項を見失うことになる。助けられる人すべてを救うことは道徳的に正しい。ところが、適切な備えのための資金を出すことができないかもしれない。これは、たいへん不幸な事例である。しかし、資金上の制約は、私たちの基本的な道徳原理を見直すための根拠にはならない。道徳原理は、それに従って行動することで厳しい再分配と不都合な犠牲をともなうとしても、予算削減の対象となる奢侈品ではない。「すべきは可能を含意する」(2)ことは、倫理的推論の支柱である。私たちがしなければならないというとき、それをする力をもっていると想定されている。これまで、学術的あるいはその他の証拠で、予測可能な災害に対し社会として適切に備える能力がないと証明したものはない。

まとめると、私たちは災害について計画する道徳的義務がある。なぜなら、それが人の命と幸せに影響を及ぼすからである。現代の災害は市民に被害をもたらすので、そのような計画は、民主主義社会においては公共的になされなければならず、平常時の基本的な倫理原理を侵害してもならない。現在の鳥インフルエンザ流行に対する計画は、希少な資源や不適切な備えにもとづく対応に限定された計画であり、誰かの命を他の人に対し優先づけている。むしろ、このＳＧＮのモデルよりも、事前の適切な備えにもとづくＳＡＬＬモデルの方が倫理的に市民の役に立つものである。そして、出来事が適切な備えを超える場合は、かぎられた資源は公平に分配されるべきである。

注

1　Winslow, G. R.（1982）*Triage and Justice*, Berkeley: University of California Press, 1.

2　Baker, R. and Strosberg, M.（1992）"Triage and Equality: An Historical Reassessment of Utilitarian Analyses of Triage," *Kennedy Institute of Ethics Journal* 2, no. 2, 103–123.

3　Baker, R. and Strosberg, M."Triage and Equality," pp. 110, Larrey, D.J. "Surgical Memoirs of the Campaign in Russia," 翻訳 J. Mercer（1882）Philadelphia: Cowey and Lea による英訳、一〇九頁による。しかしながら、その時代にペニシリンが戦争による怪我の治療に有効なのかは知られていなかったことから、状況はビーチャー（Beecher）の記述が含意しているように明快だったわけではない。Gross, M. L.（2006）*Bioethics and Armed Conflict: Moral Dilemmas of Medicine and War*, Cambridge, MA, MIT Press 参照。

4　Baker, R. and Strosberg, M.（1992）"Triage and Equality," 111–114.

5　Baker, R. and Strosberg, M.（1992）"Triage and Equality," 103–104.

6　Gross, M.（2006）"Bioethics and Armed Conflict," 137–141.

7　Veatch, R. M.（2005）, "Disaster Preparedness and Triage," *Mount Sinai Journal of Medicine* 72, no. 4

(July 2005), 236–241.

8　Gibbs, W. W. and Soares, C. (2005) "Preparing for a Pandemic: Are We Ready?" *Scientific American, Special Report,* November, http://www.sciam.com/article.cfm?id=preparing-for-a-pandemic-2005-11 参照。より新しい情報については www.influenza.com も参照。

9　これは、現行の鳥インフルエンザ対応計画の業務想定にもとづく。アメリカ合衆国の各州の計画については注18を参照。

10　Kinlaw, K. and Levine, R. (2007) "Ethical Guidelines in Pandemic Influenza—Recommendations of the Ethics Subcommittee of the Advisory Committee to the Director," Centers for Disease Control and Prevention, www.cdc.gov/od/sciense/phec/panFlu_Ethic_Guidelines.pdf.

11　University of Toronto Joint Centre for Bioethics Pandemic Influenza Working Group (2005), "Stand on Guard for Thee: Ethical Considerations in Preparedness Planning for Pandemic Influenza," "University of Toronto Joint Centre for Bioethics, November 2005, www.utoronto.ca/jcb/homedocuments/pandemic.pdf.

12　例えば Gostin, L., "Medical Countermeasures for Pandemic Influenza: Ethics and the law," JAMA 295 (2006): 554–56; Hick, J., and O' Laughlin, D., "Concept of Operations for Triage of Mechanical Ventilation in an Epidemic," *Academic Emergency Medicine* 13 (2006): 223–229 を参照。

13　例えば、前掲 Hick and O'Laughlin, "Concept of Operations" を参照。

14　私は、二〇〇六年と二〇〇七年の五月に、オレゴン州ユージーンのレーン郡医療連盟災害医療タスクフォース主催のコミュニティにおける倫理の議論に参加した。現在の、大衆トリアージの文献が参照され、限られた資源の配分や、即座の決定、そして、医療関係者側の責任について議論が行われた。

15　変更された基準（alterd standards）という言葉は定義されていないが、それは、個人を救うという伝統的な視点から、最大数を救うために、限られたケア、設備供給や人を提供することへとシフトすることと想定する。例えば、それはフィールド・トリアージの原則を適応することをも意味するだろう。アメリカ合衆国保健福祉省（540 Gaither Road, Rockville, MD 20850.www.ahrq.gov）医療研究品質庁（AHRQ）を参照。"Altered Standards of Care in Mass Casualty Event," 契約 No. 290-04-0010, Health Systems Research, Inc. AHRQ 出版 No. 05-0043（Apr11 2005）. www.ahrq.gov/research/altstand/altstand.pdf. 引用は十頁より。

16　例えば、人工呼吸器が足りない場合は、患者の家族を動員し、一九一八年頃のように手動で酸素吸入を施させること（注８参照）。

17　「第一に、大規模災害後に期待できる迅速なサービスについて、事実を市民に示すこと。第二に、被害軽減と事前準備における彼らの責任にかんするメッセージを提供すること。第三に、意思決定術、救助者の安全、そして最大多数のために最善を尽くすことに重点を置いた救命技術を用いて彼らを訓練すること。ＣＥＲＴの www.citizencorps.gov/cert. を参照。

18　Thomas, J. C., Dasgupta, N., and Martinot, A., "Ethics in a Pandemic: A Survey of the State Pandemic Influenza Plans," *American Journal of Public Health* 97, no. S1（2007）: S26–S31 を参照。二〇〇五年一一月に、世界保健機構（ＷＨＯ）の提言にもとづき、アメリカ合衆国大統領国土安全保障会議（Homeland Security Council）が、鳥インフルエンザ流行にかんする国家戦略を公表した。そこには、計画と対応の主たる責任は州と地方政府にあることが示されている。それを受けた州の戦略の多くは、倫理的事項や倫理的な審議の必要性については、ほとんど特別な注意を払っていない。Thomas, Dasgupta and Martinot は、そのような倫理的な審議は、準備の段階において行わなければならず、流行が発生してから実施するのでは遅すぎると強調している。彼らは、「歴史が、次の感染症の流行に対する私たちの世代の責任を判断するであろうが、その大部分は倫理的に行動する私たちの能力による」と締めくくっている。

19　リストは、徳倫理、義務論、帰結主義という主要な道徳システムを比較、あるいは統合しているわけではない。その点について、私は "Philosophy and Disaster," *Homeland Security Affairs* 2, no. 1, art. 5（April

2006), www.hsaj.org/hsa/voll II/issi/art5、そして、本書の二章、三章に述べている。

20　無危害原理と幸福の原理は、それぞれ異なる形でリストに関係している。無危害原理は、三と四に示されている。幸福の原理は、平常時における計画という側面と関係しており、自らの関心にもとづく選択を認めるものである。

21　Rawls, J.（1971）, A *Theory of Justice, Cambridge*, MA: Belknap Press, 第一章（矢島鈞次（1979）『正義論』紀伊国屋書店）。

22　Winslow, G. R.（1982）Triage and Justice, 143–154.

23　Baker and Strosberg, "Triage and Equality," 105–106, 111–114.

24　緊急時のトリアージのルールについては、*Community Emergency Response Team Participation Manual*, developed for the Department of Homeland Security, U. S. Fire Administration, Emergency Management Institute; by Human technology, Inc., McLean, Virginia, June 2003, Unit 4, Part 2を参照。刊行されているCERT（コミュニティ緊急対応チーム）の災害時のトリアージのルールは、本質的には通常の緊急時に用いられるルールと同じである。アメリカ合衆国では、各州が緊急医療サービス規約を持っており、通常は、インターネットでも確認することができる。

25　例えば、回復の予後は、トリアージや規約の一部である。例えば、前掲Hick and O'Laughlin, "Concept of Operations," 223–229を参照。

26　そのような補償は、通常は専門職の救急隊員で確保され、緊急時の訓練を受けたボランティアまで拡大される。

27　ボストンのビッグ・ディグ建設プロジェクトに関するより詳細なレポートについては以下の通り。Wald, M. J. (2006) "Late Design Change Is Cited in Collapse of Tunnel Ceiling," New York Times, November 2, A17; Abby Goodnough, "Settlement for Company Charged in Big-Dig Death," New York Times, Dec. 19,

2008, A30.

28　そのようなトリアージは、どのような一度の通行であれ、トンネルを通ることにより将来起こる崩落に対する計算にもとづくものであり、「許容可能なリスク」を伴う。「許容可能なリスク」の定義については、health.enotes.com/public-health-enqrciop6dja/acceptable-risk を参照。

29　災害被害軽減とは、主に壊滅的な出来事による被害を軽減するであろう備えの構造的側面のことである。www.gdrc.org/uem/disasters/1-info-role-html を参照。

訳者注

（1）　集団内の者が自身や他者のもつ能力や立場について何も知らない（「無知のヴェール」を纏った）状態のこと。

（2）「すべき」は「できる」を含意するという倫理学上の原則。ある行為をすべきと倫理的に言えるならば、その行為は実際に選択可能でなければならないという内容である。

二章　救命ボートの倫理と災害——太った男を吹き飛ばすべきなのか？

救命ボートの倫理、道徳システム、そして災害

救命ボートというシナリオは、道徳哲学者にとってのモルモットである。極端な事例が示され、それにいくつかの道徳システムが適用される。システム適用の結果は、それから既存の道徳的直観にもとづき評価される。そして、その評価が、今度は逆に、道徳システムの善さ／悪さ、あるいは正しさ／誤りを表すとされる。

哲学者は伝統的に、三つの異なる道徳システムを支持し、それぞれを批判するために常識的な道徳的直観を用いてきた。それら道徳システムとは、帰結主義（consequentialism）、義務論（deontology）、そして徳倫理（virtue ethics）である。帰結主義では、善い結果が最も重要な道徳的要素である。義務論、あるいは義務の倫理は、結果にかかわらず、私たちが特定の道徳原理に従わなければ

ならないことを求める。徳倫理は、人の徳、あるいは善い生活にもとづく道徳システムである。

　この章では、救命ボートの倫理／災害シナリオのいくつかの用例を検討する。洞窟の中の太った男、洞窟探検隊の人肉食、旅行者ジム、ハリケーン・カトリーナ後の安楽死、そして、ハックルベリー・フィン（Huckleberry Finn）の良心である。これらの事例の一つ一つが、帰結主義と義務論という道徳システムのあいだの緊張感を劇的に描いている。これらのシナリオにおいて帰結主義が選ばれるときは、「最大数を救う（SGN）」と、「――という人の最大数を救う（SGNW）」という規則が支持される。「助けられる人はすべて公平に救う（FSALL）」が適用される時は、選ばれる結果は義務論的なものとなる。

　帰結主義者は、最善の結果をもたらす、あるいは善を最大化する行為は正しいと考えている。継続する人生と幸福が最大化されるべきであり、死と危害は最小化されなければならないとされる。帰結主義は、現実的な常識的直観を反映している。分別があり善意あるすべての人は「より善いもの」あるいは「最善と考えられるもの」を求める。これは、「最大多数に対する最大善」が、容易にそしてもっともらしくトリアージの原理として採用され、「最大数を救うSGN」が緊急時の第一次的な考え方として強くアピールする理由である。それにもかかわらず、理論と実生活の両方において、多くの人は、無実の人を「より善いもの」のために傷つける、あるいは犠牲にすることを許容するような道徳システムに不安を抱くだろう。例えば、私たちの大部分は、医師が、末期状態の患者六人を救うため、臓器を取る目的で健康な患者を一人殺すということを認めない。私たちは、六人の患者が、生きていて臓器移植を望むドナーか、あるいは、すでに亡くなった人のどちらかから臓器を得る方を選ぶだろう。そうした犠牲より忍耐と希望の方が、たいていの場合、犠牲にされる健康な人はいうまでもなく、病気の患者と社会にとっても役にたつだろう。それでも依然として、帰結主義者は、健康な患者を犠牲にすることに対する通常の道徳的直観が、長期的に見れば、犠牲を伴わない方がより善い結果をもたらすという帰結主義的な信念にもとづくと論じることができる。

極端な状況においては、危険は、短時間で思いきった決断を強いるだろう。もし、帰結主義者の道徳的推論がそうした状況で選ばれるのなら、それは次の二つのうちの一つを意味する。極端な状況が、平常時では許されないような行為を正当化する。あるいは、極端な状況が、私たちの根底にある帰結主義的な道徳原理を劇的な仕方で引き出しているにすぎない。しかし、救命ボートのシナリオを災害のケースとして捉え、災害について道徳的に推論する試みという広い脈絡の中に置くと、救命ボートの倫理のシナリオのもっていたモルモット的な役割は該当しなくなる。なぜなら、災害には仮想の事例に明らかに欠けているリアリティがあるからである。災害にかんする道徳的な結論は、本質的に、災害という脈絡において重要かつ有効であり、仮想の事例が道徳理論について教えることとは相当に異なっている。これは、災害そのものが人間の命と幸福を巻きこむものであり、本来的かつ真の道徳的事柄だからである。ただし、災害について道徳的に考えることは、哲学者による救命ボートのシナリオの使用によって大いに支えられてもいる。

確かに、救命ボートの倫理のシナリオを災害に直結する事例としてみると、それらは、災害事例への競合する道徳システムの適用可能性について熟慮する機会をもたらす。そのようなリアルな生活の事例に最も適すると思われる道徳システムは、現行の道徳原理やそれから生じる直観に依存するだろう。この章では、通常の直観が帰結主義よりも義務論を好むこと、そして一章で明らかになったように、それは、医療トリアージにおいて、平等主義的功利主義が効率的功利主義より好まれることと同様であることを述べる。しかし、いくつかの極端な事例においては、真の道徳的不明瞭さがあるように思われる。最善の備えでも対処できず公平性を排除するような予期せぬ状況に、「助けられる人はすべて公平に救うＦＳＡＬＬ」の義務論的な適用が常に可能とはかぎらない。それらの事例において、正しい決定かどうかは、参加者とリーダーの徳に対する私たちの信頼度に依拠するだろう。徳倫理については三章で扱う。

洞窟の中の太った男

「功利主義の擁護（A Defense of Utilitarianism）」において、ニールセン（Nielsen, K.）は、彼が「道徳的保守主義者」、「絶対主義者」（義務論者）と呼ぶ人と対峙し、彼らが道徳的に悪いと批判するものが、実際には道徳的に善いと論じる。[1] ニールセンは以下の物語（彼によると哲学者によく知られているもの）、すなわち「海辺の洞窟の入り口に閉じ込められた太った男」を語る。

彼はグループの先頭で洞窟から出ようとしていて、洞窟の入口で詰まってしまった。短時間の間に潮が満ちてくることから、入口から迅速に抜け出せないと、先頭にいて洞窟から頭を出しているその男を除き全員が溺れ死ぬことになる。しかし、幸か不幸か、一人がダイナマイトをもっていた。要するに、ダイナマイトを入り口にいる可哀想な無実の太った男を吹き飛ばすのに使うのか、残りの全員が死ぬかしかない。一人の命か多くの命かである。保守主義者は、全ては神の手の中にあり、無実な人を殺すのは間違っており、太った男を吹き飛ばしてはならないという態度を示す。道徳的な人は、そのような結論に到達すべきなのだろうか。私は、そうではないと論じるだろう。[2]

ニールセンは読者に、「事例の軽率さを忘れるように」[3]と忠告する。（彼はこれについては容赦されるべきだろう。なぜなら、彼のこの論文は一九七二年に掲載されたが、その当時、肥満は病気ではなく、肥満に苦しむ人を笑うのは無神経だと捉えられてはいなかった。[4]）彼は、太った男を殺した記憶は、全ての生き延びた人に一生付きまとうであろうことを認め、その太った人ができるかぎり人道的な仕方であの世に送られるべきことを要求する。[5]

評価と苦悩

ニールセンと、無実の人を殺すのは常に不正だと考える絶対主義者との見解の大きな違いのひとつは、考慮されている時の長さである。ニールセンは、太った男が殺される場合と、殺されない場合で、それぞれその後何が起こるのかについて言及しているが、その一方で、絶対主義者は（おそらくであるが）、熟考し即座に行動する、時間の長さでのみ考えている。すなわち、その太った男を殺すか否かを決めることのみに関心をもっている。ニールセンの帰結主義者的アプローチの主たる問題は、現在とる行動の道徳的なとがめを覆すのに十分な確実性をもって、未来を知ることができると想定している点である。潮位がいつもほどは高くならないかもしれない、あるいは水が上がってきたとしても洞窟の上に空気だまりができるかもしれない、あるいは絶対主義に忠誠をもつ人も是認できるような何かがおこるかもしれないではないか。

彼らの未来予測への、こういった反論に対し、ニールセンと帰結主義者たちは、将来生じるだろうことにかんしての大部分の人間の決定は、その予測の信頼度が高いか低いかにもとづいているという事実を挙げて答えることができるだろう。起こりそうにもない出来事に望みをもって不快な決定を避けることは、道徳的責任を避けることであるというわけである。絶対主義者は、洞窟の事態における主要な道徳的側面は選択肢があるということだからといって、起こりそうもないことへの望みをもつ必要はないと回答するかもしれない。すなわち、人はまずもって「二つの悪のうち常により軽い方を選べ」という帰結主義的規則を遵守するか否定するかを選ばなければならない。そして、それを決定する過程において、二つの悪のうちより軽い方であることが、ニールセンが仮定するように、あることを道徳的に許容可能なものにするのかどうかについての、さらなる疑問が生じる。

洞窟にいる太った男を吹き飛ばすことは道徳的に正しいだろうか。壊滅的な災害が起こり、飢餓を避ける唯一の方法が仲間の死体を食べることだったとしても、それを食べることは正しいだろうか。救命ボートの乗客全員の重量を合わせるとボートが沈むときに、何人かを投げ落とすのは正しいだろうか。壊滅的な災害が起きたときに、自力で動けない家族を助けられないからといって、彼らをゆっくりとした痛々しい死に放置するよりも、殺してしまうべきだろうか。これらの質問全ては、特定の災害シナリオにかんするものである。これらはすべて、現実的だと思われることと、私たちが平常時に従っている正しい行為の規則に従うこととのあいだの緊張を示している。これらの事例は、かなり単純な問い以上のものを提示する。その問いとは、どのようにして、平常時の道徳を災害に適用するかである。それへの答えは簡単である。平常時に道徳的に不正なことは災害時にすべきではない。むしろ、災害時の事例から生じるのは次の問いである。すなわち、そもそも平常時の道徳を災害にも適用すべきなのか。この問いが生じるのは、もし平常時の道徳を災害に適用すれば、受けいれるには辛すぎる大きな苦悩や人命の喪失という結果になりかねないからである。

災害の道徳的考察は苦悩の原因となる。なぜなら、何がなされようとも選択には損失を伴うからである。さらに、完全に同じ事例などはなく、求められる選択はその都度新しいものである。このことは、道徳的主体が、制定法ではなく判例法の推論のようなものに投げいれられたということである。前例となる道徳的関与と現在の道徳的直観への信頼のもとで、災害の状況は個人についてのケース・バイ・ケースの評価を必要とする。以前に受けいれられた道徳的価値と原理は、このような評価にもかなり当てはまりはするが、それが私たちを熟考と選択という作業から解放してくれると期待してはいけない。即座の直観や強力な感情的反応は重要であろう。しかしそれら恣意的な決定のもつ不公平さを認めることはできない。以下に述べる、洞窟探検隊とブラウン（Brown, W.）の大型ボートの事例は、この緊張感を明示している。

洞窟探検隊

フラー（Fuller, L. L.）は、一九四九年にハーバード・ロー・レビュー（*Harvard Law Review*）に架空の事件報告「洞窟探検隊事件（The Case of the Speluncean Explorers）」を発表した[6]。フラーによると、事件は西暦四三〇〇年にストウフィールド郡（County of Stowfiled）の下級裁判所にて審理されている。四人の被告が、殺人罪に問われ、有罪と判決され、絞首刑を宣告されていた。上訴の請願が、ニューガース（Newgarth）最高裁判所にもちこまれた。フラーによる論文形式をとる請願書には、主審トルペニー（Trupenny）による事件の事実関係と、四人の法律専門家、フォスター（Foster, J.）、タティング（Tating, J.）、キーン（Keen, J.）、ハンディ（Handy, J.）による回答が示されている。

被告人たちは、洞窟探検のアマチュア組織である洞窟研究会の会員である。四二九九年五月、地滑りにより巨石で入り口が閉鎖されてしまったために、五人の洞窟探検家が石灰洞の中に閉じこめられた。救助隊がすぐに派遣された。救助作業は、作業員、エンジニア、地質学者、技術者が一時的に宿営しながら行われた。新たな地滑りも起こり、十人の作業員が死亡した。三十二日目に探検家たちは救助された。しかし、四名しかいなかった。

洞窟に閉じ込められてから二十日目に、探検家たちは、外部の医師と無線で通話することができ、飢餓状態について話がなされた。医師は、探検家に、食料がなければ、あと十日生きのびることはむずかしいと伝えた。探検家は、自分たちのうち一名の肉を食べると生きのびることができるかと尋ねた。医師は、可能であると伝え、探検家は、誰が殺されて食べられるべきかクジ引きをするのがよいかを尋ねた。当局の誰一人としてそれに答えようとはしなかった。

閉じ込められた探検家とはその後八日間通信できなかった。彼らが助けられたときに、当局は次のようなことを知った。洞窟探検協会のウェットモア（Whetmore, R.）が最初に自分たちの仲間を食べることを提案したものの、その計画への支持を取りさげ、そのような「恐ろしく嫌悪すべき」手段を選ぶよりも、もう一週間待つ方がよいとした。しかし、ウェットモアの仲間はその計画を進めることを決め、彼もくじ引きに加えられた。その結果、ウェットモアが不運にも犠牲者となった。ウェットモアの仲間たちは、洞窟から助けられる前に、彼を殺害し、彼の肉を食べた。

陪審員の判決は仮説にもとづき行われた。彼らは、いくつかの事実が判明したと述べた（フラーの文章では、トルペニーにより説明されたとなっている）。しかし、陪審員は、もしそれらの事実により被告が有罪ならば、彼ら自身もまた有罪であるという事実に気がついた。第一審は、被告たちはウェットモア殺害により有罪であると裁定し、絞首刑の判決を下した。そして、陪審員と裁判官の両方が、その判決を六カ月の禁固刑に減刑するよう最高裁判所に文書で申しいれた。

上訴のときには、フラーの物語では現在形で書かれているが、最高裁は、刑の軽減申請についてまだ判断していない。法律専門家は、以下のような、関連する道徳そして法的事項を挙げた。フォスターは、まず、洞窟探検隊が陥った環境が、定められた法のもとにある社会生活よりも「自然状態」(1)に匹敵するほど悪いものだったことを示す。そして彼は、殺人を禁ずる法は正当防衛には適用されず、洞窟探検隊の事例は、法律の条文とその意図するところを区別するならば、正当防衛に類似した例外となることを示唆する。タティングは、フォスターが首尾一貫しかつ擁護可能な法的原理を確立するのに失敗していると論じる。キーンは、フォスターが提唱するように、法律の意図の拡大解釈とこじつけは、危険であると主張する。キーンは、概して、法律を適用する方がよく、もしその適用により望まれぬあるいは意図せぬ結論がもたらされたとしたら、適用後に立法者が改正を考慮すべきだと考える。ハンディは、法律は常識をもって、大衆の意見にもとづき適用されなければならないと論じる。すなわち、ハンディとフォスターは、被告たちは殺人に対して無実であり、タティングとキーンは、評決どおりとする。

ウィリアム・ブラウン号の大型ボート

この事例(2)は、法の歴史に記録されている。一八四一年三月一三日にアメリカ船籍の船ウィリアム・ブラウン(William Brown)号がフィラデルフィアに向けてリバプールを出港した。重い積み荷に加え、船員十八名と乗客六十三名が乗っていた。四月一九日に、船はニューファンドランドから二百四十マイル沖で氷山と衝突し沈みはじめた。船長は、二等航海士と七名の船員、一名の乗客とともに雑用艇に乗った。一等航海士と八名の船員、三十二名の乗客は大型ボートに乗ったが、大型ボートに安全に乗船させられる数の二倍であった。残りの三十人の乗客は船に残り、溺死した。船長は、大型ボートの乗員に、自分の言葉同様に一等航海士の指示に従うようにと伝えた。

大型ボートでは水漏れが発生し、大雨の後に沈みはじめた。一等航海士は、船を助けるため、男性を船外に投棄することに決め、船員に実行を指示した。十四人の男性乗客が海に投げ込まれた。翌日、大型ボートに残された人は救助された。

一等航海士と船員の大部分は裁判が始まる前に逃亡した。船員ホルムズは、殺人の罪に問われた。裁判官は陪審員に「海の法」では、船員よりも先に乗客を救うことを求めていること、そして、乗客が船外に投棄されるのであればクジ引きで決めるべきだったことを指摘した。生きのびた乗客は、ホルムズの示した同情と勇気について証言した。ホルムズは、情状酌量つきの殺人罪を宣告され、すでに務めた九カ月に加え、六カ月の重労働の判決を受けた。[7]

評価とさらなる問い

洞窟探検隊の事例では、帰結主義者の原理である「最大数を救うＳＧＮ」が適用されている。しかし、ウィリアム・ブラウン号の大型ボートでは、男性のみが船外に投棄されていることから、「――という人の最大数を救うＳＧＮＷ」の事例が、すなわち「男性の乗客ではないＳＧＮ」が適用されている。「助けられる人全てを救うＳＡＬＬ」は、準備が十分でないことから、どちらの事例においても適用されていない。洞窟探検隊は、十分な食料をもっていなかったし、ウィリアム・ブラウン号には十分な救助艇が積まれていなかった。

いずれの事例でも、道徳的な説明の仕方は複雑である。洞窟探検隊には、クジを引きたがらない仲間が含まれていた。大型ボートから乗客が船外に投棄される前にもクジ引きは行われていなかった。それにもかかわらず、どちらの事例でも生存者への同情が反映されている。その理由には、仲間を犠牲にする必要があると判断し、仲間を殺す（そして洞窟探検隊の場合はウェットモアを食べる）という苦行を経なければならなかったことが含まれている。おそらく、もしウェットモアが犠牲者の候補となることに同意し、そして大型ボートの乗員乗客がクジを引いていれば、生き残った人への同情はいずれの事例においてもさらに強まり、同様に判決もより寛大なものとなっただろう。

ウェットモアが参加を望んでいなかったことを度外視しても、唯一疑問なのは、もし事前にある人が、自分が殺されるかもしれないことに同意していた場合、他の人が生きるためにその人を殺害することは許されるのかという点である。これは、ある人が犠牲になることに同意することが、犠牲を実行する人の過ちを軽減あるいは免除するのかという、より適切ではあるものの、依然としてむずかしい問いを提示するだろう。同じ意味において、もし、船員と乗客がくじを引いていれば、誰が船外に投げだされるかの決定は、より公平に決められていたかもしれない。

フラーのシナリオは、そのまま受け止めると、より多くの人を救うために、無実の人を、殺される際のその人の意思や、その人の事前の嘆願に反して殺害する権利があるのかというむずかしい課題を提示する。これは、「最大数を救うSGN」の極端な事例である。フラーの事例は、ウェットモアがくじ引きに同意し参加することになった場合、同様に、ウィリアム・ブラウン号の大型ボートで合意のもとでくじ引きが行われた場合は、「助けられる人は公平に救うFSALL」の実例、ということになる。そう仮定してもやはり、他の人が生きのびるために誰かを殺害するのは正しいことなのかという、冷酷な問いには、この二つの事例は答えずじまいであろう。

もし、洞窟探検隊が十分な食料をもっており、ウィリアム・ブラウン号に十分な救助艇が搭載されていたならば、この両方の事例における整然とした避難は「最善の備えをして助けられる人すべてを公平に救う「FSALLBP」の事例になっただろう。しかし、FSALLBPが災害準備において常に機能するモデルであるとしても、実際には、予測できない環境では、最善の備えですら不適切になるかもしれず、公平さが何を求めているのかを決めなければならない。それゆえ、災害準備の道徳的側面は、資源不足という予測困難な状況に対する原理を示さなければならない。それは、もし全員が生きのびられないとしたら、誰が生きるのかは、公平に、あるいはできるだけ公平に決められなければならないというものである。私たちは、不便を被る人から、死を待つ人、殺されることを自発的に望む人、殺される人までの、限られた資源の分配の順を予測することができる。誰かが殺害されるということは起こりうる最悪の出来事であり、最大の関心に値する。

帰結主義によると、常識の現実的な部分は、より多くの人が生きることができる、あるいは、大きな恩恵を受けることができるのであれば、差し迫った場合には殺害は道徳的に許されるという点である。しかし、道徳的に許されることは、道徳的に称賛されることとはまったく異なり、そのような状況であったとしても殺害が認められることに同意しない人もいる。差し迫った場合にとられる行動と、そうした行動に対する平常時の法的判断の衝突は、平常時の生活が、殺害という特定の行動はつねに誤りであるという見解を支持するという点にある。問題になるのは、より多くの人が生き延びるためには少数の「犠牲」を必要とするときに、人がどのように行動しがちなのかということではない。歴史が教えるところでは、人は「犠牲」を行う傾向にある。問題となるのは、むしろ、彼らの行動が、平常が戻り、平常時の法的、道徳的システムで評価されるとき、どのように評価されるべきかということである。フラーは、彼の架空の事例の説明を次の曖昧な覚書で終わらせている。

この事例は、法と政府についての異なる哲学に共通の焦点を当てることを唯一の目的として組みたてられた。これらの哲学は、プラトンとアリストテレスの時代には現実的な選択であった問いを私たちに提示した。私たちの世代がそれについての発言権をもっていても、おそらく、これらの哲学は問いを投げかけつづけるだろう。この事例において予見できる要素があるとしても、それは、ここで示される問いは人間にかんする永遠の問題に含まれるという示唆を超えるものではない。[8]

残念なことに、フラーは、ここでは、どのような法哲学者や政治哲学者を想定していたのか、彼らが、洞窟探検隊の選択とどう関係するのかを語っていない。しかし、フラーの物語からは、直接二つの関係する問いが示される。第一に、私たちは災害が起こったときに道徳を一般的な原理とすることを諦めなければならないのだろうか。災害時においては、ある行動は他の行動よりも悪いとみなされるので、この問いに対する回答はノーである。道徳は、人の幸福な状況と関連しており、災害とはまさにそのように幸福と関連する状況なのである。

フラーの物語から呼び起こされる第二の問いとは、次の問いである。ある状況において、道徳的に正しいことが私たちの生きのこりを危うくすることから、おそらく道徳的に正しいことをしないのならば、そのような状況が起こる前に、道徳規則に例外を設けるべきだろうか。道徳規範が絶対ではなく、非日常的な状況では例外を許容するという事前の合意があれば、前もってどのような例外があるか明確化し、そうした例外を、道徳規則が個別の事例に合うように特殊化する際に組みこまなければならない。[9] 上での考察から、洞窟探検隊の事例に適用可能な特殊化されたこととは次のことである。すなわち、他の人が助かるという理由で無実の人を殺害するのは不正である。ただし、かぎられた環境と即座の対応を求める要求が、その行動を必要とする場合は例外である。

フラーの事例と、ウィリアム・ブラウン号の大型ボートの状況は、熟考と議論を必要とする問題を提起する。合意などなくても、両方の事例の参加者と、裁判官、陪審員も同様に置かれている道徳的な状況よりも、明確に逆の立場の方が望ましいだろう。その望ましくない道徳的な状況とは、現実的な常識――ウェットモアを殺害し彼の肉を食べることにより、より多くの人が生きのびる男たちを船外に投げだすことにより、より多くの人が生きのびる――と規範となる義務論的な道徳的・法的原理「無実の人を熟慮して殺すべきではない」の衝突をめぐる、不面目な参列者による合意である。もし災害において、より多くの人が生きのびるために殺害が求められ、また、殺害が、もっとも善い意図と情報をもつ人により道徳的に正しいと信じられているとすると、そのような場合、「最大数を救うSGN」が主要な道徳原理であれば、不面目も生じないだろう。しかし、もしSGN自体が正しくない、あるいは、それが人の犠牲をともなう場合は正しくないとすると、不面目は正当なこととなる。すなわち、災害以前にもつ道徳原理は、災害以後の評価においても用いられるべきだろう。なぜならば、道徳は時間を通じての首尾一貫性を要求するからである。災害が到来する前に道徳原理に対し例外や特別な措置を設け、それらの特別な措置を災害時に適用することには何ら誤りはない。しかし、災害が起きたときに例外や特別措置をつくることには、明らかに疑わしい点がある。なぜなら、それは、事実が起こった後に、たんなる合理化と正当化への扉を開いているにすぎないからである。

事前に丁寧に作業することは、出来事が起きた後の行動や評価のためになるとはいえ、事前準備をどれほどしようとも、相容れない道徳原理をもつ人が首尾よく和解できないという現実から逃れることはできない。すなわち、道徳の熟考者のすべてが、許容可能な例外をともなった同じ道徳規則に同意するわけではないのである。さらに、反対者のなかには、他の価値ほどには例外的な要素に関心をもたない人もいるだろう。この点については、ウィリアムズ（Williams, B.）の「旅行者ジム」の事例が参考になる。

旅行者ジム

平常時においては、それが殺害を伴うとき、「最大数を救うＳＧＮ」あるいは帰結主義と相反する義務論的な意見が受け入れられがちである。無実の人を殺害することは常に悪いからである。[10]このことは、帰結主義者の立場は、極端な事例において道徳的により説得力があるのかという問いを生む。この帰結主義者の道徳原理に対する批判として、ウィリアムズは、帰結主義者の計算は、人の誠実さ（integrity）を成り立たせている、アイデンティティと計画とプロジェクトとの結合を犠牲にすると論じた。ウィリアムズによる有名な極端な事例は、軍人の司令官により支配されているラテンアメリカの村を訪れた旅行者ジムの事例である。司令官の部下は、二十人の[3]インディアンを殺害するために捕らえた。しかし、司令官はジムに、もし名誉ある訪問者である彼が一人のインディアンを殺せば、残りの十九人の命は助かると伝える。ジムが拒絶すれば、二十人すべてが射殺される。ウィリアムズは、ジムには、一人とはいえ無実の人を殺害した人となるのを拒否する道徳的権利があると論じる[11]。旅行者であるジムの身になって、平常時には罪であることを犯すことを道徳的に要求されるべきでない、ということに同意するのはむずかしくない。この事例において問われているのは、十九人のインディアンの命を救うために一人のインディアンを殺害することが正しいかではなく、ジムがある種類の人でいる権利があるかという点である。

彼自身が生き延びるために、ジムは無実な人を殺害しなければならないと仮定してみる。もし誠実さの維持が、それを必要とする条件、つまりジム自身の生存という条件を台無しにする場合に、ジム自身への誠実さの価値を秤にかけるなど、意味をなすことだろうか。もし、道徳的に嫌悪するような行動をして生きつづけるよりも、死ぬほうがましな状況があるのならば、答えはイエスである。自分がどのような人であるかについて、個人として、また特有の文化の一員として、大きく異なっていたとしても、疑いもなく、そのような状況はある。どのような状況ならば、他のより多くの人が生きるために他の人の命を犠牲にする価値があるのかについての論争は、自分自身の死が、他の人の命の直接的な損失の上に継続する命よりも望ましいのはいつなのであるかという問いまで下りてくることもある。犠牲の被害者となる人の権利と望みは、この問いと関係がないことに、再度気をつけなければならない。

ウィリアムズによる帰結主義に対する批判は、人間の命がつねにもっとも価値が高く、より多くの命が救われれば救われるほどよいと、すべての人が考えているわけではないことを示している。それゆえ、人の命を――自分自身のあるいは他の人の命を――守るに値しないものにしてしまう状況が、災害に対する道徳的な備えの分析と議論を価値あるものにすることになる。そのような議論が、合意や完全な問題解決にいたらないとしても、災害後の反省や災害の備えに役だつ点で価値がある。私たちが賛同しないような人が、道徳的に嫌悪する行動をとる場合、あるいは、私たちが最小限求めることをしない場合、そのような議論は理解を深めるだろう。理解は和解に通じるとともに、平常時と災害時の思考ギャップを埋めることだろう。そのギャップが大きいほど、災害が起きたときに自分自身を道徳的行為者として認識するのはむずかしくなる。

アレオパジティカ（Areopagitica）において、ミルトン（Milton, J.）は、「私は、逃亡者そして隠遁者の徳を称賛することはできない[12]」と述べている。私たちの徳と道徳原理は、喚起され、適用されなければならない。すなわち、それは、私たちがそれに対して信頼をもつことができる前に個人あるいは集団により試されなければならない。しかし、平常時の生活と災害時の差がどこまで縮まれば、両者の相違は意味をもたなくなるのだろうか。この問いは、次のハリケーン・カトリーナのエピソードにおいて劇的に示される。

ニューオーリンズにおける殺害？

二〇〇五年九月一四日に、ニューオーリンズのメモリアル医療センター七階を、長期集中ケアユニットのために提供していたライフケア病院の弁護士たちが、以下の内容を報道した。ハリケーン・カトリーナの余波により、すべてのライフケア病院とメモリアル病院の医療従事者は、病院を去り、避難させられないすべての患者を置きざりにするよう指示された。医師一名と二名の看護師は、避難させられないとわかっている四名の患者に、モルヒネとヴァーズド（ベンゾジアゼピン・ミダゾラムの商品名）の致死注射を行った。患者は、一九一四年、一九一六年、一九三九年、一九四四年生まれだった。最も若い患者は六十一歳、三百八十ポンドあり、意識があり予断を許さない状況にあった。致死注射を行う前に鎮静させなければならなかった。患者の遺体は二〇〇五年九月一一日に見つかり、検死の結果、注射により死亡したことが確認された。

医師と看護師は、二〇〇六年九月に第二級殺人の罪に問われ逮捕された[13]。二名の看護師は「自分たちの不起訴の見返りとして」医師についての証言をしたが、大陪審は二〇〇七年七月に医師への起訴を棄却した。[14] ライフケアの注射事件の報道では、医師は患者が放置されたあとの苦しみから守ろうとして殺害したと推定していた。類似した事例は、二〇〇七年九月の裁判でもあり、カトリーナにより三十五名の患者を失った養護施設の所有者だった夫婦が、過失致死と虐待で罪に問われたが釈放された。[15] 死者が発生しているという点で、二つの事例は類似している。しかし、熟慮の上での積極的安楽死と、人々を死に「任せる」ことのあいだには著しい違いがあり、ライフケアの注射事件は、より大きな関心を集めた。

ライフケア病院注射事件は、私たちに依存する人に対する義務にかんして、もし災害時にその人を見捨てなければならない場合にどうするのかという問いを提起する。私たちへの依存者には、障がい者、高齢者だけでなく動物も含まれる。現在の社会におけるペットとのつながりは大きく、人々は、ペットを捨てるあるいは別れるくらいならば、自分の命を危うくする方を選ぶこともあるほどである。カトリーナでは、五万匹のペットが放置されたと報道される一方で、多くのペット所有者は、避難を命じられたにもかかわらず、ペットを見捨てることができずに避難しなかった。二〇〇六年一〇月にブッシュ（Bush, G. W.）大統領は、州政府が自然災害におけるペットの避難に資金を提供すること、さもなければ連邦資金を失うことを述べた法案に署名した。[16] しかし、将来おこりうる大災害においてすべての動物が逃げられるわけではない可能性は依然としてある。残されるものは殺されるべきなのだろうか。動物は人の私有財産であり、この問題はその持ち主が決めるものなのかもしれない。しかし、依存する人を見捨てることに対する道徳的な問題を、事前の道徳的な考慮なしに支援提供者にまかせるわけにはいかない。

ニューオーリンズのライフケアの患者の一人かそれ以上が見捨てられた状況で生きのびたわずかな可能性は別にして、問題となるのは、他者の痛ましい死が差しせまった時の苦悩が、いわゆる「慈悲殺」を正当化するかという点である。ニューオーリンズ地区刑事裁判所は、この問題に殺害の罪をもちこむことを思いとどまらなかった。そのような法的行為は、安楽死に対する既存の責任の要素を強化する。平常時に非合法なことは、災害時にも非合法なのである。それでも、この事件のもっとも悩ましい側面は、許されないことでも、感情に強く訴えかけてくることである。大きな利他的行為を必要とする状況でさえ、私たちの感情は道徳的行動の主要な手引きとはなりえないことが思い出される。重要なのは、他の人の置かれた状況を私たちがどのように感じるのかではなく、感情とは別に、私たちや他者が何を自分たちの行動の妥当な理由として受け入れるかである。感情は、もちろん無関係なわけではないが、行動の十分な手引きではない。なぜなら、感情のみからでは、それが他者の必要性に対する純粋な反応なのか、それとも単に私たち自身の恐怖や欲求の反映にすぎないのかを、区別できないからである。

帰結主義者は、痛みと苦悩は本質的に悪く、それを減らすものは道徳的に正しいという原理を支持している。しかし、その原理は、普遍的な道徳規則ではない。誰かの痛みや苦しみを終わらせるために、その人を殺さなければならないのであれば、多くの人はそれを否定するだろう。より一般的にいえば、何かの本質的な悪さというものは、誰もがそれを終わらせる権利を持っていることを意味しない。人の痛みの場合、それを終わらせる自由は、すべての場合において法的に支えられている訳ではない。アメリカの法ではその自由を認めている場合でも、それを実施することは、通常は、苦しんでいる人あるいはその直近の家族に認められる。そして、人生を継続するために苦しむに値する痛みとはどれほどのものかについての意見には大きな差がみられる。

ここでは、帰結主義と義務論のあいだにどのような解決を見いだすことができるだろうか。私たちの行動が他者に影響をおよぼすとき、すべての人に共有されるものにきわめて近い道徳的信念の側に立つ際にも、私たちは誤ることがあるというのは重要なことである。このことは、私たちには、すべての人が共有しているわけではない道徳規則を適用することにより殺される、あるいは傷つけられる人々を救う主たる義務があることを意味する。平常時におけるもっとも幅広い道徳的な合意は、正当防衛を除き、他者を傷つけてはならないというものである。それとは反対に、他者に対して権限をもつ人が、包括的な議論や論争なしにこの無危害原理を改定することは認められていない。たしかに、その原理の重要性は、災害への備えとして繰りかえし示されなければならない。

しかし、道徳的に高い場所にとどまるべきであるにもかかわらず、災害は、伝統的に平常時の道徳と法が凍結されるような出来事として捉えられており、そのような見方は短期間で簡単に変えられるものではない。カトリーナの安楽死の事例だけが公的議論のテーマなのでなく、ウィリアム・ブラウンの大型ボートの事例も同様であり、他者の死をひきおこす行動をした人に対する大いなる同情がみられる。たとえば、医者の中には、大陪審員が不起訴の判決を下したとはいえ、鎮痛剤を処方したことにより医師が逮捕されたという事実だけでも、医療ケアに携わる多くの人を、災害救援への参加に対して消極的にさせるだろうと語る人がいる。17

患者を殺害した医師に対する同情と、彼女の同僚側から示された医療を行う上での不安には、困惑させられる。道徳的に重要なことは、よい結果、そして／あるいは、よい意図であると仮定しよう。同情と表明された不安の間には以下のようなジレンマがある。致死的な注射を実施した医師は、正しくあるいは不正に行動した。もし、彼女が正しく行動したのならば、彼女の逮捕（そしてその後の無罪！）は、他の人が類似した状況において類似した行動をとることを妨げるものではない。もし彼女の行動が不正ならば、同情の対象にはならないはずである。しかし、状況はさらに複雑であり、慈悲殺は法的そして通常の道徳では不正とされているにもかかわらず、特定の状況においては道徳的に正当化されると考える人もいる。すなわち、一方には、容認された道徳的見解と現行の法律、他方には、絶望的な状況についての私的な道徳的直観、という対立がある。

その対立を解決する一つの方策は、人は時には（圧倒的な同情の感情により）既存の道徳規範を侵害する行動へと動機づけられることを正当化される、あるいは、時には非道徳的に行動することが正しいと主張することである。この立場は、道徳はいくつかの災害状況においては適用されなくてもよいことから、災害には平常時と異なる道徳規範がふさわしいと主張することではない。その立場は、もし多くの人がそれにもとづき頻繁に行動するならば、道徳を破壊する危険を犯すものである。しかし、その立場は、道徳に限界があるかぎり、考慮するに値する。ベネット（Benett, J.）の事例は、まさにそのような道徳の限界の可能性にかんするものである。

ハックルベリー・フィンと義務論

哲学者が義務論と呼ぶ（ニールセンの太った男のシナリオでは「絶対主義」として言及された）道徳的な推論は、私たちが、道徳の限界にいると考えるときに明瞭に重要性を帯びる。義務論あるいは義務の倫理は、特定の行動（例：殺人）はけっして許されることがない、そして特定の義務（例：依存する人に対する適切な支援）はつねに履行されなければならないと主張する。義務論者によると、特定の行動が道徳的に正しいのならば、その帰結にかかわらず行われるべきであり、その行動が不正であれば、絶対に行ってはならない。義務論は、じっさいに、義務と禁止のリストをもたらし、主として平常時の生活における道徳的な考えと行動の手びきとなる。もう一度繰りかえすと、災害により生みだされる一般的な問いは、極端な状況が、そのようなリストの放棄を許すかということである。もし、リストが絶対的なものならば、それを放棄すること、あるいは、それを改訂することはけっして許されない。それでも、いつの時代にも人はそうする。もし、リストが絶対でなければ、それは平常時よりもさらに災害時に、行動する上で不完全な手びきである。規則を脇にやったり改定したりすることは、いつ許されるのか、あるいは、そうしたことは可能なのかを、どのようにして知るのだろうか。

ベネットは、「ハックルベリー・フィンの良心」[18]において、これらの問いと取りくむ。この論文の最後で、ベネットは、ホラティウス（Horace）の *dulce et decorum est pro patria mori*（「祖国のために死ぬことは甘美であり名誉あること」）という文章に刺激を受け、兵士としての経歴を始めた詩人オーウェン（Owen, W.）の第一次世界大戦における経験を振りかえる。しかし、戦争の経験と苦しみにうんざりし、悲しみに包まれたオーウェンは、これらの言葉が「古い嘘」によるものだと述べている[19]。ベネットは、オーウェンが、「涙による永遠の互酬性[20]」と呼ぶものを評価し、私たちの道徳を同情に対して試さなければならないと論じる。私たちの道徳なのだからよいものだと、いつも考えているとしても、同情を鈍らせることはできない。なぜならば、同情は、私たちと他者とをつなぐものだからである。

ベネットによると、同情は悪い道徳とのかかわりにおいてとくに重要であり、彼は、三つの重要な事例を示す。最初の事例は、ハックルベリー・フィンであり、彼は奴隷制度と、奴隷の所有を守ることは道徳的に正しいと考えている。しかし、ハックの良心は、友人である奴隷のジムの逃亡を助けようとする。不幸なことに、批判的な洞察が欠けていたことから、ハックは、彼のコミュニティの道徳ではなく彼自身が悪いと結論づけ、罪の意識をもつ。ベネットの二つ目の事例は、ヒムラー（Himmler, H.）である。ナチスの親衛隊を率いていたヒムラーは、四百五十万人のユダヤ人と数百万人の非ユダヤ人の殺害の責任者だった。ヒムラーは、ドイツ民族の偉大さは最高の道徳的価値であると信じていた。しかし、彼は、大量虐殺を実施し、その過程で心を無感覚にしていなかったドイツ人の苦しみを憂慮してもいた。このように、ヒムラーはハックとは異なり、彼の同情が悪い道徳を打ち負かすことを認めなかった。

ベネットの三つ目のそして最も冷酷な事例は、アメリカの神学者であり評論家であるエドワーズ(Edwards, J.)である。エドワーズの悪い道徳は、純粋かつ復讐心に満ちた神の望みの前では、人は邪悪であり、永遠の苦しみを受けるに値するという信念にもとづく。エドワーズ自身は、地獄で苦しむ人への同情はまったくなく、そして、聖人や彼自身のような善き人々といった徳ある人々は、この地獄の苦しみについての考えやイメージを楽しむ権利があると信じていた。

ハックがジムを逃そうとする原動力と、殺人で逮捕されたカトリーナの医師に対する同僚の同情、強制収容所の職員の道徳的苦しみに対するヒムラーの認識は、すべて現行の義務論システムへの曖昧な否定の事例である。否定が曖昧なのは、次の理由による。[4] ハックは彼自身が不道徳であると結論づけるのではなく、奴隷制度を支える道徳システムを否定すべきだった。カトリーナの医師の同僚は、同情の背後にある原理を明確にするべきだった。そして、ヒムラーは、従った人に良心の呵責をもたらすような道徳システムを疑問に思うべきだった。

ベネットが指摘するように、私たちは、つねに自分の道徳がよいものだと考える。しかし、時には極端な状況は、ハックルベリー・フィンの事例のように、私たちの道徳システムを疑う根拠をもたらす。ところが、この洞察を、平常時の道徳システムが災害時には重要でなくなるという強固な主張を構築するために用いることには危うさがある。同情は、私たちが選びかねない道徳システムの不適切性や悪さの徴候かもしれない。しかし、同情を、道徳的に正しい、そして／あるいは法的拘束力があると信じかねないものに対して、どのように比較するかについての、証明済みで試験済みの認識論があるわけではない。カトリーナの事例のように人を殺す動機となったり、ハックルベリー・フィンが行ったように法律違反者を支援したりと、同情が駆り立てられる仕方はきわめて多様であるため、同情心が込みあげてきた時にどうすべきかという事前のルールは実質的に不可能である。さらに、エドワーズが奨励するような同情心の欠如や、他人の苦しみを楽しむことは、道徳や法的システムの限界を示す徴候である。

私たちは、自らの道徳原理が、それが完全ではないにしても、非常に真剣に受けとめられることを求めている。例外は認められている。例えば、戦争における殺害や死刑。しかし、民主主義社会では、道徳原理は幅広く周知され、受けいれられていなければならない。災害が平常の道徳原理に対して受容可能な例外を生みだすとしてみよう。そのとき、例外を設けている一般的な原理を不安定なものにしないためにも、例外は単に可能なものとして、時と場合に応じた仕方で設けられるべきだろう。それが真の例外であるという評価は、とくにその評価が事実の後に行われたものであれば、おそらく、例外を実行に移した人の性格への肯定的な評価を基盤とするだろう。

徳は、それをもつ人を特定の仕方で行動する気にさせる性格的な特性である。正しい徳をもち、自分自身の性格を信頼し、そして、民主的に選び合理的に選択したリーダーを信頼することができるのならば、平常時の道徳原理と義務を受けいれるように思われる事例において、正しい選択をしているという自信をある程度もつことができるだろう。正しい徳は、私たちが災害時に正しいことをさせるようにするだろう。問題となるのは、どの徳が災害時に正しいのかということである。

注

1　Nielsen, K.（2004）“A Defense of Utilitarianism,” *The Moral Life: An Introductory Reader in Ethics and Literature*, Pojman, L. B. ed. 237–251. 原著は、Ethics 82（1972）: 113–124.

2　Nielsen, “A Defense of Utilitarianism,” 241.

3　Nielsen, “A Defense of Utilitarianism,” 248.

4　しかしながら、ニールセンの軽率さは遠い過去の話であって現代とは関係ない、と安心するのは性急である。二〇〇七年に、太った女性が南アフリカの洞窟の入り口で挟まれ、救助者が滑車と液状パラフィンを使い彼女を掘り出すのに十時間かかった。その間二十二名の他の観光客は、医療措置を必要とする人もいたが、彼女の後ろに留められたままであった。この出来事について、インターネットではその苦境をからかうような記事を好き勝手に書いた。このニュース記事については、“Stuck Woman Traps SA Cave Group,” BBC, January 2, 2007 を参照。http://news/bbc.co.uk/2/hi/africa/6225301.stm.

5　Nielsen, “A Defense of Utilitarianism,” 347–51.

6　Fuller, L. L.（1949）“The Case of the Speluncean Explores,” *Harvard Law Review* 62, no. 4.（February 1949）. www.nullapoena.de/stud/explorers.html/stet/ で見ることができる。（この記事に気づかせてくれたフロウンマイヤー（Frohnmayer, D.）に感謝する。）

7　*United States v. Homes*（ケース no. 14, 383）, Circuit Court E. D. Pennsylvania, April 22, 1842, “Seaman

Homes and the Longboat of the William Brown, Reported by John William Wallace,"として再版。Pojman, L. P. ed.（2004）*The Moral Life: An Introductory Reader in Ethics and Literature*, New York: Oxford University Press, 225–227 に収録。

8　Fuller, L. L.（1949）"The Case of the Speluncean Explores," 最終頁。

9　特殊化は、道徳規則と同等あるいはさらなる重要性のある規則の間に対立がある場合に、道徳規則の一部に例外をもたせるための方法である。特殊化の詳細な説明については、Henry, S.（1990）"Specifying Norms as a Way to Resolve Concrete Ethical Problems," *Philosophy and Public Affairs 19*, no. 4（autumn 1990）, 279–310 を参照。

10　臓器移植にかんしての、医師と非専門家による倫理的選択の研究において、医師はSGNの形、あるいは、帰結主義を理由としたが、これに対し、専門家でない人は正義を強調した。Veatch, R.（2005）"Disaster Preparedness and Triage: Justice and the Common Good," *Mount Sinai Journal of Medicine 72*, no. 4, 236–241 を参照。

11　Williams, B., "Integrity" in "A Critique of Utilitarianism," in J. J. C. Smart and Bernard Williams, *Utilitarianism: For and Against*（Cambridge, UK: Cambridge University Press, 1973）, 108–17.

12　「私は、逃亡者そして隠遁者の徳を称賛することはできない、隠れ家から飛び出し、敵を見ようとはしないが、民族から出ようとする。そこでは、その不滅の花輪がそのために駆けつけるが、埃と熱はない」Milton, J., Areopagitica: *A Speech for the Liberty of Unlicensed Printing for the Parliament of England.*（原田純翻訳（2008）ジョン・ミルトン『言論・出版の自由——アレオパジティカ他一編』岩波文庫）; Allibone, S. A., *Prose Quotations from Socrates to Macaulay*, p. 110.

13　*State of Louisiana v. Anna M. Pou, Lori L. Budo, and Cheri A. Landry, FindLaw*, July 2006, news.findlaw.com/usatoday/docs/katrina/lapoui706wrnt.html.

14　Nossiter, A., "Grand Jury Won't Indict Doctor in Hurricane Deaths," *New York Times*, July 25, 2007, www.nytimes.com/2007/07/25/us25doctor.html?_r=1&oref=slogan.

15　Foster, M., "Couple Acquitted in Storm Deaths," *Register Guard*, September 8, 2007, A5.

16　Kimberly, G., "New Law Puts Funds at Risk if Animals Are Not in Disaster Plans," *San Francisco Chronicle*, October 10, 2006, A-2.

17　Nossiter, "Grand Jury Won't Indict Doctor."

18　Bennett, J.（1974）"The Conscience of Huckleberry Finn," *Philosophy 49*, 123-34. www.earlymoderntexts.com/jfb/huc にて参照可能。

19　Bennett, J.（1974）"The Conscience of Huckleberry Finn," 11-12（PDF）.

20　Bennett, J.（1974）"The Conscience of Huckleberry Finn".

訳者注

（1）ホッブズやロックが、政府の設立の歴史的な経緯を説明するために用いた、無政府状態における市民の暮らしを表す考え方。これについては、第四章で詳述する。

（2）原文に記されている船員や乗客数は正確でないことから、ここでは、実際の数に修正した。

（3）原文では捕らえられたインディアンは十人とあるが、これは誤りであり、ウィリアムズの挙げた事例では捕らえられたのは二十人であることから、ここでは、ウィリアムズによる数に修正した。

（4）原文ではジムとあるが、前後の文脈からここでは、ハックに修正した。

三章　災害時の徳――ミッチ・ラップとアーネスト・シャクルトン

アリストテレスと徳

徳とは何か。これに対する私の答えは、アリストテレス（Aristotle）が約二千四百年前に『ニコマコス倫理学』で示した主題とさほど変わっていない。徳は、長期にわたる行動の傾向性である。徳は性格特性である。それは生来備わっているものではないが、私たち人間の本質はその習得と発展を可能にする。徳にもとづく行動は卓越している。それは私たちの最高の能力を表し育てる。だからこそ、最高の目的、すなわち幸福を達成することが、私たちには可能となる。幸福とは感情ではなく、その人の人生の質である。幸福は、私たちのもっとも高い目標でありながら、それを直接目指すことはできない。幸福は、自らの卓越性、すなわち徳を発展させ実践することによってのみ、手にすることができる。徳にもとづく生は幸福な生である。

小さな子どもの頃、理性を働かせることができる前に、私たちは行動の規則を訓練のようなものとして教えられる。理性を働かせることができるくらい大きくなると、これらの規則にもとづき、そしてそれを新しい環境に適用しながら生活できるようになる。徳の実践には二つの部分がある——差し迫った状況において何をするべきか決めることと、それをすることである。徳にもとづく決定には、アリストテレスがフロネーシス（phronesis）、つまり、実践的知識とよぶものを必要とする。徳にもとづく行動の一部は、すでにあらかじめ徳の習慣として存在する性格特性が定着した結果である。たとえば、勇気について考えてみよう。行動は、もしそれが勇気ある人、すなわちすでに勇気の徳をもつ人により行われたのであれば、勇気あるものである。しかしながら、人は熟慮のうえで勇気ある行動を行うことで、勇気の徳を身につける。すなわち、勇気ある行動をとったということは、その人がすでに勇気ある人であったということにほかならないし、その勇気ある行動が人を勇気ある人にする。これは循環のように見えて、そうではない。徳と徳にもとづく行動との関係は時をかけて発展する。すなわち徳は、徳にもとづく行動の集積により強化され、強化されるほど徳にもとづく行動が次々と促されることになるからである。

徳のある人になることは、生きた過程である。経験が増したからといって、徳とその行動の間の機械的あるいは決定論的な関係がもたらされるわけではない。なぜなら、個々の事例において、どのように行動するか、何をすべきかについての正しい決断のためには、フロネーシス、つまり実践的な知が必要とされるからである。アリストテレスは、フロネーシス自体が、時間とともに実践により改善されるのか、明確には示していない。しかし、フロネーシスを静的なものだと想像するのはむずかしい。なぜなら、「正しく行う」ということは、技術と同様に道徳においても進行中の事柄だからである。アリストテレスの穏やかな人の徳にかんする事例は、この点を明確に示している。穏やかな人であるということのその複雑さゆえに、その徳が、継続した実践を必要とする理想的なものになるのである。それゆえにアリストテレスによると、

然るべきことがらについて、然るべきひとびとに対して、さらにまた然るべき仕方において、然るべきときに、然るべき間だけ怒るひとは賞賛される。……穏かなひととは、すなわち、心を乱されず、情念に左右されず、ことわりの命ずるごとき仕方において、同じくまたそういうことがらについて、そういう時間だけ怒るひとたることを意味する。彼の過ちはむしろ不足の方向において生ずると考えられる。けだし、穏やかなひとは復讐するよりも、かえってむしろ寛恕するほうだからである。[1]

アリストテレスは、背が高く、格好がよく、金持ちで、家柄がよいアテネの男性にふさわしい行動について、徳のリストを挙げている。そこで彼は、徳を二十一世紀の民主主義社会の人が「特権エリート」と呼ぶような人に限定している。しかし、アリストテレスのリストは、文化的環境や必要性により見直すあるいは拡大することが可能である。すべての大人は、彼あるいは彼女自身の独

自の徳を適切な状況において発展させる能力をもっと見なされる。アリストテレスの徳の理論全体は、人間を社会的・政治的脈絡に位置づける。彼は、徳にもとづく社会は、徳のある個人を支えなければならず、そして政治参加は、徳のある個人の義務であると考えていた。

二章の救命ボートの倫理にかんする議論と並行して、ここでの中心的な問いは、災害時の英雄と彼らが示す徳は、平常時の英雄と徳と異なるのかということである。しかしながら、道徳システムや道徳原理とは対照的に、徳はダイナミックであり創造的である。徳は、それをもつ人のユニークな個性を帯びるが、それに対して、帰結主義と義務論は、特定の個人にとっては外的なものである一定の行動原理を生み出す。私たちは英雄を、例外的な人間として敬愛する。その風変りさや脆さえも愛おしく思えるほどに。

私たちは皆自分の人生の主人公ではあるが、通常の生活におけるドラマや葛藤をわくわくするような冒険として見ることはむずかしい。ゆえに、大部分において、私たちは小さな英雄にすぎない。偉大な英雄的人生と行動は伝説となり、それを羨むことを不合理に、また、張り合うことをむずかしくさせる。群衆から賞賛されることが彼らの栄光を構成する。

現代の大衆文学、特にベストセラーのスリラーやサイエンス・フィクションは、現代の地政学的な危険を直接表しているが、それらは、現代においてどのような徳が好まれるのかについて、私たちが日常的に知り尊敬する人や行動よりも多くのことを示している。ファンタジーは、想像しうる最悪な出来事の中でたくましく生き残る、偉大で派手な英雄を生みだす。たとえば、勇敢な戦士、高潔にして意思賢固な兵士、伝統的な探検家や、古い時代の冒険家がそれである。私たちは偉大な英雄の人生が、私たちには欠けていると感じる名誉や確信をもっていることを望む。偉大な英雄により示される徳は、彼らのアイデンティティの一部であるとされる。二十一世紀初頭のアメリカ社会において、大衆娯楽と政治的な啓発は、攻撃的で、過剰に男性的な英雄であふれている。彼らは現代という危機的時代に賞賛される徳を示している。彼らがすることはすべて、そのジャンルの通例によれば最新のものであるため、私たちがそれを好む背後にある長い歴史を忘れがちである。

アキレス

西洋の伝統においてホメロス（Homer）から始まる戦争の勝利者の性格特性は、文化的徳の中でも抜きん出ている。戦闘の間、その名とともに語られる千年に渡る栄光のために人生を犠牲にする半神を、私たちは求めがちである。『イリアス』(1)における家庭もちの男性であるヘクトール（Hector）は、私たちの魂に火をつけるにはおとなしすぎる。それでもアキレス（Achilles）の激怒によるヘクトールの死は、私たちを恐ろしがらせる。人気のある娯楽は感覚をにぶらせるということを踏まえると、詳細な血みどろの記述が血への嫌悪となるとは考えにくいが、やはり述べない方がよいだろう。ヘクトールの敗北は、実生活においてアキレスよりも彼に似ている読み手には、恐怖よりむしろ屈辱感を感じさせる。ヘクトールはアキレスにより矮小化され、アキレスの無謀で爆発的なスター性との比較において、善良な家庭的な男性という彼の役割の範囲内に固定される。

次のようなエピソードについて考えてみよう――アキレスがヘクトールを地面に組み伏している。彼はヘクトールがパトロクロス（Patroclus）から盗んだ鎧の割れ目を探していた。パトロクロスは、アキレスの若き友人／いとこ／愛人であり、その死にアキレスは復讐しようとしている。彼は、ホメロスが「首にあるもっとも致命的な場所、脛骨が首と肩を分ける喉、……命の柔らかい場所」を見つけた。[2]しかし、アキレスはヘクトールの喉笛を切りおとさなかったので、血を流し死にかけながらもヘクトールは話すことができた。彼はアキレスに、鳥や犬に体が食い荒らされないよう火葬を確約してほしいと懇願した。アキレスは答えた。「わたしとしては、この胸にたぎる憤激の思いがわたしを駆って、おぬしの身を切り裂き生のままで食わしてくれたら、どんなにかよかろうと思う。なにせあれほどの罪を犯したおぬしだからな。そういうわたしの気持ちは、おぬしの首を野犬から衛る者など一人もおらぬことが確かなように、なんの偽りもない。[3]」

アキレスに同情心が欠落しているという不名誉にもかかわらず、その不名誉は、ヘクトールとその家族に対して私たちが感じる恥を和らげる憤りにまではいたらない。アキレスは、依然としてすべての英雄のなかでももっとも偉大であり、彼の激怒は約三千年たっても魅力的である。[4]しかし、災害の徳を考えるとき、私たちは、無謀さや残忍さに魅了されることに疑い深くならなければならない。問題なのは、人生の壮大な破壊だけではなく、見知らぬ大勢の群衆に支えられた評判を好んで、通常の生活を拒否する英雄の個人的信頼性もである。私たちは、アキレスのような英雄の内的経験の欠如について、そしてこれがどのように他人の内的経験に対する感覚の欠如につながるのかについて考えなければならない。（アキレスは、自らが失ったものに苦しみはするが、彼の主たる反応は破壊的な怒りだった。寂しさへの思いはほとんどなく、悲しみが増すこともなかった。）

ある時代に好まれる徳は、純粋に大衆の称賛という輝きのなかで完成された形で存在しているようにみえる。これは、民主主義でも全体主義社会でも起こる現象である。人々の感情の変化は、通常は戦争の疲労、大きな苦しみの衝撃、とてつもないスキャンダルによるものである。しかし、あらかじめ徳の本質を熟考している人は、災害の最中に大きな力をもつリーダーに魅入られることが少ないだろう。もし、熟考が遅すぎ、直近のアキレス的英雄により与えられた損傷を完全に修復することができないとしても、熟考は次に現れるアキレス的英雄の致命的なカリスマ性から私たちを守ってくれるだろう。

無謀な勇気や残忍さに与えられる価値は、文化的にそして個人的にさえも多様であるが、ではそれらの特性はどうだろうか。それは、「勇敢に生まれるものもいれば、臆病に生まれるものもいる」というように、人に固有なものではないだろうか。人の気質の違いは、若い世代、幼児期の頃でさえも明らかである。しかし、アリストテレスの徳にかんする偉大な教えは、深く考える過程において、人は自分自身について知り、既存の誤りを正さなければならない、というものである。徳は、自己管理を、特に喜びが危うい時にそれを必要とする。「われわれはまた、いかなるものに向ってわれわれ自身が傾きやすいかということを見ることを要する。ひとはそれぞれ異なったものへ傾く本性を有しているのだから。われわれはそれを、われわれに感じられる快楽と苦痛の性質いかんによって知ることが出来るだろう。われわれはその反対の方向に自己を引きずって行くことを要する。[5]」

当然、戦闘的な時代に好まれた徳に関係する気質をもつことは、長期的には幸運ではないだろう。そのような人は、過去の功績により千年の栄光と忘れられぬ名前を得て早く死ぬことと、長く、満たされた人生を送ることを比較衡量しなければならないだろう。その人は、普通の生活そのものの価値を考え直す必要があるかもしれない。

私たちの時代の災害関連の徳にかんする議論は、まずフリン（Flynn, V.）の小説の主人公ミッチ・ラップ（Rapp, M.）への批判からはじめ、マッカーシー（McCarthy, C.）の『ザ・ロード』の男性と少年、そして最後に、シャクルトン（Shakleton, E.）でしめくくる。災害を扱うにあたり、私は、無謀な勇気や残虐さに対立するものとしての誠実さ（integrity）と勤勉さの徳を支持する立場で論じていきたい。誠実さや勤勉さは、アリストテレスや彼のリバイバルである現代の徳倫理に直接よるものではない。しかし、これらは、私たちがもっとも恐れる状態において必要とされる徳であり、勇敢さや残忍さを支えるのと同じ状況が、誠実さや勤勉さという徳の発展を支えることが明らかになるだろう。

ミッチ・ラップの復讐

現代のスリラーでは、アキレスの怒りを、高い代償を払わずに体験できる。英雄は冒険を生き延び、そして聴衆は、心を乱すこともなく、続編を楽しみに待つことができる。フリンの『反逆（*Act of Treason*）』において、ミッチ・ラップ（Rapp, M.）という非常に愛国心にあふれた、恐れを知らないＣＩＡ捜査官が、次期大統領のアレクサンダー（Alexander, J.）の妻が選挙キャンペーン中に、車両爆弾により殺害されたことの調査を命じられる。加害者は中東のテロリストであると推定される。ミッチは、元マサチューセッツ工科大学（ＭＩＴ）の学生マーカス（ニューヨークのいくつかの銀行をハッキングし、数百万ドルを自身のオフショア口座に送金した後にＣＩＡに勧誘された）のサポートを受ける。

次期大統領の妻を殺害した車両爆弾は、ガジッチ（Gazich, G.）というボスニア人で現在はキプロスに住んでいる暗殺者のものであることが突きとめられた。ミッチはギリシャへ飛び、ガジッチが、彼の雇い主が彼を殺そうと送りこんだ二人のロシア人を殺害するのを見る。そしてガジッチの殺人技術を知った上で、ミッチは、彼の両ひざの皿と両手を撃って制圧する。ガジッチをアメリカに移送する輸送機の中で、銃による傷の痛みを和らげるためにミッチにモルヒネを注射してもらう代わりに、ガジッチは、もっともらしい、しかし謎めいた告白を行う。

一組のきわどい写真が、敗北した共和党の候補者の選挙キャンペーン責任者から、ＣＩＡ幹部であり、ミッチの上司であるアイリーン・ケネディ（Kennedy, I.）に渡される。そこには、次期大統領の妻が、自分の警護特務部隊であるシークレットサービスの一人と性的関係にあるところが写っていた。ミッチは、野心的な次期副大統領のロス（Ross, M.）と、ロスの悪辣なキャンペーン責任者、大統領恩赦を求める腐敗した金融業者、そして同性愛者にして節操のあるスイスの銀行家がガジッチの雇い主であることを発見する。しかし、ケネディとミッチは、陰謀を公表するのは大統領官邸にとってダメージが大きいと考える。協力と引きかえにＣＩＡの情報提供者として生きることになるスイス人の銀行家の支援を得て、ミッチは、今度はジュネーブで、金融業者とそのボディガードを殺害する。ワシントンでは、ケネディが、ホワイト・ハウスで次期副大統領を、大統領執務室に隣接する部屋でコーヒーを出すさいに毒殺する。（彼の診療記録にアクセスし、まず彼女は彼に心臓発作を引き起こす薬を渡す。それは、彼が息苦しくあえぎ始めた時に手渡すコップの水に入った毒の影響を隠すものであった。）アイリーンが、キャンペーン責任者をコスタリカのプエルト・ゴルフィートに碇泊中の、彼所有の豪華なボート内で殺害する許可を出すまで、ミッチは、一年待たなければならなかった。ミッチは、これを成しとげるが、それは、車両爆発の件で当初誤って非難されていた美しいラテン系のシークレットサービスのリベラ（Rivera, M.）と男女の仲になった後であった。

ここまでで読者にもわかると思うが、『反逆』のペースは早く、筋が込みいっている。長い飛行機の旅の友としての価値に加えて、それは、九・一一後のアメリカ政治の最前線の徳についての情報を与える文化的文書である。愛国心という価値は絶対的なものであるだけではない。ミッチ・ラップの無謀な勇敢さと残虐さは、それをスリルあるものにする。ミッチは、身体的な危険を恐れないばかりか、適正な手続きにもとづく官僚主義的な仕組みに悩ませられることもない。暗殺はこうした世界では許容範囲を超えている。ＣＩＡの幹部ですら、ミッチを突き動かすのと同じ、より大きな善への関心に突き動かされて、役目を担おうと強く望む。しかしながら、彼らの獰猛さもまた利己的である。なぜならば、彼らの捜査と作戦のすべての段階において、彼らはテロリストよりも、日和見的な政治家によってメディアに晒されることを恐れるからである。テロリストに対する戦争（別名「長い戦争」）が、この物語の主要人物たちの実際の任務であるが、彼らはテロリストを直接見つけ、殺害することよりもイデオロギーを脚色することに多くの時間を費やしている。現実逃避のために読まれるフィクションの文化的英雄としてのラップとケネディの問題はまさに、日常生活への脅威としてのテロリズムに対峙し阻止することを回避していることである。テロリズムは、代わりに、主に特権的な政治人生への脅威として描かれている。

いくつかのミッチ・ラップの武勇伝を通じ、もっとも陰湿な敵はワシントンに上手く身を潜めている。そのため、ミッチとアイリーンにとっては、一旦誰が犯人なのかを知ると、適正手続（due process）は、不必要なだけでなく、望ましいものでもないと思われる。裁判は、ＣＩＡの活動を暴きすぎるため、国を守るというＣＩＡの重要な使命を危機に陥れる。さらに、ミッチとアイリーン、また、「全容が明かされないまま必要最小限の情報」で作戦に加わる人物たちは、「現場」にいない普通の市民は、彼らの仕事の緊急性と高い道徳的な目的を理解できないと思っている。このことは、座ったままの読者がどのようにして、彼らを応援していると見なせるのかという疑問を生じさせる。

フリンの本の売れ行きは、大衆が一般的な無知を認めることができる一方で、民主主義的な価値を侵害する人に一定の評価を与えることを示している。言いかえれば、ミッチとアイリーンは、すべての市民ではなく、民主主義的な公開手続きを通じて彼らに反対する人々だけが、彼らの仕事の重要性に無知であると本当に思っているのである。そのため、私たちには、不正直と他の徳を兼ね備える悪がしこい英雄が残される。これらのオデュッセウスの亡霊たちは、もちろん、自分自身を守ることが上手く、その一方で、自らの冒険的で、結局は責任逃れの人生を楽しむのである。

認識論

危険な現実にさいしての無謀な勇敢さあるいは大胆さと残忍さの徳にかんする主たる問題は、その認識論（epistemology）(2)である。認識論は、究極的には規範的である。なぜなら、それは、真である信念を真とするものを記述すること以上に、真である信念に到達するための規則を示すからである。民主主義的な法律は、それ自身の認識論を、犯罪への証拠とみなせるものに対する規則という形でもっている。適正手続、あるいは、被告人の自分に課せられた罪について知る権利、同様に、それらの罪に対し争っている場合は、公正かつ公開された裁判に対する権利もまた、形式に則った手続きを通して時間をかけて行われる認識論の一形態である。権力の抑制と均衡の構造は、同じ人が調査官、裁判官、判事、執行人になれないことを確認するものである。そしてそれは、罪のある人のみが罰を受け、無実の人は自由を保持することに配慮するための方法であるだけでなく、重大な結論が主観的な決定にならないことを確かにするものでもある。抑制と均衡により、独立した職員や団体が、それぞれ別々に結果に貢献する。民主主義的正義のシステムの公共性は、その意思決定の構成要素の独立性という点で、互いに独立して働いている研究者による実験の再現性を有する現代の科学的探究の公共性と、同類である。

無謀なほど勇敢な人は、そのような規則を基盤としたシステムが便利でないことに気づく。なぜなら、規則は、彼らが知っていると思っていることと、熟慮なしに彼らの衝動が向かわせるものとのあいだに、明確に線引きすることを妨げるからである。ミッチとアイリーンとしては、彼らの信念の正しさへの絶大な信頼が、たやすく無謀さを引きおこすからといって、他の疑いぶかい官僚に彼らの見つけたことを報告する必要などない。出来事が、幾人かの利己的な共謀者による動機と行動によりはっきりと説明できるようなフィクションの世界では、そのような信頼は称賛に値するものとされる。ミッチとアイリーンの獰猛さの徳は、彼らの善さとは間違いなく対照的な悪人を直接の標的とさせる。人を善人か悪人かで分ける世界においてはタイミングが重要である。理想的には、復讐が犯罪に続いてすぐに行われることで、正義はなされ、さらなる悪が防がれ、英雄的な怒りの緊張が解き放たれる。復讐が犯罪に先行することは望ましいことですらある。フリンの『殺害への同意（*Consent to Kill*）』は、九・一一のちょうど二年後に出版されたが、物語の主題に入る前に緊急性という精神が前奏に設定される。ミッチは、フランスから保釈されモントリオールに移り住んだばかりの過激なイスラム教聖職者カリル（Khalil）を殺害する。監視下に置かれたカリルが、将来テロリストにするために若い男たちを勧誘していたためである。ラップはカリルにそっと近づき、彼を殴り倒し、頭を歩道に叩きつけた。カリルはおそらくすでに死んでいるだろうが、ラップは「生き延びる何らかの機会」を残す気はなかった。

すべてが何のためらいもなく、きわめて効率的に行われた。ラップは、左ポケットからナイフを掴み、ボタンを押し、バネでとめられた刃がパチンと固定される音を聞いた。右側に寄り、ラップは、右手をカリルの額にあて、刃をその男の首、ちょうど右耳の下に押し当てた。硬い鋼がほとんど抵抗なく沈んだ。それからラップはナイフを固く握り、その武器でカリルの首を耳から耳へと切った。[6]

カリルが話すことができないということと、ミッチの動機が個人的というよりも愛国心にもとづくという点を除くと、アキレスが冷淡にヘクトールを殺害したのと異様なほど似ている。

ミッチの世界には、残忍なエピソードが豊富にある。サウジアラビアの王子が、親しい友人に、シュタージ(3)の捜査官だったアベル（Abel, E.）と連絡を取らせた。王子の友人は、ミッチが、彼の息子を、ホワイトハウスの核爆破未遂事件のさいに殺したと信じており、ミッチを殺害させようとしていた。アベルは、その殺害を、両親への反抗から暗殺者になった若い貴族のフランス人カップルと契約する。（男の方は暗殺の仕事を楽しんでいるが、女はそれをやめて家族を育てたいと考えている。）

フランス人のカップルの計画は、ミッチの家を爆破したときには避けることができないほどの誤りとなっていた。ミッチの美しい、妊娠したばかりの妻アンナが、誤って殺害され、ミッチは生き延びた。ヘイズ大統領自身が、次に行われるべきことに権限をあたえた。ミッチに言及しながら、彼はアイリーンに言う。「非公式ながら、彼はこの件に直接手を下した者すべてを殺すことについて私の同意を得ている」[7]。ミッチの復讐はまたもや酷いものであった。たとえば、アベルは、彼の優雅なスイス風シャレーの家が焼け落ちる中で椅子に縛りつけられたまま置き去りにされた。それにもかかわらず、小説の終わりでは、ミッチはフランス人の暗殺者たちの命を取らなかった。その後、彼らには子供が誕生する（その子は、ミッチの妻にちなみアンナと名づけられた）。

最後の同情心のねじれは、ミッチの心理の変化においては、家族という価値への卑屈な追従というほどの意味のある変化ではない。フリンの世界では、冷酷な殺害と、家族という価値より生じる愛情を込めた配慮が並置されることに矛盾はない。アイリーン自身が、十歳の息子を愛するシングルマザーである。もし、敵に対する暴力がとっさのものであり、愛する家族を守るために即座に行われたものであるならば、より一貫性があるだろう。公正を期するために言えば、そうである場合もある。しかし、たいていの場合、敵は、彼らが主人公の愛する人への事実的な脅威となる前、あるいは後に殺されている。家族という価値と、危険な状況で見知らぬ人に対して取られる行動にさらなる一貫性をもたせるためには、思慮に富むサイエンス・フィクションに目を向けるのが有効だろう。しかし、その前に、少なくとも、フリンの登場人物の適正手続に対する前述の批判への異論を検討しなければならない。

一般に、私たちの社会では、勇気、大胆さ、とっさの判断という劇的な徳は、通常は軍隊や警察の行動、また、危機に直面した時の軍事的外交と結びつけて考えられる。誠実さ、勤勉さといった退屈な徳は、慎重な認識論と適正手続においては重要であるが、平常時における行政、教育、芸術、文学、私生活へと追いやられている。問題は、暗殺でないとすれば、危険で不正な敵に対し何がなされなければならないのか、そして、アキレスでないとすれば、どのような人物が、そのような作戦の実施にふさわしいのか、ということである。幅広く公開された法廷にその騒動を持ちこまずに、反逆的な次期副大統領を殺害したことで、アイリーンを非難するのは安易すぎる。アイリーンとミッチは、ロスが、反逆者であり、そのような行動を繰りかえすことを知っている。そうであれば、彼を単に抹殺してもよいのではないか。あたかもこれを主張するように、フリンは、『反逆』の最後に予告をつけ、これから出版される小説から二つの抜粋を挙げて、関心のある読者に提示する。[8]

モサド（イスラエルの諜報機関）のエージェントであるアダム・シャシャン（Shashan, A.）は、イランの主要な地下核施設の管理人として潜入している。シャシャンは、イランは国内に豊富な石油とガス資源があるから、唯一核エネルギーが使われるとすると軍事目的であると考えていた。シャシャンが、命令により夜に施設を爆破することになる日に、三人の強敵がそこに集まっているのを見る――核施設の施設長、イランの情報安全保障大臣、そしてレバノンのヘズボラー（イスラム教シーア派の軍事組織）の残忍なリーダーである。シャシャンは、この滅多にない機会を利用し、三人の当局者全員が原子炉に入るなり殺害しようとする。この文脈において、シャシャンの計画の適正手続きについて道徳的な議論を行うのはむずかしい。さらに、シャシャン自身は少なくとも勤勉な人であり、彼の誠実さは、深く傾倒している大義に仕える指示に従うことにある。しかし、読者には同時にイランの情報安全保障大臣であるアザッド・アシャリ（Ashari, A.）が、理性的で穏やかな人であるという人物像が示されている。アシャリ自身は、核プログラムへの出費が、二十％という失業率に対し重くのしかかり、さらに、アメリカ人あるいはイスラエル人がその施設を破壊する可能性が高いと考えている。

プラグマティックあるいは帰結主義的な観点からいえば、その施設の破壊は、長期的には外交的な解決を試みるよりも大きな脅威を引きおこすものであり、イランの核兵器プログラムが現在の国内の経済負担となっていることを考えるとなおさらである。しかし、アシャリが邪悪な男であり、核施設が内部的にも負担ではないと仮定してみよう。暗殺というシャシャンの使命は道徳的に許容できるだろうか。適正な手続きの欠如が、道徳的によいとは言えないが、それでも、悪いとも言えない、すなわち道徳的に許容可能であるケースがあるだろうか。答えがイエスならば、正義に近づく唯一の方法は、そのような事例は一つずつ、個人的利害関係がないことに加えて、証拠を集め決断を実行することから可能なかぎり遠ざかっている人により決められるべきであると主張することだろう。公正を期するために言えば、フリンはおそらく、そのような過程を、アメリカ大統領に「殺害への同意」を割り当てることで描こうとしている。しかし、ヘイズ大統領自身は、利害関係のない立場にない。なぜなら、『殺害への同意』において、彼には、ホワイトハウスへの核攻撃未遂において、ラップにより命を救われたという借りがあるからである。

全体として、ラップのはらはらさせる冒険は、災害における徳倫理に大きく関係する二つの考察を示している。第一に、ラップの徳は、アキレスの徳と同様に、テンポの早い戦闘現場において輝いている。しかし、災害の備えと対応において、問題が直接の戦闘により解決されることはほとんどない。災害にかんする事実は、生き延びることと関係している。不幸にも、アメリカ社会のすべてのレベルにおいて、九・一一に対する恐怖にもとづく迅速な対応は、災害という現実を戦闘へと変えてしまった（すなわち、戦争）。この種の紛争が続くのであれば、認識論的に重要な点を思いださなければならない。第一に、大胆さや残忍さが適切に思えるときには、汚れた行為をする人が、その汚れた行為を必要だと決める人と同じであってはならない。第二に、そのような汚れた行為が必要であるという決定は、だれが悪人であるかにかんする綿密に吟味された証拠と、その行為の帰結についての感情を排した計算にもとづくものでなければならない。さらなる考察としては、すでに前兆として示されている方向に二十一世紀が進み続け、災害と軍事による混乱が私たちの生きる形となるならば、大胆さや残忍さほど栄光に満ちたものでない徳が、涵養され価値あるものとされる必要があるだろう。言いかえれば、災害が通常の生活となるならば、英雄にとっては普通の徳のほうが、災害時の徳よりもよいだろう。

『ザ・ロード』における家族の価値

マッカーシー（McCarthy, C.）が二〇〇六年に書いた小説『ザ・ロード（*The Road*）』では、男と若い息子が現在の気候では冬を越して生き延びることがむずかしいと考え、南への旅をたどる。[9] 小説を通して、誰にも名前がない。男と少年は、物資で一杯のショッピングカートを押しながら、世界滅亡後のような世界で高速道路をとぼとぼ歩きはじめる。少年が生まれたこの世界はあまりに荒涼としており、母親は将来と向かいあうことができず、彼らを見捨てて一人で立ち去り死ぬ。地上は焼け焦げ、ほとんどの建物が破壊され、残っているものも略奪され、剝奪され、空気は肺を焼くような微粒子に満ちていた。緑のものは何も育っておらず、死んだ木が突然倒れてくる。

他にも生存者はいたが、その多くは危険で、何をするか見るまでは善い人か悪い人か見分けることは不可能だった。略奪団が食料を探して地上を駆け巡る。彼らの口元には食べた人肉のかけらがこびりついていた。男は銃をもっており、物語の前半でも、息子を捕まえようとしたそれらの人食いの一人を殺す。

人食いの脳が少年に飛び散る。彼らは動きつづける。安全なところへ逃げると、男は、人を殺したという道徳的問題とともに、不快な物理的な結果について述べる。

> 食事が終わると彼は少年を橋の下の砂州へ連れていき水ぎわの薄氷を木の枝で押しやってから一緒にしゃがみ顔と髪を洗ってやった。水がひどく冷たくて少年は泣いた。それから砂州の上を移動し水がきれいな場所を見つけてまたできるだけ丁寧に髪を洗ってやったがそのうち少年が寒さで呻き始めたので切りあげた。彼は対岸の護岸用の杭の列に橋脚の影を投げかけている火明かりの中で膝立ちになり毛布で少年の髪を拭いてやった。この子はおれの子供だ、と彼はいった。死んだ男の脳みそを髪の毛から洗い流してやったんだ。これはおれの役目だ。彼は少年を毛布でくるみ火のそばまで抱いていった。

男と少年は、貯めてあった、そして、「以前」のいつかに埋められてあった食料で生き延び、南に向けての辛い旅を続ける。男は少年に自分たちは「善い人」であり、「火を運んでいる」と教える。一つの明示的な道徳原理が繰りかえし浮かび上がる。それは、人を食べることは悪いということである。男の少年への献身と気配りは模範的である。少年は、勇敢であり怖がりでもあり、逆境に強いが脆くもある。そういった性格は、父親がかつて経験したような少年時代がこの少年にはなかったことの影響でもある。

『ザ・ロード』は大変陰惨な物語であり、読むのも恐ろしいが、読者が肝に銘ずべき独自の責務を表明している。批評家は、父親と息子の間の愛にかんする描写を賞賛した。マッカーシーは、この愛を、男と少年が互いのために生きつづける動機として、また物理的な困難のなかでも命は守るに値するとさせるもっとも大切な価値として、劇化し発展させる。生き延びるための多くの規則に従うことは修練を必要とすることから、生命を維持するには勤勉さの徳が必要である。しかし、ここでの第一の徳は誠実さである。彼らが彼らであることを保持するために、男と少年の主たる道徳規則はカニバリズム（人肉食）を避けることである。

古代ギリシャの歴史家ヘロドトス（Herodotus）は、両親の死体を食べる社会がある一方、そのような行為が見下げられる社会もあることを観察し、しばしば文化的相対主義を述べた最初の西洋人とされる。現代のいくつかの先住文化では、儀礼としてのカニバリズムは未だに葬儀において行われる。しかし、西洋文化では、カニバリズムは、もっとも強い禁忌であり続けている。一九九三年の映画『生きてこそ（*Alive*）』[11]では、アンデス山脈での飛行機事故の生存者が、零下の気温のなかで餓死することを避けるため仲間の死体を食べる。グループの一人が、死んだ乗客の背中から肉片を切りとり、それを他の人々の前に置く。彼らは、一人ずつ、必要に駆られそれに加わるものの、同時にそれを深く恥じている。ここで聴衆は、消極的カニバリズムに同情することとなる。しかし、もともと飛行機を捨ててしまいたいと思っていた乗客の中から派遣隊が出発する。彼らは、飛行機の墜落現場から数マイル離れたところに、必要な物資が貯蓄されている小屋を見つける。その発見は、カニバリズムの行動を不要だったものとする。後付けの判断ではあるが、そのことが示すのは、生存者に冒険心も創意もなかったことである。彼らは集団的に受動的であり、大部分は助けを待つだけだった。

『ザ・ロード』の男と少年は、人の肉を食べないという決心を変えない。急いで放棄されたキャンプファイヤーを見つけた時に、男は、串に刺され焼かれているものを息子が見ないように隠す。それは頭がない生まれたての子供であり、その少し前に非常に苦労して歩くのを見かけた妊婦から生まれたばかりだと思われた。その赤ん坊が、死産だったのか、あるいは生まれた時に殺されたのかについての手がかりはない。他のエピソードでは、男が地下室に入ると食料として捉えられた生きた捕虜を見る――その中の一人の両脚は切り落とされ、生々しい肉がむき出しになっていた。

『ザ・ロード』と『生きてこそ』のカニバリズムにおける道徳的立場を比べると（「純粋」なフィクションと事実にもとづくフィクションを比べることへの懐疑心はもたないこととして）、なぜカニバリズムの禁忌が、飛行機事故の生存者に比べ、男と少年の方に強いのか尋ねることは興味深い。ひとつの理由は、『生きてこそ』の生存者の状況は救助されるまでの一時的なものであるが、男と少年は永遠に荒涼とした生きのこりをかけた状態の中で生活している点にある。死亡した乗客の肉を食べることは、文明が取り戻されるまでの時間を買うことであり、それは独立した急場しのぎの手段である。しかし、文明を取り戻す望みがない状況において、その目的のために見つけたあるいは殺した人の肉を食べることは、あらたに道徳的に危険な道に乗りだすことである。

男は、少年を生かすためにすらカニバリズムを行わず、自分たちが進み続けるために、食べられそうな物がある新しい貯蔵場所を探しつづけていく。それが見つかるのか、彼にはわからない。しかし見つかることを望みながら、自らの技術を使っていく。彼の誠実さは、道徳原理の核であるものへの侵害を拒否することから成っている。『生きてこそ』の生存者は、直ちに死ぬか、それとも救助されるかを迫られているので、カニバリズムの禁忌の侵害は、長期にわたる生活における侵害ほど重要ではないように見える。彼らは、「今回だけ（JTO, Just This Once）」という規則にもとづいて、誠実さを最小限に侵害したと捉えることができる。しかし、死が本当に迫っていず、あるいは救助が時間を延ばしたとしても来ないとすれば、それはＪＴＯではない。事実、平常時に支持される道徳原理の侵害が、災害という文脈においてＪＴＯとして起こるかどうかを知る方法はない。ＪＴＯの問題はまた、特殊なケースにおける一時的な規則として受け入れられると直ちに、それが、以下のように一般化されることを妨げる方法はないという点にある――「道徳原理Ｙが適用可能なすべてのケースで、Ｙを破る行動Ｘが必要であり、かつそれが繰り返されないときにかぎり、Ｘを行え。」一般化されると、ＪＴＯは、より広く受け入れられた規則への一時的で独立した例外以上のものとなる。それはすべての道徳原理が一つの例外をもつことを認める新たな規則となる。コミユニティのメンバー一人一人が、ＪＴＯを利用して一度殺人を行うことを想像してみよう！　ＪＴＯは、悪であるものから「必要なもの」へ、規則から例外へと焦点をずらす。規則や禁止が明確なものであるのに対して、ある人がそれらを侵害する必要性は人によって異なる。それゆえ、例外は恣意的な性質をもつことになる。

ここでの主題は、どの禁忌が、どのような場合でも尊重されなければならないのか、たとえば、カニバリズムが許されることがあるのかではない。その主題は、災害時においてもっとも善いと思われる徳である。男と少年は、『生きてこそ』の生存者よりも好まれる、よいロール・モデルである。しかし、架空の人物である。現実の世界における誠実さと勤勉さの徳の事例として、アーネスト・シャクルトン（Shackleton, E.）について考えてみよう。

アーネスト・シャクルトン

一九一四年に、英国人の探検家シャクルトンは、特別に建造された「エンデュアランス号」という名の船で南極大陸に向けて出港した。ランシング（Lansing, A.）が一九五九年に出したシャクルトンの遠征にかんする『エンデュアランス号漂流（*Endurance*）』という題名の本は、シャクルトンが成し遂げなかったことと、成し遂げたことについての驚くべき報告である。[12]シャクルトンは、一九〇一年のスコット（Scott, R. F.）との遠征において、南極から七百四十五マイル以内の地点に到達していた。一九〇七年に、シャクルトンは自らのチームを率いるものの、南極点から九十七マイルの地点で停止せざるをえなかった。アメリカ人のペアリー（Peary, R. E.）が一九〇九年に北極点に到達した。スコットは、一九一二年にノルウェー人のアムンセン（Amundsen, R.）に先を越され、三名の隊員とともに、ベース基地に戻る前に死んだ（四人目はテントから外へ出て死んだ）。英国にとってのこれらの不幸が続いた後、シャクルトンの野心は、南極大陸の初横断だった。彼は、六人の隊員と七十頭の犬とともにウェッデル海まで航行し、ヴァーゼル湾に上陸する計画だった。二隻目の船は、大陸の反対側にあるロス海のマクマード入江に到着する予定だった。このチームが、南極点の反対側に食料と貯蔵物資を置いていくことになっていた。シャクルトンのメンバーは、これらの配給をマクマード入江に向けた陸路の旅の後半で使う予定だった。

一九一四年にシャクルトンは四十歳であり、脂が乗りきっており、富と名声を強く求めていた。彼は高い目標をもち、大きな挑戦を好んだ。彼の隊員たちは、ランシングが彼らの日記やインタビューを通して編集した旅の記録によると、全員がシャクルトンを賞賛し、偉大なリーダーとして尊敬していた――「科学的なリーダーシップにおいては、スコットの方がよい。迅速そして効率的な旅はアムンセンだ。しかし望みがない状況において、抜け出す方法が何もないような時には、ひざまずいてシャクルトンに祈る。」[13]

民間団体、英国政府、そして王立地理学会がシャクルトンの遠征の資金を提供した。シャクルトンはまた遠征の映像と写真の権利を販売し、その後の講演会についても了承した。五千名が志願し

（わずかの報酬のために）、シャクルトンは二十六人の科学者と船員を選んだ。密航者は後に船室係になった。彼らは、一九一四年八月に出港し、一九一五年一月、目的地まであと一日の航海のところで、エンデュアランス号はウェッデル海の氷の中で動けなくなった。

その後の十カ月間、エンデュアランス号は氷が船を破壊するまでの間ゆっくりと北西に向けて漂い、そして放棄された。シャクルトンと隊員たちは、必要な物資を浮氷の上に移し、犬、あざらし、海鳥、その他何でも生き延びるためのエネルギー源となるものを殺しはじめた。浮氷が割れた時、彼らは第二の氷上の避難所を見つけるためにボートに移った。氷の上で八百五十マイル漂流してからようやく、上陸できる島に近づいた。そこから、シャクルトンは最小限の乗組員とともに支援を求めるため出発した。彼と二名の隊員は目的を果たし、残された隊員のために一九一六年八月に戻った。エンデュアランス号に乗船していたすべての人が生き残った。（リッキンソン（Rickinson, L.、リッケンソンとして知られている）という特に寒さが苦手な一等機関士ですら生き延び、一九四五年に六十二才でＨＭＳ（装甲艦）ペンブローク号の機関将校として亡くなった。）[14]

ランシングの物語で際立っているのは、シャクルトンが隊員を気遣うとともに、彼らが互いに気遣いあう点である。彼らがおかれた環境が容赦なく、また、生還が不確実であり続けるのにもかかわらず、悲観主義や怒りがあからさまに現れることはない。この点について、シャクルトンは、副隊長であるアーネスト・「フランク」・ワイルドを称賛して、書いている。

隊員たちが常に陽気でいられ、実際に元気な姿で生還できたのは、ワイルドの頑張りと創意と手腕によるところが大きい。二人の医者、マッキルロイとマクリンの助けを借りて、彼は隊員たちひとりひとりの健康に目を光らせた。食料が底をつきかけたときも、救助の見込みが薄れたときも、彼はくじけず、常に楽天的だった。……彼がそばにいる限り、憂鬱という悪魔のつけいる隙はなかった。「指示」するだけでは満足せず、他の仲間たちと同じように「行動」し、そして多くの場合はそれ以上に働いた。[15]

外見上の楽観主義の維持が、おそらく、生存をめざすコミュニティにおける平和と規律を支えていた。そのような形式と自制をもって、絶え間なく思慮深い選択がなされるかぎり、そうした一連の選択は、社会的行動における通常の基準を保持するという誠実さを表しており、『ザ・ロード』におけるカニバリズム批判に匹敵する。

エンデュアランス号の隊員たちが、厳しい状況を生き延びた他の年代記における英雄のように、来る日も来る日も、家庭にとって不可欠な、眠り、食べ、大切なものを蓄えるための場所をつくりあげる強い願望を示しているのは興味深い。安定性に対するこの衝動は、厳しい環境において平常を守り再構築するためのもう一つの重要な要素である。基地あるいはキャンプは、物理的な安全とともに精神的な穏やかさの源泉となる一方で、同時に共同の精神を支える。終わりのない運搬、荷造り、荷ほどき、確認、身を守ること、道具と物資の修理は、暖かさと食料に対する絶え間ない関心とともに、シャクルトンと隊員たちにとってはもっとも重要なことだった。キャンプを作り、配給と身体へのケアの適切な習慣をはじめることはまた、環境を自分たちの利益にかなうように変える方法であり、「柔らかな」あるいは文化的な形での進化論的な適応である。これは、勤勉さの徳を例示するのみならず、その徳がより具体的には家庭的であることを示している。[16] シャクルトンが遠征隊を助けるため出かけたときに、四カ月間エレファント島で過ごした隊員たちの環境について、シャクルトンは次のように述べる。

第一に彼らは、避難場所の確保を考えなければならなかった。これは食料の確保以上に重要な問題だった。なにしろ氷盤で漂流する間は半飢餓状態に置かれ、ボートでの航海では絶えず風雪にさらされた上に、エレファント島に上陸してからも、天候不良に悩まされていたのだ。隊員の大部分に、その痕跡がはっきり残っていた。ぎりぎりまで果敢に耐えていたリッキンソンも、ついに心臓病で倒れた。ブラックボロとハドソンは、動くこともできなかった。程度の差こそあれ、全員が凍傷にかかり、六カ月間、着っぱなしの衣服はすっかり擦り切れていた。[17]

もちろん、南極大陸での避難場所は、凍死を避けるために必要であり、すでに病気の者が悪化するのを守るための方法である。しかし、それを超えて、シャクルトンと彼の仲間は、互いに気を配りあい、病人や怪我人もイギリスに戻るに値すると考えた。だれかが手に負えないほど凍えたら、体が温まるまでマッサージを行った。互いの怪我の手当をした。食料は、もっとも小さな肉の切り屑、塩のかけら、脂肪の塊でさえも、綿密に測られ、合理的に、平等に分けられた。こうした小さな規模の家庭的なことごとの詳細が、生の尊厳を支えると同様に身体的に耐えうるようにすることは、『ザ・ロード』の中で、男が新しい服を少年のために見つけ、彼を洗い、あるいは彼にごちそうを与えた点からも明らかである。両方の状況において、誰もが全力で自分自身を世話する。厳しい状況下でそのような細かな点に対応するには、生きているとはどのように感じることなのかについての、集中した主観的な意識が必要である。比較的贅沢な状況での虚栄や安易な親切とは異なり、そうした世話における自己意識、関心、謙虚さの組みあわせは、それが本来のものであることを明かしている。自分自身か他人かにかかわらず、人が感じることに反応することは本来の反応である。これは、栄光のための、強くそして十分に武装した、自己明示的な他者志向的な徳とは甚だしく異なる。アキレスあるいはミッチ・ラップが、人間という動物が散らかしたものを片づけることを想像するのはむずかしい。なぜなら、彼らの徳は、単なる生物学的レベルを超えて舞い上がるからである――彼らがそれを破壊しようとしない時にではあるが。

それでも私たちは、シャクルトンと彼の仲間もまた、最初は栄光を求め、氷上での日々の行動は破壊的であったことを意識する必要がある。シャクルトンと他の進取の気性に富んだ冒険家たちは、巨大な富や政治的権力をもつ人々からの支援を得る栄誉を得ていた。シャクルトンにはまた、絶えず彼を称賛する聴衆がいる。彼らは、動物搾取を意識する前に、エンデュアランス号の生存者が、撃つことができる、あるいは棍棒で殺すことができる範囲にいる動物をすべて殺したという事実を見落としている。犬、アザラシ、ペンギン――動くものは食料だった。私たちはまた、他の志願した船員も同様だったが、シャクルトンが自分自身を試すことを選んだことに気がつく必要がある。彼は、凄まじい力の感覚を実現した象徴であった。神の与えた優位性と、自然の世界に対する支配、自然におけるすべてのものに対し疑うこともない権限をもっていた。現代の冒険にかんするプロジェクトにおいては、シャクルトンが模範的なフィナーレを示しているように、中心には捕食がある。

それとは対照的に、現代の災害の犠牲者は、生き延びるための最小限の技術しかもたない普通の人のようである。彼らは、危険を前にすると、果敢に立ち向かうよりも、従順になって震える。古典的な冒険家が自然に対してもっていた権限の感覚を彼らが欠いていることは、徳でありかつ弱さでもある。それは、大部分の人が動物を容易に殺さないからこその徳である。それは、自然におけるよそよそしい客という立場から来る弱さでもある。今や、多くの人は身体的に不健康で肥満し、心も体も薬に依存しており、それは二十世紀初頭の冒険家が想像できないようなものである。しかし、すべての災害は、そうした受動的な大衆から危機に臨んで手腕を振るう想定外の英雄を誕生させる。そして、受動的な大衆自身は、それ自身を「野生的な」ものに対し試すことに幾らかの渇望をもちつづけており、TV番組、たとえば「マン・ヴァーサス・ワイルド（Man vs. Wild）」や「サバイバーマン（Survivorman）」、アーウィン（Irwin, S.）が司会を務める「クロコダイル・ハンター（Crocodile Hunter）」のようなテレビ番組に自分を重ねる。しかしながら、そういったテレビの前に座りっぱなしの人々に、野性的なものへの警戒を促す物語もある。たとえば「ロスト・イン・ザ・ワイルド（Lost in the Wild）」がそれであり、またヘルツォーク（Herzog, W.）の見事なドキュメンタリー「グリズリー・マン（Grizzly Man）」（2005）では、トレッドウェル（Treadwell, T.）が熊に殺される惨状が記録されている。

いつもの便利さがないところでは自らを試そうとしない、あるいは来るべき災害に向けて新たな技術を身につけようとしない人に対しては、選出されたリーダーとその指名する人が責任を果たさなければならない。誠実さと勤勉さの徳が、個人の育成においてどんなに重要であったとしても、現代の災害においては、一般に「政府」と公共政策として理解されている側での幅広い公的な責任が必要とされる。この義務は、第Ⅱ部の主題である。

しかし、自らを試すことを選ぶ人、あるいは、政府の最大の努力ですら救助に十分でないと考える人にとっては、アキレスの徳はおそらく、誠実さや勤勉さの徳ほど役には立たず素晴らしいものではないだろう。このことは、災害時における適切な徳とは、平常と根本的に異なる形の道徳生活というよりも、平常の状況における望ましい慣習に近いものであることを示している。誠実さや勤勉さは、無謀な勇気や残忍さとは異なり、独立した、栄光ある功績において明らかとなる一時的な徳ではない。それは日常における人物の特性であり、平凡な行動における幾千もの詳細のうちに示されるものである。欠乏と危険が長引く状況においては、誠実さや勤勉さは、継続的に生活を支える背景であり、道徳的価値を維持する。こうした背景の下で、無謀な勇気や残忍さは、受動的な聴衆にとってのたんなる花火でないとすれば、時に現れる流れ星のようなものである。

災害のための新たな道徳システム？

一章、二章の議論をまとめると、民主主義の原理は、災害対応を設計するに際し、平常の道徳原理を覆すことを排除している。災害にかんする、事実、そしてフィクションの事例研究は、できるかぎり多くを救うという効率性の道徳原理あるいは単純な功利主義よりも、平等主義あるいは義務論的な道徳原理を支持するように思える。道徳的に不確かな極端な事例においては、私たちは、決定する立場にいる人の性質や徳に依存している。これは、本章の主題であった。すべての人が、試されることに対し備えているわけではないので、政治的な取りくみが必要になる。これは第Ⅱ部の四章～六章の主題である。

ここで、前述の議論のいずれもが、災害のための新たな異なる道徳原理やシステムを支持していないことを記すことは重要である。むしろ、すべての公表された事例研究やフィクションのシナリオにおいても、平常時における既存の道徳的推論が極端な状況にも当てはまることを示している。このことは、災害に対し新たな道徳システムが必要であるかという疑問を解決するように思われる。アキレスによる勇敢さや残忍さに価値を与える人は同意しないだろうが、彼らが、この時代の民主主義社会における大多数の人を代弁していると想像することはむずかしい。アキレスの徳への増大する依存、あるいは、十分に備えることで避けうる突発的な状況において最大数を救うという粗雑な功利主義的政策を別とすれば、災害のための新しい道徳システムがなにを含意するのか明らかではない。災害対応において新しく作られたシステムが正当化する行動が、他の状況では既存の道徳システムの原理によって支持されない、あるいは対立さえするならば、そのような新しいシステムの道徳的妥当性を信じる理由はない。もし、新しいシステムが、実際に危機的状況が押し寄せてくる前に、正当に構築されるべきであるならば、今、あるいは未来の平常時において、それを提唱する側は説明責任を負うべきである。

注

1 Aristotle (1941) Nichomachean Ethics, in *Basic Works of Aristotle*, McKeon, R. ed. (New York: Random House), book IV, Chapter 5, 1125b32–1126a103, 996（高田三郎訳『ニコマコス倫理学』岩波文庫（上）一五五頁）

2 Homer, The Iliad, Book XXII, Butler, S., trans. Internet Classics Archives, http://dassics-mit.edu/Homer/iliad.22.xxii.html. よりわかりやすい英訳を読みたい場合は、Lang, Leaf, and Myers translation (New York: Macmillan, 1930), 404を参照のこと。（松平千秋訳、『イリアス（下）』岩波文庫）

3 Homer, The Iliad.（『イリアス（下）』三二三頁）

4 ピット（Pitt, B.）は、二〇〇四年公開の映画『トロイ』で、アキレスを大衆の前に生き返らせた。ピットの演技は、あまりにも空回りかもしれない。というのもオーランド・ブルームが演じるただただ美しいパリスが、あの矢でアキレスを討ち取った時、そこには何の皮肉もないからである。

5　Aristotle, *Nichomachean Ethics*, 1109b. 1–4, 963.（『ニコマコス倫理学』八〇–八一頁）

6　Flynn, V.（2003）*Consent to Kill*, New York: Pocket Star Books, Simon and Schuster, 33.

7　Flynn, *Consent to Kill*, 406.

8　Flynn, *Act of Treason*, see Flynn, Consent to Kill chs. 2 and 4 in the unnumbered pages 467.

9　McCarthy, C.（2006）, *The Road*, New York: Vintage Books, Random House（黒原敏行訳（2010）『ザ・ロード』、ハヤカワ epi 文庫）

10　McCarthy, *The Road*, 73–74.（『ザ・ロード』八五–八六頁）

11　映画は、搭乗していたウルグアイラグビーチームのメンバーが実際に経験した実話を著した本にもとづいている。実際の出来事、本、先の映画については www.gdaspotlight.com/PDF/1.pdf. を参照。

12　Lansing, A.,（2000）, *Endurance*, London: Weidenfeld & Nicolson.

13　Lansing, A.,（2000）*Endurance*, 14.

14　http://www.coolantarctica.com/Antarctica%20fact%20file/Histoly/biography/rickinson_louis.htm.

15　Shaklten, E.（原著 1919、リプリント 1999）*The Endurance Expedition*, New York: New American Library, 260.（奥田祐士・森平慶司訳『南へ―エンデュアランス号漂流―』、ソニー・マガジンズ、一八六頁）。

16　モス（Moss, S.）は、*The Frozen Ship* において「家庭」の感覚を、スカンジナビアの北方植民地化の動機づけとして書いているが、それは、私がここで書こうとしている生き延びるための短期的な美徳というよりは、国際的な、継続的な再定住に関わっている Moss, S.（2006）*The Frozen Ship*: The Histories and Tales of Polar Exploration, aking a Home, New York: United Trives Media, 29–57 を参照。

17　Shakelton, E., 445.（『南へ―エンデュアランス号漂流―』一七一頁）

訳者注

（1）イリアスは、ホメロス作と伝えられる古代ギリシアの長編叙事詩。ギリシア軍による十年にわたるトロイ包囲戦の数十日間の出来事を扱う。主題はアキレスの怒りとその悲劇的な結末である。

（2）たとえば、「スカイツリーは墨田区にある」というのは真である信念である。このとき、真である信念を真とするものは、スカイツリーが墨田区にあるという事実である。

（3）ドイツ民主共和国（東ドイツ）の秘密警察。

第Ⅱ部　政治

四章　社会契約
――トマス・ホッブズ、ジョン・ロック、そしてアート・スピーゲルマン

自由（FREEDOM）と自由（LIBERTY）、道徳と法

私たちのいう自律（autonomy）や自由（freedom）が内的、心的なものである一方で、自由（liberty）は自分たちや他者が法的に何かをしてよい、してはいけないことと関連している。三章での議論を続けると、私たちは自己の徳を自由に選び、発展させることができるが、自由（liberty）とは外的な保護や制約の存在、もしくは欠如の中にある。しかし、徳を選び発展させる自由（freedom）は、それが生じる脈絡の考慮なしでは、単に理論的で抽象的なものにすぎない。アリストテレスは、徳にもとづく社会とは別に、アテナイ人特権階級社会の一員の徳を発展させることを想像できなかった。個人の徳を支えるために、子ども時代の適切な訓練が必要なだけでなく、国家は正しくあらねばならなかった。また。政府や市民の業務に参加することは正しい人にとっての徳であった。[1]

アリストテレスは個人と国家を、独立したものとして捉えたわけではなかった。彼は、人間は生来、政治的な動物であると考えていた。家族、村、その他の小規模な社会的組織という国家の起源について説明した後、彼は「国家は自然が生み出したものであり、人間は生来政治的動物である」[2]と結論づけるにふさわしいと考えた。アリストテレスは、こうしたことを人間についての思想や理想としてだけでなく、文字通り、通常の人間の生の特徴として述べた。彼は「政治的動物」は本来、単独であるいは小規模な集団でいるよりも、ポリスや都市で他者とともにいると考えた。

当然のことながら、私たちの時代と直接にかかわる最近の、個人と政治社会、また道徳と法とのあいだに、比喩的あるいは理論的な繋がりが存在する。私たちは比喩的に、法の「下に」あるいは「中で」暮らしていると語るが、私たちの自由（liberties）を定義する関連法が何かを知らないかもしれない。もっとも平均的な市民は、法を破らないように意識しながら暮らす。一般的に彼らには順法の傾向がある。個々の法はしばしば、それを破ろうとする、あるいは守らせようとする者の心の中でもっとも重視される。犯罪者や警察はおそらく、平均的な市民よりも法をよく知っているだろう。平均的な市民は自分が法を順守する確信をもっているため、法についていつも正確に知っている必要がない。彼らは多少の差こそあれ正当にも、法はおおよそ道徳と同一の広がりをもつこと、そして彼らが既に善悪の違いを知っていると思っている。

特定の形式の政府が唱導されたり、あるいは政府が存在する前においてはいつでも、道徳は法に先立っている。しかしひとたび政府が樹立すると、法を破る者たちは不道徳とみなされ、たとえ民主主義であっても、既存の法や政府を批判するために道徳的な原則を用いるのには、特別な努力が必要となる。それでも、政府と法の道徳的な基盤は災害について考えるさいの核心である。道徳的な直観は、前例のない状況で新しい法を導きうるし、そうした状況に当てはまるように既存の法を発展させるために用いることができる。道徳的な直観はまた、災害に適用される法への批判を生みだすかもしれない。

冷戦以降、アメリカの大統領は大統領決定指令のもとに声明を出し、行動してきた。この指令は国家安全上の緊急事態において連邦政府や地方自治体の存続を保証するものである。政府存続（COG, Continuity of Government）の保証に加えて、それらの指令では立憲政体の持続（ECG, Enduring Constitutional Government）と政府存続計画（COOP, Continuity of Operations）も規定されている。[3] 大統領の権力が増大し、政府権力の伝統的な境界線が立法から行政へとシフトする可能性がある中、国家安全指令の役割について多くの議論が進行中である。[4] しかし、そこには明示するまでもない広い意見の一致が存在する——アメリカ政府は国家安全上の非常事態や自然災害を耐えぬくこと、[5] そして、政府のこの耐久性は、平常時に戻っても継続していくという点での一致である。

それでもやはり、国家の安全保障と災害による混乱をカバーする大統領令に対する期待は、逃れられない問いを突きつける——どうやって政府はもちこたえるのか？　政府機能の減少は一般市民にどういった影響をもたらすのか。大統領令は政府の上層部の視点から備えをするように見え、政府の保護に重点を置いているように見える。国家安全上の指令ではＣＯＯＰ（政府存続計画）を規定しているが、これらの規定では政府の権威や権力を保護するものと、一般個人の利益を直接保護するものを区別することはむずかしい。市民の視点からすると、そのような緊急の状況でも法律（彼らがそれに従うと仮定される）が存在するだろうが、結局のところ、その法律では彼ら自身の能動的役割や、生命や幸福の大切さは主題とならない。災害への備えと対応におけるこうした自主的な市民の脱落、彼らの経験や実践、計画の脱落は、現実的とは思えない。政府は平常時にすでに通常の業務に埋没しており、業務量は広範囲の災害発生時にはさらに多くなる。すなわち、これらの指令は、社会から切りはなされた個別の存在として政府に言及する点で抽象的すぎるのである。

私たちはどのようにして、災害時に民主主義の社会を維持するのか。一般的な市民の見方は、安全と自由の「トレードオフ」と、互いの価値観の吟味と再確認という言葉で表現できるかもしれない。より現実的な問いは次の問いかもしれない――私たちは当然とみなしている自由を犠牲にしてまで、どれほど危険からの保護を求めるのか。自由を守るために私たちが受け入れることを選ぶ（受け入れるべき）リスクは何か。

これらは重大な問いである。しかしこれらの問いは見た目以上に内容に乏しく、曖昧なものである。第一に、問いに答えることで、保護されたり、あるいはされなかったりする「私たち」という言葉が曖昧である。この言葉は、一任された権力や強大な権力を行使する政治的なリーダーを指すかもしれないし、「私たち合衆国の国民」を指すのかもしれない。前者の場合、これはトップダウンで方針を決めるべき問いとなる。後者では、代議員による投票や国民投票、あるいは共同体レベルでは直接投票による市民個人の選択さえ反映される。第二に、リスクという言葉は、災害に備え、対応し、防ぐことの各々で、異なることを指す。災害への備えにおいては、リスクは、災害が起こらなかった場合に浪費される資金やそのほかの資源であり、危険にさらされている自由は、所有権のもたらす利益である。災害対応では、人命、幸福そして財産がリスクにさらされる。そして、移動や会合の自由といったより個人的な自由が抑制されがちであるが、財産やそれを消費する優先的権利も制限されることがある。予防では、リスクは生命、財産を失うことや、災害の発生そのものを指す。ここで危険にさらされている自由は法の下での正当な手続きだけでなく、財産権、移動の自由やプライバシーの自由にも及ぶ。

安全保障（security）と安全（safety）との間でもっとも差しせまったトレードオフ問題が生じるのは災害の予防（prevention）である。とくに近年、テロリストへの不安が募っていることからもこれがよくわかる。もし予防と備え、対応の三つを混同するようなら、これらの中に含まれる市民の権利やリスクは簡単に見落とされるだろう。この章では、古典的な社会契約論を災害への備えや対応に適用するように楽観的に発展させる。それから、ポストモダンの悲観論者たちの主張を棄却することを考えるとともに、スピーゲルマン（Spiegelman, A.）の助けを得ながら、そのような立場について考察を試みる。

社会契約論

アメリカ合衆国で市民社会や政府管理下の社会の基礎となっている社会契約の考え方は、十七世紀のロック（Locke, J.）とホッブズ（Hobbes, T.）までさかのぼる。もちろん、これらは政府がいかにして設立されるかや、いかにして正当化されるかということにかんする唯一の考え方ではない。本章ではまず、アリストテレスの『政治学』を起源とする自然主義的な政治理論について言及する。この理論では、政府は小規模な人間組織から発展するにいたったと理解される。[6] 他にも超自然的な政治理論があり、政府は神の創造物であるとされる（聖アウグスティヌス[7]（St. Augustine））。さらに、壮大な歴史的な政治理論では、政府は自然、人間、そして社会の秩序を支配する別の原理の現れであるとされる（ヘーゲル（Hegel, G. W. F.）、マルクス[8]（Marx, K.））。あるいは、政府にかんする理想郷的、マニ教［善悪二元論的禁欲主義］的、無政府論的、等々の理論が存在する。

さらに、ホッブズとロックは社会契約論の唯一の構築者ではない。アクィナス（Aquinas, T.）はアリストテレスから多くを学んだにもかかわらず、初期の社会契約論的な仕方で、支配者の義務について言及している。[9] ルソー（Rousseau, J.-J.）は十八世紀に、ロックの理論に変化を加え、多数派の意志という観念に代えて一般意志（the general will）[(1)]というつかみどころのない観念を用いた。[10] ロールズ（Rawls, J.）は二十世紀後半、公正としての正義（justice as fairness）という概念を用いて、ホッブズやロックが言及した社会契約論をより平等主義の理想に沿うように発展させた。[11] しかしロックの社会契約論は、ジェファーソン（Jefferson, T.）ら多数のアメリカ合衆国創設者に影響を与えたことから、アメリカ合衆国にもっとも関わりの深いものとして広く認知されている。またホッブズは、人間の生活におけるすべての状況、とりわけ暴動や反乱などの争いや対策の乏しい災害による危機にさいしての、困難と反道徳性を見事に捉える人間本性論において、ロックと対比される。

社会契約は、市民による明示的なあるいは暗黙の合意であり、政府の設立を正当化し、政府と関連する市民の権利を強調する。社会契約論は、政府の管理下にある社会組織よりも根本的で優先される市民の権利について述べている。こうした権利はアメリカ独立宣言の中で謳われ、アメリカ合衆国憲法の最初の十の修正条項で保護されている。

自然状態

社会契約論によれば、政府の存在の正当化理由のうちで究極的なものは、政府の統治によって市民の暮らしがよくなるというものである。ロックとホッブズは、政府設立の経緯や設立による利益にかんする歴史的説明をするために、無政府状態での市民の暮らしを述べる自然状態（state of nature）という考え方を用いた。自然状態での人間の生活について、ホッブズは「孤独で、貧しく、卑劣で残酷で短命的」と考えた一方で、ロックは協力的で勤勉だと考えた。[12]

いずれにせよ、ホッブズもロックも、自然状態には原初的で統治されていない人間の状態があると仮定した。彼らはまた、たとえ人間の歴史の中で自然状態が一度もなかったとしても、これを仮定することは政治理論家に無政府状態下での人間の暮らしについての考えを提供できること、そして、それと政府の統治下にある人間の暮らしを比較することで、政府の存在を正当化できるだろうと示唆した。[13] こうした比較と正当化は社会契約論のメインテーマであり、それには、不可欠なものとして受け入れられない政府、統治される側によって制御できない政府といった対比項が必要となる。すなわち、政府の継続的存在ではないにしても、政府の設立には統治される側からの合意が必要なのである。[14] この合意は、政府に個別的な義務を負わせる社会契約を可能にする（それらの義務の遂行によって、政府は社会契約における役割を果たす）。

ロックによれば人は自然状態での暮らしを許容できるため、彼は政府に、個人の財産や公平な紛争解決、犯罪の国内処罰、外敵からの国家防衛に限定された最小限の機能を認める立場に立っていた。[15] ロックは個人財産の保護の重要性を強調したが、私たちは彼のいう財産がいわゆる財産（あるいは、彼が「地所」（estate）と呼ぶもの）のみならず、生命や自由にまで及ぶことを覚えておく必要がある。[16] ホッブズは対照的に、競争的で攻撃的な人間の本性は、平和を安定的なものにするために強い（私たちが専制的と考えるような）中央機関を必要とすると考えていた。[17] そのため、ロックは社会契約を市民と統治者との間の合意と定義したが、[18] ホッブズは社会契約を市民の間での合意であるとし、市民が自らの争いあう権利を放棄し、同時に絶対的な統治者、「リヴァイアサン」に対して彼らの権利を取り消せない仕方で贈与することだと考えた。[19] その結果、ロックは市民たちの政府に対する合意を、政府が続くかぎり継続するという形で視覚化した。しかし、ホッブズは市民から政府への権力の委任は一度だけ起こり、それ以上の市民の合意はないと考えた。

ホッブズとロックは、政府の権力は統治下にある人々の力と合意に由来するとの強い信念を共有していた。ロックによれば、社会は政府なしでも存在しうる。そこで、彼はもし政府が崩壊したら、その権力は人々に戻るが、社会が崩壊したら政府はもはや存在しないと考えた。[20] ホッブズは平和で協力的な社会、あるいは社会自体が、政府なしには存在しえないと考えた。[21] ロックもホッブズも、十七世紀の王権神授説(2)について述べている。[22] ロックとホッブズによると統治者たちの統治権は神ではなく人々に由来する。そのため、社会契約論は世俗的な政治理論として理解されてきた。それでも社会契約の伝統において、政府のもっとも基本的な原則は必ずしも世俗的なものとは言いきれない。ロックとホッブズの政府にかんする考えは、自然状態において神が人間に課したルールで構成される自然法に由来するからである。

ロックとホッブズは政府の役割と正当化にかんする理論を構築するさい、自然法の考え方を足掛かりにした。二人の理論の違いとして、ロックは人々が自然法の第一の原則、すなわち、互いに他者を害さないという原則に従うと考えた一方、ホッブズの考えは、人々は政府なしには他者を害さずにいられないというものだった。[23] 社会契約論は、自然法ではなく、平等に対する道徳的な直観や人命がもつ本質的な価値といった人道主義的な前提にもとづくことも可能である。その場合、そこにはもはや有神論的な基盤はない。

よく知られているように、個人の権利を守りながらも多数決による意思決定方法を規定するような文書や法的伝統の中で、ロックはアメリカ民主主義の基盤をつくった政治哲学者としての栄誉を保ちつづけている。ロックは市民が立法機関において代表権をもつべきであること、また多数決による決定は全市民を拘束するという考えをもっていた。[24]（例えば、たとえ大統領選で政党間で票が割れた場合でも、選挙の勝者は彼／彼女へ投票した人だけでなく、対立候補へ投票した人にとっても大統領になる。[25]）

それにもかかわらず、無政府時における人間が好戦的で危険だとするホッブズの見方は、大災害の時に機能する政府がなく、十分な備えがなされないときに国内で何が起こりうるかについての、もっとも恐ろしい描写をもたらすように見える。序章で記述したように、社会科学にかんする文献の広範囲なデータは、災害時の葛藤状況で人々が協力的な対応をとる場合と協力を拒む反応をする場合とを区別する。しかし、人々は災害発生後にホッブズ的混沌状態が訪れることを恐れつづけている。こうした混沌はヨハネ黙示録後の文学でよく描かれる題材である（三章で論じた『ザ・ロード』もその例である）。さらに、五章で取り上げるが、アメリカ国土安全保障省の基本的な組織構造は、協力的対応をとりうる災害と、協力を拒む紛争による危機を区別したものとなっていない。

災害時の第二の自然状態

サイエンス・フィクションで度々描かれるシナリオであるにもかかわらず、災害が私たちの知るような政府の完全な崩壊、あるいは永続的な崩壊をもたらすことは、想像の及ばないことである。また、それは、政治理論の枠を超えるものでもある。[26] しかし、いくつかの災害対応における政府の一時的な機能不全や、自力で災害に対して効果的に対応する能力が、市民ごとに異なることは、政治学的に根本的な問いを投げかけ、私たちをロックやホッブズの思想に立ちかえらせる。まず、個人のサバイバルが自力に依存しているとき、一時的にではあるが、その状況は自然状態に戻るように見える。しかし、これは文字通りのケースではない。なぜなら、社会的、物質的な構造が私たちを原初の状態から引きはなしただけでなく、短期間でもそこに戻ることを非常にむずかしくしてしまったからである。いまだ十分に工業化されていない世界の一部の農村共同体だけでなく、ハリケーン・カトリーナ後のニューオーリンズのようなアメリカの都市の下位文化の特徴は、政府なしでは自力で存続できないということである。（ニューオーリンズのナインスワードの多くの住民は、カトリーナの後何年も居場所を奪われて家に帰れなかった。このことは第六章で取り扱う。ジャンムー・カシミール地方では二〇〇五年のパキスタン地震で、何百万人もの人々が「完全な退去」を余儀なくされたと二〇〇七年欧州議会は評価した。[27]）アメリカの田舎や郊外地域が長期的な災害の発生時に同様のことになると信ずべき理由が大いにある。すなわち、巨大な物理的破壊を引きおこす災害は、発生するすべての場所で被災者を、生きのこるための必要最小限の資材が身近にない状態に置きざりにする。

人の生活にかかわる社会の物質的基盤の破壊は、人間を自然状態へ帰らせるわけではない。なぜなら、人々を自力によるサバイバルが可能な状態へ戻すわけではないからである。近代のほとんどの災害の後、人々は自給自足の生活に戻ることが不可能である。しかし、政府の物質的な修繕機能が通常に機能しないあいだ、ふだんの環境を喪失した状態は第二の自然状態の名にふさわしい。

社会契約論にかんする問いは次のものである。第二の自然状態において政府が一時的に機能障害にあるときに、政府は市民に対してどのような責任を負うのか。財産が個人や地域の共同体に所有されている場合、政府は財産を失ったあるいは破壊された人に対し賠償の義務を負わない。しかし、政府の慈善活動の一環で、よき隣人がするように、保証を申しでることは適切である。民主主義的資本主義国における政府の物的資源は税収であるから、そのような保証は、社会の人々が、罪がないにもかかわらず損失に耐えている人々を救うということに帰着する。しかし、市民が災害に対して組織的に備えたり、発災時対応において積極的な役割を担ったりする能力がないことによって、より根源的な問いが突きつけられる。

近代の産業社会の物的基盤は、貿易を通じた交流によって支えられるダイナミックなシステムである。整然とした私的な通商は、政府の規制や監視のシステムに間接的に依存している一方で、保護、安全保障はもとより、電力や運輸、きれいな水や空気といった公共にかかわることは、より直接的に政府の機能や監視に依存している。これらの間接的、直接的な政府への依存はきわめて広く深く制度化されており、一時的であるとしても元々の自然状態への回帰を不可能にしている。たとえ災害によって土地が損なわれずに、その土地だけで暮らすことができたとしても、災害は人間の通常の社会活動を政府なしに営むことを不可能にするだろう。なぜならば、今や社会の活動は政府の機能を必要とするからである。ロックは無政府時の社会継続についてもっともらしく語ったが、以上のように、私たちは政府なしには社会を継続させられないのである。災害がはじめにもたらす破壊と崩壊に加えて、私たちは市民社会の機能不全という第二のより重大な問題に直面する。この崩壊は、政府の機能障害によってさらに悪化する。たとえば、人々が災害により死傷したり、その後犯罪の犠牲者になるのは悪いことである。しかし、医療処置が受けられない、遺体が移送できない、犯罪者の逮捕や処罰ができなければ、事態はより悪化する。

災害は物流を遮断したり遅らせたりすることで、必需品の供給を途絶させるかもしれない。結果として、生命維持に不可欠な社会的機能の短期的喪失が市民に生じることで、必要なものを得たり自身を守るために他者を騙し、盗み、殺したりする者が発生するだろう。結局、第二の自然状態は、平和で協力的、生産的なロック的共同体よりむしろ、冷酷なホッブズ的な状態に似ている。このように社会的組織が崩壊した状況において、組織を効率的に再結成したり機能を回復させたり、平和を維持するためには、中央機関が必要とされる。政府のみが、リーダーシップに富み、関連情報を入手し、職員を展開する管理者的で物理的な能力をもつ。災害時の第二の自然状態は一時的に政府機能がない状態にすぎず、平常時における政府の正当化を問題にしているわけではない。また、戒厳令のような政府権力の異常に強い表出を、多くの人が受けいれ、一部の人は積極的に歓迎する。

個人や組織、企業が長期間、災害対応の効果的な備えを持続できないことや、将来の災害による危険を高めるような行動を絶つことができないことは、幾度となく実証されてきた。社会科学者や公共政策の専門家たちは、災害発生後の時間に応じて、災害対応の段階は高度なものから独りよがりの無知なレベルまで幅広くわたることを指摘する[28]。後者のレベルでは、たとえば、洪水で流された構造物の代わりに、高価なだけで脆弱さに変わりがないものが設置される。レンガの建物は、予測される地震に備えた耐震化を施されないかもしれない。地域の緊急対応のための資源は、予算次第で変動する。人々は非常物資の配置を間違え、使いきり、調達に失敗するかもしれない、などなどである。

しかし、市民による災害対策の失敗自体は、政府こそが備え・対応の最後の命綱であるということを意味するのではない。こうした最後の命綱としての役割は、厳密にいうと政府の義務ではない。第二の自然状態にかんする政府のあらゆる義務は、社会契約論の原則によるべきである。市民による効果的な災害への備えや対応の助けとなる政府の義務にかんする、社会契約論にもとづく議論は、次のようなものである。政府は統治下の人々を、はじめの自然状態よりも幸福にすることで利するという、継続的な義務を有する。災害による一時的な政府の機能不全は、統治下にある人々に第二の自然状態という結果をもたらす。したがって政府は、第二の自然状態下にある市民を幸せにするという拡大的な義務を負う。すなわち、政府は起こりうるすべての災害に対する適確な備えと計画という、市民には不可能だと実証された方策を確保する義務を負っている。このような義務についての学術的な基礎は、政治学、政治哲学、そして法律の新しい研究によって構成されるだろう。最初の社会契約にもとづく政府の義務、そして第二の自然状態に拡大した義務は、特定の市民への特別な権利授与、パターナリズム、あらゆる形態の社会主義的福祉事業とも原則的に異なるものであることは注目に値する。

被災後のホッブズとロック

ロックとホッブズによる人間性に対する対照的な見方は、現代の災害発生時の暮らしの形に関連しているように見える。ロックは、私たちはもともと協力的で平和的なのだから、秩序のある協力的な社会が政府の不在時にも継続すると考えた。ロックにとっての自然状態は、秩序のある市場があり個人の所有物が尊重され、政府なしでも存続できる社会状態だった[29]。ホッブズは、私たちはもともと競争的、攻撃的であるので、秩序のある協力的な社会は政府に完全に依存していると考えた。ホッブズによれば、私たちは本来、社会的なのではない。以上のように、政府が破壊されたときに、ロックは普段の社会がそのまま残ると考えたが、ホッブズは普段の社会が喪失し、「孤独で貧しく、汚くて残酷で短命な」生活に戻ると考えた。そこでは各人は戦争状態にある。

災害時の社会についての現在のロック的見方では、自発的組織もしくは家族、共同体組織が、一時的に政府機能が停止している間に再編成もしくは設立され、従来の秩序のある社会が維持される。ホッブズの見方は最悪のシナリオであり、それは、十分な備えや対応がなされない場合に起きる悲劇的な出来事の直後に生じる可能性がある。しかし、人間が本性からいって「本当に」平和的で協力的であるのか、それとも好戦的であるかにかかわらず、私たちには災害時に自発的対応や家族、共同体組織による対応の事例が十分にあり、それらは災害に備える際の理想となっている。それでも、十分な準備がなされていても、こうした対応の状況が自動的に広まる保証はない。事前にできることは、広まる機会を最大化することだけである。ロックの見据える、政府が成立する前の、平和的かつ協力的で自給自足の農業的な面が強調されるべき社会は、彼にとって政府を、犯罪を公平に罰するための便利な機能とみなすことを可能にした[30]。第二の自然状態において政府の存在は生き残るために必要である。その理由は人間の攻撃性（これは常にひとつの理由ではあるが）によるというよりも、人間は政府の不在時に、もはや自然の中で自分の生活を保持できないからである。

理論上の第二の自然状態

災害でもたらされる第二の自然状態は現実のものになりうるし、理論上の状態でもある。災害に備え熟考することで、災害時の第二の自然状態をより許容可能なものにできる。これは現実のものになりうる第二の自然状態である。しかしながら第二の自然状態の理論的価値は、第一の自然状態と比較して、ひどく損なわれたものである。政治哲学者たちは自然状態を初期の歴史上存在した状態とみなすとともに、政府が不在で、そこに政府が正当化されるべき一般的状態ともみなした。政府が正当化されるべきであるという要求は、自然状態にある市民が政府を受けいれたり、設立したりする自発的な行動に由来する。十七世紀には近代国家はまだ初期の段階にあり、ロックやホッブズが自然状態を、有史直前の過去の時代にたしかに存在したと述べたのも理解できる。人間が自然環境と近しい状態は、十七世紀の科学技術では完全には克服されていなかった。対照的に、現代を生きる私たちは、もはや自然環境としての地球の中で生息することはできず、サバイバルのために、私たちと自然とを媒介する、人工の環境を必要としている。このことは、災害への備えがない第二の自然状態において、私たちは機能不全の人工環境の中、露命をつなぐようまかされていることを意味する。

第二の自然状態は私たちを、物質的に自給自足のもとの状態に戻しそこねているだけでなく、政府をあらたに承諾できる政治的環境に置いてもいない。災害の影響が政府の一時的な停止もしくは機能不全だけである場合、第二の自然状態という考え方は、それまで存在しなかった政府自体の創立について考えるために使用することができない。その第一の明確な理由は正当な政府が依然として存在することである。しかし、それまで存在しなかった政府を正当化するために第二の自然状態の考えを使えない、より重要な第二の理由がある。それは、社会契約論は契約を必要とするからである。そして、契約は、双方に強制がないことを必要とする。ところが、第二の自然状態における政府機能のない状態では、普通の生活や、あるいは生活自体が成りたたないため、統治下の人々は政府を設立する契約を自由にやめることができない。彼らは、第一の自然状態のもとにあった人々とは違って、自発的に政府を受けいれたり設立することができないだろう。それゆえに第二の自然状態は、政府の設立にかんするあたらしい、同意による社会契約を起こすことができないのである。

　はじめの自然状態における社会契約にもとづいて設立されたといわれる既存の政府を拡大することによって、第二の自然状態という考えは、理論的に耐えうるものとなる。これが、ＣＯＧ（政府の存続）やＣＯＯＰ（政府の存続計画）が重要である理由である。ＣＯＧやＣＯＯＰなしに、第二の自然状態でどのような政府が立ちあがろうとも、それは伝統的に理解されてきた合意的な社会契約に立脚したものとはいえない。そうした政府の設立は民主主義的で代表制的なものになりそうにもない。また、統治下の人々の有する優先的な自由にもとづいた道徳的基礎をもつこともないだろう。にもかかわらず、市民による災害への十分な備えを支えることが、社会契約に由来する政府の義務として認知されないのなら、市民たちはＣＯＧやＣＯＯＰの外に取り残され、とりわけ民主的な政府の持続や運営も損なわれてしまうだろう。

　十分な備えがない場合、政府は災害対応に人道的な役割を演じる必要があるだろう。人道的な支援は定義によれば、契約的ではなく一方的なものである。それは道徳的に善いことだが、道徳的に要求されてはいない。政府から市民への人道的支援は、備えに対する政府からの支援の義務とは違って、社会契約に由来する基本的な方法によっては正当化されない。理論的にいえば、統治下にある人々は、契約の当事者として、積極的に政府の設立に参加するが、人道的支援を受ける人々は受動的な受領者だからである。たしかに人道的支援は必要や要求に対する親切で優しく、慈悲深い反応である。しかし、義務を果たすことで自律が生じるのであり、人道的支援はそうした自律の支援を行うことはできない。義務が果たされたとき、権利は認められるのである。災害への備えへの支援に対して認められる権利は、人命や物的な幸福に対する災害の影響を軽減するだけでなく、人間の尊厳をも守ることができる。

消えたタワーの影のなかで

統治される人々の同意に基づいた社会契約が今も認められていると考えるだけでなく、それが災害時の方針を制約すると考えるのは楽観的である。私は先述の考えについて提言すべくアメリカやヨーロッパの会議に参加した。そのときの反応は、社会契約を始めることの道徳的側面や、社会契約が継続するという理想は抽象的レベルでは受けいれられるが、現代では、民主的な社会契約は現実的でないというものだった。そうした批判は、以下にまとめられるような一般的かつ悲観的、ポストモダン的な見方に由来するように見える。

九・一一以後の、テロ容疑者の逮捕や拷問、またグローバル資本主義の利益を図るようなブッシュ大統領の政権運営は、「民主主義」の意味を変えてしまった。「民主主義」という言葉はいまや、「資源の浪費や地球の破壊、最終消費者や彼らへの貪欲な供給者に迎合するすべてのもの」を意味する。言葉がどのように使われるかが意味を形づくるのだから、民主主義はもはや「自由」を意味しない。したがって、政府は統治下の人々の合意を道徳的基盤とし、彼らの幸福のために存在するという社会契約の考え方は、風変わりで時代遅れのプロパガンダ的代物である。

この悲観的な見方は筋が通っていない。もし本当に民主主義がもはや伝統的な意味を有しないのであれば、非民主主義的な政府や根本的に不道徳な政府を非難する根拠はないはずである。もし統治下の人々の人権や意思、同意を尊重すること――これらは民主主義が常に意味してきたことである――が「民主主義」という言葉とともに捨てさられてしまうのならば、これらの悲観的な批評者がめざすあたらしい理想とは何か。民主主義は常に、その言葉以上のことを意味してきた。民主主義という言葉を誤用する人がいたとしても、それは民主主義が意味することに敵対したり棄却する理由にはならない。こうした反論は、社会契約における民主主義の道徳的基盤に立ちかえるものである[31]。

現在進行中の民主主義の現実性について、理解しやすい辛辣な仕方で再確認させてくれる著作として、私たちはスピーゲルマン（Spiegelman, A.）のグラフィックノベル、『消えたタワーの影のなかで（*In the Shadow of No Towers*）』を考察することができる。[32] この作品は十の大きな厚紙のページから成り、いずれのページもカラーの新聞印刷用フォーマットで、九・一一が彼に与えた影響が描かれている。これらのページに続いて、スピーゲルマンによる、新聞連載漫画についての政治的ニュアンスをもった歴史が書かれ、さらに、二十世紀初頭の連載漫画で奇妙にも九・一一事件やその余波を予知しているものを転載している。本は全体的に内省的であると同時に、こっけいでありかつ、作者自身を題材にしている。この本に書かれている最近の政治や今という時代の現実に対する見方が、素朴なものだと主張するのは困難だろう。

スピーゲルマンは十年以上にわたってニューヨーカー（*New Yorker*）誌の漫画や表紙を描いてきた。しかし、政治的な連載漫画、特に、『消えたタワーの影のなかで』において真似たような、古風な物語調の作品を描くには大変な労力を要するという。当初彼は九・一一を題材に週ごとの掲載を計画したが、いくつかのページは一ページ書くのに五週間を要した。これらがはじめて掲載されたのはドイツの週刊大判新聞ディー・ツァイト（*Die Zeit*）で、のちにニューヨークの週刊誌フォワード（*Forward*）に掲載された。スピーゲルマンは、こうした出版のチャンスを歓迎した。なぜならニューヨーカー（*New Yorker*）、ニューヨーク・レビュー・オブ・ブックス（*New York Review of Books*）、ニューヨークタイムス（*New York Times*）のように、以前は熱心に仕事の依頼をしてきた出版物のどれもが、九・一一後すぐに国中に愛国心が高まると、彼の描く外傷後の表現に興味を示さなかったからである。その頃、アメリカ人はテロリストのさらなるハイジャック、汚い爆弾、炭疽病、政府の建物やインフラの爆破への絶え間ない恐怖の中で生活していた。そしてほとんどすべての人々が、無条件に政府を支持しているように見えた[33]。二〇〇三年の秋には、スピーゲルマンの呼ぶところの「選挙前の酔い覚まし期間」において、政治に対するまともな批判が再興した。スピーゲルマンや他の作家たちは、自分たちの政府をアルカイダと同じくらい恐れているとみなされてもおかしくなかった。スピーゲルマンは彼の序論の最後で次のように述べる。

それでもなお時間は去り、「新しい正常さ」すらも古くなる。私のコミックスは、いまや、まあ仮の平静さを求めていたときに私が経験したことについてのスローモーションの日記である。それから三年後、帽子やダーティ爆弾ひとつがちょっと落ちただけで、私はなおも平静さを失いかねない。なおも私は、世界が終りつつあると信じている。しかし、私が一時考えたよりは、ゆっくりと終りつつあるようだ……。だから私は、この本を作ろうと思ったのである[34]。

確かにそうである。そして、スピーゲルマンのいう「本」はグーラグ［ソ連の強制収容所］や政敵たちの地下牢から必ずしも秘密裏にもちだされたわけではなかった。政治への批判は公開的に、かつ活発なものになり続けている。批判は名声と冨を生みだす機会となるとともに、ジャーナリズムと、ベストセラーのノンフィクションの独特の題材ともなっている。こうした批判の中には、政治的支配層に属する人からのものもあれば、「支配体制」に属さないことを誇る知識人からのものもある。もし自由な言論の存在を、民主主義が存続している証拠とするのならば、ポストモダンの厭世主義者たちの意に反し、民主主義は修辞学的な道具以上のものであり続けている。[35] 二〇〇四年の大統領選では、民主主義的な米国議会は私たちに依然として自由な選挙があることを示した。これは、民主主義が生きていることの何よりの証拠である。最近では、クリントン（Clinton, H.）とオバマ（Obama, B.）による民主党の大統領候補をかけた予備選は、民主主義の生存をより強く示した。そして、その後のオバマによる大統領選の圧勝もそれを示すものであった。しかし、現在行われている政治批判が効力をもつかどうか、また、将来のアメリカ大統領の政権運営が「消えたタワーの影のなかで」首尾よく行われるかどうか私たちは知る由もない。これは大きな問題である。

このスピーゲルマンの本のタイトルは、文字通りニューヨークの世界貿易センターのツインタワービルが九・一一後になくなったことと、唯一の世界的な巨大な力が、テロリストによる自国への重大な攻撃を被ったことへの歴史的な影響の両方を指し示している。オサマ・ビン・ラディンは、アメリカ人と同様に、予期せぬタワーの崩壊に驚いたという。[36] 攻撃の破壊力が知られることで、テロ攻撃の影の下で生活する状況は緩和されずに残ることになる。ものの見方が微細になっていくにつれて、処理されるべき混乱に、大惨事の犯人にとってすら予測不可能とされた次元のことを補足することは重要なことである。九・一一への政治的な反応の多くは、アルカイダがタワーの崩壊を企てた組織として知られているかのように進行した。しかし、以下の「九・一一委員会報告（The 9/11 Comission Report）」において、民主党員と共和党員が半分ずつを占める十人の著者はテロ攻撃を次のように説明している。

九・一一の攻撃は非常に不釣り合いな出来事だった。アメリカは過去にも奇襲攻撃に苦しんだ。真珠湾攻撃はよく知られた事例のひとつであり、一九五〇年の中国による韓国への侵攻もそうである。しかしこれらは巨大な力による攻撃であった。

日本の軍事行動の脅威には及ばないものの、九・一一の攻撃はある点でより大きな衝撃となった。小隊にも満たない人数の小さなグループによって攻撃がなされたのである。政府の大きさで測ると、攻撃の供給源は些細なものである。攻撃グループは、世界でもっとも貧しく、遠く離れ、近代化のもっとも遅れた地域の組織からのものである。この組織は、母国に居場所を見つけられなかったり追い出されてきた、若い狂信者と高度な教育を受けた狂信者をまとめて勧誘した。[37]

災害や破壊の事実にかんして、タワーの崩壊が前もって計画されていたものであろうが、予期せぬ出来事であろうが違いはない。ある意味で、災害の有する非計画性のほうが、慎重に計画された出来事よりも衝撃的である。それは突然で予期せぬ、そしてどうあっても予期できない危険や破壊という恐ろしいものを想起させ、以前は多くの人にとってふさわしいと感じられた自己満足的な快適さに、完全に戻ることを妨げる。そしてこのことは、備えがより一層大切であることを意味する。なぜなら、備えが完了することは決してないとはいえ、不完全さの程度が具体的に把握できるためである。考えられる災害のすべてに備えることは不可能である。そして、主要な社会的善のひとつである災害への備えの重要性を、私たちの社会が悲観的な仕方で捉えなおすこともまた望ましくない。しかし、普通とは大きく種類の異なる災害への十分な対応でさえ、その核となる要素は、一般的な備えがされていることを見込んでいる。個人の生活における徳としての役割のように、政権運営における慎重さは、未来への楽観を損なうことなしに、よい政府の一部となるだろう。（私たちがよい政府をもっていたらの話だが。）

九・一一委員会報告

民主主義的な政治組織がいまだにアメリカに存在しており、社会契約論について議論することができるのかという問いに戻ってみよう。すると、九・一一委員会報告[3]における総括的な診断は示唆に富む。この委員会によれば、クリントン大統領政権の終わりには、テロ攻撃は脅威と考えられていた。ビン・ラディンは中でも特別危険な存在とされていた。しかし、テロ対策センターによる想定不足で、ハイジャックされた飛行機による攻撃シナリオやそれに対する戦略が策定されなかったと、委員会報告は述べている。中央情報局（ＣＩＡ）は中東のテロリストに対して、テロ攻撃に関する有益な、小規模の諜報活動をしていたが、連邦捜査局（ＦＢＩ）と十分に情報共有していなかった。ほとんどの専門家が、ハイジャック機を使った攻撃があるとすれば、外国からアメリカに入ってくる飛行機によるものだろうと思い込んでいた。さらに、連邦航空局（ＦＡＡ）は機内に持ち込まれる物品の検査システムを完全には更新していなかった。委員会の総合的な見解は、アメリカの諜報や安全にかかわる機構が組織立っていないだけでなく、それらの運用体制が冷戦時代から進歩していないというものであった[38]。

委員会は後知恵的に、いつどこで発生するか分からないテロリストの攻撃から完全にアメリカを守ることは不可能と結論づけた。にもかかわらず、同報告書では政府に対し、国民に対する防衛義務だけでなく説明の義務があると明確に推奨している。

アメリカ国民は、政府が最善を尽くすことを期待する権利がある。彼らは役人が現実的な目標を有し、明確な案内をし、効果的な組織運営をすることを期待すべきである。国民は、彼らの選んだ代理人の助けを借りて、目標が満たされているか判断するための業績基準を参照する権利を有する[39]。

もし国民が権利を有するならば、政府は義務を負っていることになる。ポストモダンの批評家たちは民主主義という言葉を避けつづけているが、民主主義の概念（意味）は、従来通り用いられているだけでなく、偽ってその名を盗用する誤用を批判し訂正するためにも不可欠である。

しかし、透明な情報開示の政策に沿う、最善の行政組織と防災目標があっても、災害への備えと対応にかんする適切な公共政策がなければ十分とはいえない。最善の努力が完璧な安全をもたらすかどうかは知ることができない。ただし、効果的で公正な公共政策が講じられるのであれば、たとえそれが失敗であったとしても、道徳的な苦悩は起こらないだろう。こうした公正かつ効果的な政策の諸相は、以下の二つの章で焦点化されるだろう。

注

1 Aristotle（1941）Nichomachean Ethics, in Basic Works of Aristotle, McKeon, R. ed.（New York: Random House）, book IV, book X, ch. 9, 11 79b–1181, 1108–12.（『ニコマコス倫理学』岩波文庫）

2 Aristotle, "Politics," in McKeon, Basic Works, book V, ch. 10, 1253a36–38, 1129.

3 ブッシュ（Bush, G. W.）は、国家安全保障大統領令（NSPD51）／国土安全保障大統領令（HSPD20）を二〇〇七年五月九日に発令した。www.whitehouse.gov/news/releases/2007/05/20070509-12.html 参照。この二〇〇七年の大統領令は、その前の大統領令（Presidential Decision Directive 67 of October 21, 1998）（www.fas.org/irp/offdocs/pdd/pdd-67.htm）を廃止し、代わりとなるものである。

4 ゴードン（Gordon, V.）"The Law: Unilaterally Shaping U. S. National Security, Policy: The Role of National Security Directives," Presidential Studies Quarterly 37, no. 2（June 2007）: 349–67.

5 国家規模の災害は、二〇〇七年五月九日の大統領令の文言には、明確に含まれている（注3参照）。アメリカ合衆国裁判所事務局発行のガイドラインによると、ハリケーン・カトリーナの間、アラバマ州、ルイジアナ州、そしてミシシッピ州のいくつかの裁判所の機能低下は、地方レベルの政府存続計画に注意を向けさせた。Petersen, "Emergency Preparedness and Continuity of Operations［COOP］in the Federal Judiciary," 109th Congress, CRS Report RL31857.（二〇〇三年八月三日更新）

6　Aristotle, "Politics," in The Basic Works of Aristotle, ed. Richard McKeon, New York: Random House, 1941), book I, 1252–53.

7　St. Augustine, *The City of God* Dyson, R. W. ed.（1998）（Cambridge, UK: Cambridge University Press）.

8　Hegel, W.（1953）*Philosophy of Right and Law*（Sterrett, J. and Friedrich, C. J. trans.）, Friedrich, C. J. ed. *The Philosophy of Hegel*, ed. New York: Random House. Marx, K., Engels, F., "The Communist Manifesto," in *Karl Marx, Selected Writings*, Lawrence, H. S. ed.（1994）, Indianapolis, IN, Hackett, 153–186.

9　Thomas Aquinas, *On Kingship*, trans. G. B. Phelan and I. Th. Eschman（Toronto: Pontifical Institute of Medieval Studies, 1959）, book I, ch. 5.

10　ルソーが、抽象的に述べた一般意志（the general will）が、正確には何を意味しているのかを知ることはむずかしい。なぜなら、彼はそれが多数派の規則とは同じではないと述べているものの、私たちは多数派の規則を民主主義と関連づけるからである。しかし、作業単位や家族などの実際の組織においては、多数派の意志に従うということ、あるいは個々の参加者の求めを聞き入れることでさえも、グループ全体の幸福自体を損なうということが明確な場合がある。これは、グループ全体は、個々のメンバーより長く存在するためであり、多数派あるいは個人の関心は、個々のメンバーに恩恵をもたらすような支援や自由という文脈において提供されるわけではないためである。そのような文脈は、個々のメンバーによって全体として想定される組織によってもたらされる。Rousseau, J. J., The Social Contract, Cranston, M. ed.（1961）（New York: Penguin Classics）, book III, ch. 3. を参照。

11　Rawls, J.（1971）*A Theory of Justice*, Cambridge, MA: Belknap Press, ch. 1, 3–53.（ジョン・ロールズ（2010）『正義論』（改訂版）、紀伊國屋書店、一章）

12　Locke, J. *Second Treatise of Government*, in *Two Treatises of Government*, ed. Laslett, P.（1991）, New York: Cambridge University Press, chs. 7–9.（ロック『市民政府論』岩波文庫七—九章）; Hobbes, T., *Levia-*

than, ed. Curley, E., (1994) Indianapolis, IN: Hacket, ch. 13; "solitary, nasty, brutish and short" quote from 76.（ホッブズ『リヴァイアサン』岩波文庫、十三章）

13　どちらの議論も直接的には歴史的な証明を欠いているが、それぞれが世界の非欧州圏で自然状態が継続されている事例と、主権者間、あるいは国家間の既存の関係を示している。Locke, Second Treatise, ch. 1, S14 and S15 と ch. 16, S184; Hobbes, *Leviathan*, ch. 13, 11, and 12. を参照。

14　設立には合意が求められる。ロックにとっては、政府の存在の継続は、暗黙的合意によるものである（ロックの言葉では暗黙の合意。(tacit consent)）*Second Treatise*, ch. 8, S119 参照。ホッブズにとってそれは、リヴァイアサンに対する最初の取り消すことができない力の譲渡によるものである。注17を参照。

15　Locke, *Second Treatise*, chs. 7 and 8.（『市民政府論』七、八章）

16　Locke, *Second Treatise*, ch. 5.（『市民政府論』五章）

17　Hobbes, *Leviathan*, chs. 17 and 18. See esp. 18（『リヴァイアサン』十七、十八章。とくに十八章）(XVIII 設立による主権者の諸権利について)

（1）ひとつのコモン - ウェルスが、設立されたといわれるのは、人々の群衆の、各人と各人とが、つぎのように協定し信約するばあいである。すなわち、かれらすべての人格を表現する権利（いいかえれば、代表となること）を、多数者が、いかなる人または人々の合議体にあたえるにしても、各人は、かれらのあいだで平和に生活し、他の人々にたいして保護してもらうために、それに賛成して投票したものも反対して投票したものもひとしく、その人または人々の合議体のすべての行為や判断を、それらがちょうどかれじしんのものであるかのように、権威づけるということである。（『リヴァイアサン』三十七頁）

（4）各臣民は、設立された主権者のすべての行為と判断の本人なのであるから、したがって、後者がなにをしようとも、それは、かれの臣民のうちのだれにたいしても、侵害ではありえないし、またかれは、臣民のうちのだれからも、不正義という非難をうけるべきではない。（『リヴァイアサン』四十二頁）

18　Locke, *Second Treatise*, ch. 19.（『市民政府論』十九章）

19　注17を参照。

20　Locke, *Second Treatise*, ch. 19, S220.（『市民政府論』十九章）「政府が解体されると、人々は、新しい法律を立てることにより、自らのためにこれを提供することが自由になる。」

21　Hobbes, *Leviathan*, ch. 27（3), Curly ed. p. 191.（『リヴァイアサン』二十七章）「法律が終わるところで罪は終わる」そして「主権者の力が終わるところで、犯罪もまた終わる」

22　ロックの First Treatise（ラスレット（Laslett）の『統治二論』（Two Treatises）所収）は、王権を人類の祖アダムから派生させようというロバート・フィルマーの試みに異を唱える一連の議論である。

23　ロックにとって、自然法の最初の原理は、互いに傷つけてはならないということであり、その原理に従うのは著しく困難であると彼が考えたという証拠は、何一つない。『統治二論』第三章第十九節で、ロックは自然状態を「平和、善意、相互扶助、生存維持の状態」と記述している。ホッブズによると、政府がなければ私たちは互いに常に戦争状態にある。『リヴァイアサン』十四章、十五章参照。

24　Locke, *Second Treatise*, ch. 8, sec. 95–97, 330–332.（『市民政府論』八章、九十五–九十七節）

25　もちろん、党派の壁を越えた協力の度合いはそれぞれ政権で異なり、大統領が合意形成に高い価値を置くかどうか、議会の承認を受けた望ましいプログラムに至ったかによって決まる。例としては、Brownstein, R.（2007）The Second Civil War: How Extreme Partisanship Has Paralyzed Washington and Polarized America（New York: Penguin Press).

26　あらゆる形式の政府がない状態での人の生活は、言うまでもなく、おそらく政治理論よりむしろ文化人類学のテーマであろう。

27　パキスタンの地震において長期化する影響については次を参照。Manabu and Kitagawa, "Asia: Winter Threatens to Compound Horror of Pakistani Earthquake," Asahi.com, December 17, 2005, at www.asahi.com

and the European Parliament's 2007 analysis and assessment at http://www.europarl.europa.eu/sides/getDoc.do?Type=TA&Reference=P6-TA-2007-0214&language=EN.

28 "Changing Homeland Security: The Issue-Attention Cycle" において、ベラヴィータ（Bellavita, C.）はダウンズ（Downs, A.）の一九七二年の論文 "The Issue-Attention Cycle"（published in the summer issue of Public Interest 28), *Homeland Security Affairs 1*, no. 1, art. 1（summer 2005), www.hsaj.org/?artide=1.1.1. について議論している。

29 ロックの自然状態における私有財産と共同市場経済についての総合的な分析については、MacPherson, C. B.（1962）*The Political Theory of Possessive Individualism*, Oxford, UK: Clarendon Press を参照。

30 Locke, *Second Treatise*, ch. 7, S90.「何故なら市民的社会の目的は、その社会の成員が蒙った侵害または起り得べき争いについて訴え得るところの、そうしてまたその社会の一人一人がこれに従わねばならぬところの、公知の一権威を定立することによって、各人が自分の事件に関する審判者であることから必然に生ずるところの自然状態の不都合を回避矯正することにある。」（『市民政府論』七章九十節、九十一–九十二頁）

31 もし私がこれまで論点のすり替えの議論を投げかけてきたように見えるとしたら、そしてここで今それに答えているかのように見えるとしたら、大衆のなかでも教養が高い層でさえ、システム内における個人の失敗とシステム全体の失敗をごちゃまぜにしていることを、思い出さなければならない。それゆえに、例えば近年では、二〇〇八年秋の世界金融危機後、カール・マルクスの『資本論』（Das Kapital）の売上が伸びた、と版元の学術出版社カール・ディーツ・ベーラグ（Karl-Dietz-Verlag）が報告している。売上の伸びは、二〇〇七年の三倍とはいえ、千部多く売れたのみである。しかし、ワールド・プレスはそれを「東ドイツの大勢による資本主義への幅広い拒否である」と報告している。Kirschbaum, E. "Global Crisis Sends East Germans Flocking to Marx," Reuters, October 16, 2008, www.reuters.com/article/artsNews/idUSTRE49F5MX20081016.

32 Spiegelman, A.（2004), *In the Shadow of No Towers*, New York: Pantheon Books.（『消えたタワーの影の

なかで』、岩波書店 二〇〇五年)

33　国民は、九・一一直後には、このように明らかな憎悪をイスラム過激派から集めてきたアメリカの外交政策の問題点を議論したが、ブッシュ政権批判は賢明ではないという幅広い視野へと、すぐさま方向転換した。なぜなら、反対すると罰せられるのか、また、どのような罰を受けるのかについてはまだ知られていなかったし、テロ攻撃によって伝統的な愛国心が助長されもしたからである。この点にかんする議論は、Didion, J. (2003), Fixed Ideas, New York: New York Review of Books が詳しい。興味深いことに、通常の批判に戻ったことについてのスピーゲルマンの主張をさらに支持する例として、二〇〇七年初頭、the New York Review of Books は、ディディオンのエッセイを新規登録者に無料配布している。

34　Spiegelman, A. In the Shadow of No Towers, 4.(『消えたタワーの影のなかで』、岩波書店、二〇〇五年)

35　しかしながら、二〇〇一年からアメリカ大学教授協会(AAUP)の会長であり法律活動家であるカーリー・ネルソンによると、研究内容にもとづいての外国人学者の排除は、昨今はアメリカ国務省の方針になったようである。アメリカ合衆国のビザ取得と入国に際しての必要条件は、一九九〇年代の冷戦後は「内容」ではなく「行動」へと移行していたにもかかわらず、今ではまた元に戻っている事例もあるようだ。もしアメリカ国内の学者より国外の学者の方が言論の自由に遠慮しているのであれば、理解できよう。AAUPは、特定の事例の状況についてホームページの情報を更新し続けている。www.aaup.org. “AAUP Challenges Ban on Foreign Scholar AAUP, 2007, www.aaup.org/AAUP/newsroom/highlightsarchive/2007/Ramadan update.htm. 参照。

36　明らかにビン・ラディンは、タワー上部のみを破壊することを期待していた。“Bin Laden Surprised at Twin Tower Collapse,” Chicago Sun Times, December 9, 2001, at www.highbeam.com/doc/1P2-4620305.html.

37　The 9/11 Commission Report: Final Report of the National Commission on TerroristAttacks up on the United States, 1st ed. (New York: W. W. Norton), 339-40. この版には出版年が記載されていない。九・一一

委員会（The 9/11 Commission）は、ジョージ・ブッシュ大統領により、二〇〇二年十一月二十七日設置された。PublicLaw107-306 参照。委員会は二〇〇七年八月二十一日に終了した。報告書は、ホームページから入手可能である。www.9-11commission.gov.

38 *9/11 Commission Report*, 360.

39 *9/11 Commission Report*, 365.

訳者注

（1） 共同体（国家）を構成する人民が、（個々の利害とは関係なく）総体としてもつ意志。

（2） 王権は神から付与されたものであり、王は神に対してのみ責任を負い、王のなすことに対し人民はなんら反抗できないとする政治思想。

（3） 「アメリカに対するテロ攻撃に関する最終報告」（Final Report of the National omission on Terrorist Attacks Upon the United States）。九月一一日のテロ攻撃後に米国議会の要請に基づきアメリカに対するテロ攻撃に関する委員会が設置され、二〇〇四年に最終報告書が提出された。

五章　公共政策――スネーク・フライト、ペンタゴンの火災、そして災害の権利

スネーク・フライトとペンタゴンの火災

二〇〇六年の映画『スネーク・フライト（*Snakes on a Plane*）』は、現代の飛行機旅行についての滑稽な茶番である。[1] すべての登場人物が十分馬鹿げていてちょっと驚かされるが、本当に下劣で、無礼な、貪欲な悪人たちが最終的に罰せられる。エドワード（Edward, J.）の地獄に対する見方（二章で論じた）のように、徳をもつと考えられる聴衆は、ろくでなしたちの苦悩を楽しむよう誘われる。このような、悪者のみを脆弱とする娯楽作品は、災害への適切な備えや対応に対する抵抗感を下支えしている。

『スネーク・フライト』はまた、安全と安全保障を同様のものとしてあつかう、賢いとはいいがたい国家政策を大衆化している。たしかに、大量の攻撃的な毒蛇が捕まることなく飛行機にいるの

は安全でない。しかし、金属疲労とエンジンに不具合があることも同様に安全でない。違いは、映画では、蛇が野放しでいる状況を正すことは、誰がそれを行ったのかを見つけ犯人を処罰することとまさに関係しているが、他の問題を解決するには警察の行動を必要としない点にある。（地上にいる蛇の犯罪者は即刻に逮捕しなければならない。逮捕することで、蛇の種類を特定し、正しい抗毒素を用意することができる。）ちょっと軽率かもしれないが、私たちは、安全とは言えない空飛ぶ古いインフラは、特定のどこが悪いと責められない慢性的な不良状態にあったと想定している。しかし、人々がテロリストの攻撃や炭疽菌の感染といった深刻な危機を感じたとき、警察の行動や安全のための手続きは、適切な対応策の一部として示され、理解され、受け入れられるだろう。[2]

私は一章で、災害準備計画と災害対応計画は別物である、そして道徳原理はそのどちらにも影響を与えるものでなければならないと主張した。四章では、社会契約論を拡大し、政府が一時的に不在の状況でも国民が生きるために備えることを支援する義務が政府にあると述べた。この義務は、民主主義政府の基礎を正当化するものと同様の原理、つまり、政府は統治されるものの利益をはからなければならない、ということにもとづく。それでも、理論的に導かれた、計画にかんする倫理的な洞察や基礎的な政府の義務が、実践的な災害への備えや対応のプログラムを構成するわけではない。公共政策は、道徳原理の理想や抽象化や政治的義務と、実際に行われることのあいだをつなぐために必要なものである。

しかしながら、特定のゴールをもつ効果的な公共政策は、もっと基本的な政治的姿勢と理解のもとで正当化されなければならない。本章の次の二つの節では、アメリカ国土安全保障省（ＤＨＳ）という組織にかんして、安全と安全保障の現在見落とされている区別について考える。本章の最後の二つの節では、焦点を行政職員とその活動から、被災者の権利へと移すことにする。

私たちの最近の歴史では、安全と安全保障の問題が混同されている。このことが、二〇〇一年九月十一日にアメリカン航空七十七便が、ペンタゴン（アメリカ国防総省）の西正面に突撃するという国家安全保障に対する想定外の物理的攻撃に由来することは強調されねばならない。ハイジャック犯のテロリスト五人を含む、飛行機に搭乗していた六十四人に加え、百二十五人のペンタゴンの職員も死亡した。ペンタゴンの広い敷地、約八十万平方フィートが破壊された。『ファイアー・ファイト（*Firefight*）』で、クリード（Creed, P.）とニューマン（Newman, R.）は、その日起きた出来事の包括的な報告をしている。そこでは、九・一一に対する国の対応について歴史的な視点から述べているが、そうした対応は多くの批判を受けることになった。[3] 七十七便がペンタゴンを攻撃してから約三時間後の九月十一日の正午には、ペンタゴンは、主要な火災現場であり、かつ医療ケアとトリアージのエリアであり、ＦＢＩのあつかう犯罪現場、そしてアメリカ政府の対応が実施される中心的な司令本部となっていた。

ペンタゴンの中で被害を受けなかったところには、国家軍事指揮センター（ＮＭＣＣ）が設置され、国防長官とその職員が仕事をしていた。彼らは、大統領（エア・フォース・ワン［大統領専用機］に搭乗していた）、副大統領（ホワイト・ハウス地下の安全な場所にいた）、そして、コロラド州のシャイアン山にいた北米空軍司令官と連絡をとっていた。[4] ＮＭＣＣと関係者は、ペンタゴンの火災対応のあいだも、業務を継続することができていた（建物の屋根と屋根裏を爆発させた火災を抑える必要性により業務が耐えられなくなるまでのあいだであるが）。しかし、国家政府に対するテロリストの攻撃という物理的な現実は、あらたな行政構造を描くことを余儀なくさせた。それは、安全保障と安全という相容れない関係にあるものを結合するという究極のものだった。

それでも、ペンタゴンの火災におけるテロリストにかんしては、災害に対処するのにテロリストの逮捕は必要でなかった。むしろ、そこでの安全保障への侵害には、災害の原因（テロリストの攻撃）であるという面とともに、標的（軍事本部と指揮センター）となるという性質があった。航空機七十七便がペンタゴンに突撃したことの影響は、消防隊員と軍人の両方にとって交戦地帯を連想させるという点において無秩序で破壊的だった。しかし、それは文字通りの交戦地帯ではなく、消防隊員が最初に直面した課題の一つは、軍事関係者が自らの救出業務を遂行するために繰りかえし建物に入ろうとする試みに対処しなければならなかったことである。

ペンタゴンにおける火災は災害であり、紛争が進行していたわけではなかったので、アーリントン郡消防局は、近郊地域の支援消防局とともに、火災に対応しているあいだはその場所を「占有」していた。軍部もＦＢＩも、火災現場において何をするべきかの最終決定権をもっているわけではなかった。アーリントン消防署長は、現場の指揮を二〇〇八年九月二十一日にＦＢＩに引き渡した。[5] アーリントン郡消防局の管轄権における優位性は、危機に対処する専門的な技能にかかっていた。

管轄権における優位性は、誰の権限がかかっているのかということではない。軍部は、飛行機が突撃した時にペンタゴンにおける物理的な指揮本部をほぼ失った。九月十二日の朝までにペンタゴンの天井で起こった火災は、建物内で軍事通信の中心部を含む部分を脅かしていた。[6] 犯罪現場を引きつぐまでのあいだ、ＦＢＩはその現場に七百人の職員を配備していた。

九・一一のペンタゴンへの攻撃について考えてみると、災害の原因にかんして安全と安全保障の問題を区別することは簡単ではない。九・一一の出来事全体が、現代（ポストモダン）のテロリズムが、財産と非戦闘員に対する突然の悲惨な攻撃であることを歴史的に規定している。テロリズムは、通常の人間活動に対する襲撃であり、それゆえそれは、政治的、軍事的であると同時に社会的な犯罪である。テロリズムの目的は物理的破壊であり心理的破壊でもある。なぜなら、日常の想定可能な人生の破壊は、実際のあるいは潜在的な犠牲者に恐怖という感情的な態度を引きおこすからである。しかし、恐怖は感情的な対応であり、大衆の恐怖という雰囲気は、危機の評価と計画を行う際の背景的情報としてベストではない。九・一一の時のペンタゴンとは異なり、リーダー自らが恐怖を経験していない時でさえ、テロリストの攻撃の際には直ちにリーダーが断固たる行動をとるべきだという要求が、最良の行動が選択されるという結果を生まないかもしれない。

国土安全保障

近い将来、歴史学者はアメリカ国土安全保障省（ＤＨＳ）の創設について、二〇〇一年九月十一日のテロリストによる出来事の政治的効果の一つとして記述するだろう。ＤＨＳの創設（二〇〇二年）は、現在はそこに連邦緊急事態管理庁（ＦＥＭＡ）も含まれるが、災害に対する公共政策の具体的な事例である。ここに、このあたらしいシステムがどのように機能すると考えられているのか概略を述べる。国家災害対応計画（ＮＲＰ）があり、それによると国土安全保障省長官が大統領の主たる防災アドバイザーになる。国土安全保障省長官からのアドバイスにより、大統領は、スタッフォード法に基づき、大統領権限において、国防総省や保健福祉省のような連邦政府機関に対し、国土安全保障や大惨事に対する脅威に対応するよう指示する。一九八八年のスタッフォード法（一九七四年版の改訂）は、大統領に、災害を宣言し通常の州権を超えて全米から支援を集結させる権限を与えている。[7] 大統領のアドバイザーとして、国土安全保障省長官は、その出来事を国家的な意味をもつ出来事として位置づけ、さらに省庁間事件対応グループ（Interagency Incident Management Group）を招集し、主たる連邦職員を任命し、国家災害対応計画・破局的事件補遺（ＮＲＰ-ＣＩＡ）を発動させることができる。ＮＲＰ-ＣＩＡは、主に短い、あるいは事前通告のない出来事に適用されるものであり、その発動は連邦政府による災害対応を、州政府からの要請への対応

（「プル」システム）から、先取りした対策（「プッシュ」システム）へと移行させる。それが、ハリケーン・カトリーナ発生時に機能していた仕組みだった。

ＤＨＳ（国土安全保障省）とハリケーン・カトリーナ

ハリケーン・カトリーナについて、二〇〇六年の米国下院の超党派委員会の報告書は、国土安全保障省長官による省の責務の執行が「遅く、不十分である、もしくは皆無であった」と批判した。ＦＥＭＡの長官が現場において「プッシュ」モデルを実施したにもかかわらず、国土安全保障省長官はＮＲＰ－ＣＩＡを公式に発動させなかった。また、ＤＨＳの執行代表であるホワイトハウスの国家安全保障委員会は、変化に富んだ被害評価の分析に失敗し、堤防決壊の目撃報告を「確認済み」とみなすのに十一時間かかった。あらゆる観点から見て、ＤＨＳによるハリケーン・カトリーナへの対応は、不満足であったといえる。[8] これがＤＨＳの組織による結果なのか、それがあたらしい組織だったためか、あるいは、不適切な備えというような他の要因によるものなのか決めるのは不可能である。しかしながら、ハリケーン・カトリーナの対応の不満足さにＤＨＳの組織が関係していたとはいえるだろう。

安全

国土安全保障省の創設は、当初は、九・一一の後に米国をさらなるテロリストの攻撃から守ることと結びつけられていた――「国土」は「安全が確保される」だろう。テロリストの攻撃による影響は、災害のうちの一つにすぎない。そして「安全保障」とは人間である敵からの保護であり、安全とは異なるものである。安全は、安全保障に比べより一般的に関心をもたれるものである。なぜなら、安全はすべての起こりうる危険から用心深く保護することを必要とするが、一方、安全保障は他者の不法な侵略による危険から守ることだからである。すべての安全保障に対する侵害は安全ではないが、その一方で、すべての安全ではない状況や出来事が安全保障への侵害というわけではない。たとえば、火山の噴火は安全ではないが、それ自体は安全保障の問題ではない。安全の侵害が、安全保障の問題になることもある（もし、あなたの家の正面扉の蝶番が不法建築により壊れたとすると、あなたの家は強盗による被害を受けやすくなるだろう）。しかし、安全保障に関わることには人の不法な意図が含まれ、それを正そうとする特別な注意を必要とする。そのような矯正は、安全を守ることを超えるものであり、しかも、それを矯正せずにいることもまた安全ではない。

テロリズムは、もちろん安全ではない。しかし、それが安全でない状況を構成するものは、それが安全保障をどのように脅かすのかとは異なる。それは、誰かがあなたの部屋の寝室の窓に大きな石を投げることと風が窓ガラスを吹き飛ばすこと、あなたの机の引き出しに個人情報泥棒が行くこととアライグマが通り過ぎることの違いである。違いは、人の悪意が存在するかどうかによる。洪水は、犯罪者による爆発によって起こりうるし、火災も放火により起こりうる。しかし、そのような災害においては、国家安全保障としてのFEMAの存在意義は、それらの加害者を捕まえることではなく、災害自体によって崩壊した大衆の安全を回復することにある。ハリケーン・カトリーナ後の概説『災害と法（*Disasters and the Law*）』の中で、ファーバー（Farber, D.）とチェン（Chen, J.）は、安全保障と安全の混同という問題について、現実的な政策という観点から述べている。

二〇〇一年九月十一日から四年近くが経過し、カトリーナは、その問題を可能なかぎり粗野な仕方で提示した。米国は、自然災害にかかわる災害救援と復旧を含むすべての危機対応の責任を、主たる使命をテロリストの攻撃を探し防ぐことに向けた省庁に割りあてるという根本的な誤りを犯したのではないか。[9]

ファーバーとチェンは、安全と安全保障の混同が「自然な」人間の誤りであるという認知心理学からの根拠を引用する――人は一般に、無生物や自然の力よりも、生きているもの、たとえば他の人、動物、「擬人化された神」を、原因とみなす傾向がある。人は、発生する確率が低いが大きな危険をともなう出来事を、より日常的で繰り返し生じるリスクよりも恐れがちである。リスクは、しばしば事例を想像することの容易さにもとづいて計算され、その出来事に対する対応の程度は出来事の迫真性と関係する。また、「確率の否定」についてのよく知られる事例は、実際の確率よりも感情的な効果に関心を向けさせる。たとえば、リスクに対する誤ったそして過剰に感情的な評価により、九・一一後に数百万人のアメリカ人が飛行機の代わりに自動車で移動した。そのことは二〇〇一年九月十一日から十二月三一日までの間に約三百五十三人多く死亡する原因となったと推計される。[10] この研究にもとづきファーバーとチェンは、九・一一後にどのようにして安全が安全保障と混同されるようになったのかという経験心理学的な問いを挙げている――「どの程度までこの危機対応システムの全体は、とくにこの法律が九月十一日の直後に作られたというかぎりにおいて、リスクを誤って評価した中で取られた集団行動を反映しているだろうか。[11]」

ＤＨＳは、その開始段階から、安全に対する、もっとも幅広くそして一般的な現実的要求を歪める仕方で政治化されてきた。安全とは、国民のために何をしなければならないのか、そして国民自身が何をすべきかということである。その全体としての目的は、安全保障を犯したあるいはその疑いのある人を捉え罰することではない。ただし、安全保障を犯した人に対応することは特別な安全にかかわる職務であり、州や連邦政府の捜査官や警察あるいは軍隊の発動を求めることもある。安全と安全保障を同一のものと見るという一般的なイメージの魅力は、災害の備えと予防を同一のものと見ることとの魅力と似ている。政府執行機関は、究極の道徳保護者であり、悪人を捕らえることで、人々の安全をたしかにしているとみなすことができる。それゆえ、ある悪人が犯罪を起こすことが知られているときは、犯罪をやめさせるためにその人を取り除く必要があるだけである。しかし、今や、分散し複数の世代に渡る現在のテロにおいては、ことはさほど単純でないことを私たちは知っている。まして、どのような犯罪―逮捕モデルも、自然災害による影響に焦点を当ててはいない。

安全保障と安全の混同は、予防（prevention）と備え（preparation）の混同と似ているだけでなく、それは、備えを見落とし、対応（response）にほぼ全面的に集中することを促進する。安全は、その大部分が備えの問題であるが、安全保障は知られている危険に対する対応に集中する。安全への備えを排除した安全保障への対応という考え方は、災害に対する大衆の見方を支配するまでになった。この考え方が、犠牲者の運命に対する単なる回顧的な分析と後悔へ継続的に導くことになる。

組織レベルにおいて安全を安全保障の下に包摂することは、たとえ安全の軽視ということがより大きな破壊と人的被害をもたらすとしても、安全保障の問題を安全に対して特別にあつかうことである。『危機管理入門（*Introduction to Emergency Management*）』においてハドウ（Haddow, G.）とブロック（Bullock, J.）は、九・一一以降、災害に対して全ハザード型アプローチからテロリスト中心アプローチへと移り変わっているとして以下のように述べている――「あたらしい国土安全保障省（DHS）において、連邦緊急事態管理庁（FEMA）は次官が統率する部局になり、副長官を通して長官に報告することになった。」著者らはさらに、FEMA長官の組織的権限の縮小、DHSとの資源の競合、テロリスト対策の活動には必要でない連邦政府予算が州政府レベルでの予算不足分へ流れることを予測する。[12] ハドウとブロックは、ポスト九・一一のテロリズムへの集中を、一九八〇年代のＦＥＭＡの資源の七十五％が核戦争に集中したことになぞらえている。その結果は、ヒューゴ（Hugo）、イニキ（Iniki）、アンドリュー（Andrew）という一連のハリケーンという自然災害への対応能力の減少だった。[13]

ファーバーとチェンは、ハリケーン・カトリーナでのＤＨＳの実績にもとづき、二つの種類の政治改革案を強調する。第一に、一九二七年のミシシッピ川洪水への対応を行ったクーリッジ（Coolidge, C.）大統領の事例に部分的にもとづき、あらたな閣僚レベルの「災害対応責任者」を提唱する。第二に、上院国土安全保障・政府問題委員会の報告において、ＦＥＭＡを廃止しＤＨＳ内にあらたな国家準備・対応庁（ＮＰＲＡ）を提唱する。[14] しかし、問題となるのは組織構造というよりも、災害対応の責任者や、ＦＥＭＡに代わる機関や、ＤＨＳとＦＥＭＡという現在組織されているものが、その主要な使命とする安全と安全保障とはいかなるものであるかである。[15] 安全と安全保障は、政府、国、そして国民を保護するという目標を共有している。しかし、保護するための専門的知識と方法はそれぞれのケースで明らかに異なる。監視、逮捕、そして処罰といった、行政機能を越えて政府が関与する安全保障は、むしろ警察／軍事事項である。安全な政策と手続きは、有効なものとなるには幅広い公共性と透明性を必要とするが、安全保障はある程度の秘密保持を必要とする。

もし、直近の過去が教訓だとするならば、市民が安全と備えという価値に十分気づくようになるまで、組織的な問題はあらたな災害が起きるたびに継続的に解決され見直されていくだろう。さらに、現代の生活と政府のもつ複雑性を考慮に入れると、最高の組織モデルでさえ、面倒な重複があることは避けられない。しかしそれが、安全や安全保障の効果を損なうとはかぎらない。たとえば、アメリカ国防総省は、伝統的に洪水対応、海洋資源や石油資源の監督の責任を担っており、アルコール・タバコ・火器及び爆発物取締局は、財務省の一部であり、法の執行機関である。重要なのは、安全と安全保障という組織構造の混同が、保護という一般的な目標とともに、安全と安全保障の主要な目標を妨げるべきでないということである。

理想的に構成された安全保障への対応と安全の備えのプログラムでさえも、またそれがもっとも効率的な政府の手続きとともにあったとしても、危機における安全を保証するものではない。予測不可能な、同様に予測可能であっても予測されなかった壊滅的な出来事が起こり、そうした緊急事態は絶えず対応にスポットライトを当てるだろう。私たちはつねに、予測可能な災害に備えるという任務と、備えのできていない災害への対応を想定する任務との板挟みになっている。予測できない危険や、それへの対応で喚起される真のヒロイズムは壮観であるが、予測可能な危険への備えを継続するには自制と良心が必要である。

災害時の権利と航空旅客の権利

満足のいく災害の備えと対応に向けて、政府の義務が認識され、特定の道徳的理想が受入れられ、かつ、安全のための明確かつ効果的な公共政策があるとすれば、その組みあわせは、原則的には、人間の生活と幸福を最適化するのに十分なはずである。しかし、その組みあわせは、二つの理由により十分ではない。第一に、政府の義務、道徳的理想、そして効果的な安全政策のすべてが政府職員の行動と関係しているからである。政府職員にとっての対象、あるいは「患者」は、個人と集団としての大衆を含むが、これらは政府職員の行動に影響を受ける対象とのみ考えられている。そして第二に、その組みあわせは達成されるかもしれないが、予見できない状況においては、個人の幸福は最大化されないかもしれない。なぜなら、彼らの尊厳が侵害され、好みや、嫌悪、違いが無視される、あるいは、平常時の生活でこだわっていることが不必要なほど無視されるかもしれないからである。災害対策において、個人を重要視し、彼らが個人として逐次情報を受け取れるようにしておくための一つの方法は、災害の権利を作成し、公布し、尊重することであろう。すなわち、政治、道徳的理想、災害のための公共政策の組み合わせは、災害に適用される人権の観念、あるいは新たな災害の権利によってさらに補完される必要があるだろう。

人権を、災害にかんする他の道徳的また実践的な要求や制約に加えることは冗長と思われるかもしれない。しかし、冗長だったとしても、組み合わせのその他の部分はそのままの形で残り、損なわれるものは何もない。もし災害の権利が、政治的義務、道徳的理想、公共政策の組みあわせでカバーされない問題に対処するとすれば、それらを加えることは有益だろう。しかしながら、人権は普遍的とされており、あらゆる状況でのあらゆる人々を対象にするという理論的な問題がある。それでも、特殊化した権利については先例がある。消費者、患者、そしてもっとも最近では、航空機の乗客が、特異な状況にもとづく権利を認識した。上院通商委員会がしたように、私たちが航空旅客権利章典について真剣に話すことができるのならば、航空機による旅よりも一般的であり、危険な状況である災害は、特殊化された権利を生みだすことだろう。

航空旅客権利章典への要求が起こるにいたった状況とそれらの権利の性質について考えてみよう。二〇〇六年十二月にサン・フランシスコからダラスに向けて飛行していたアメリカン航空の乗客が、ダラスが嵐のためオースティンに迂回させられた。乗客は、滑走路上の飛行機内に八時間以上とめおかれ、トイレは使えず、食料、新鮮な水もなかった。航空旅客権利章典のための連合が形成され、その陣頭指揮はハンニ（Hanni, K.）が執り、彼らの立場を以下のように表明した――「もういいかげんにしてほしい。もっとも言いたいことは……航空会社が私たちの健康に関心をもってほしいということです。航空会社にとって私たちの最善の利益が最大の関心事であり、同じようなことが決して繰り返されないということを私たちは知りたい。[16]」連合は、米国公共利益調査グループの支援を得て、上院通商委員会を動かし、連邦航空局（FAA）により二〇〇七年五月十六日に修正された法律を認めさせた。そこには航空旅客の権利という言葉も含まれた（上院議員ボクサー（Boxer, B., 民主党・カリフォルニア州選出）とスノウ（Snowe, O., 共和党・メイン州選出）が起草）。（最終決定には、まだ下院運輸委員会による決定、それと並行してFAAの再承認登録手続き、下院の通過、そして法律への大統領の署名が必要である。）

航空旅客権利章典の主要な部分は、三時間以上滑走路上で乗客がとめおかれた場合に航空機から降ろす手続き、機内で遅れが発生したときはいつでも乗客に最低限必要なものを提供すること、飛行機の遅延や欠航について正直に知らせること、そして、別配送された荷物を二十四時間以内に戻すことを含むとされる。また、航空旅客権利章典のための連合は、進路変更による遅延の発生や、欠航による旅程の遅延や中止について、運輸省が正確に報告することに失敗したという不満を述べた[17]。

ここで問題になる権利は、煮詰めると、乗客の快適さ、直近の旅行状況について正確な説明を得ること、そして所有権である。すべての人が飛行機で旅ができるわけではなく、飛行機での旅は大体において任意のものである。それゆえ航空旅客の権利は、他のより一般的な人権に比べると、必要性よりは利便性に関わるものである。しかし、平常時には、生きていくためには生計を立てることが必要である点で、また多くの仕事は航空機による旅を必要とすることから、旅客の権利は軽く扱われてよいものではない。そして、仕事以外で航空機を使う人も、教育、医療、休暇、趣味、友だちや親戚の訪問などの自由な活動を妨げられない同様の権利を共有している。

米国社会において私的所有権が全般的に重要視されていることから、旅客が示す自分の所有物への関心や、自分の手荷物に対する所有権の尊重は不思議なことではない。航空券を買うときにいつも、航空会社による対応にともなう不快さを旅客は味わうが、それを喜んで受け入れているわけではない。旅客にだけ押しつけられている不快さの量は、旅客を組織化された利益団体とみなすことができれば、交渉で解決することができる。ただし、それには、対応する権利が必要である。この意味において、航空旅客の権利を認めることは、航空旅客の権利を新たに作るだけでなく、同時に、旅客を政治的発言力をもった特定集団として承認することでもある。そのような承認が必要なのかは明らかでない。というのも、航空機の乗客の権利に関するどのような宣言でも、それが合理的なものであるならば、人格の尊重、行動の自由、所有権に要約されるであろうし、それらはすべて非の打ちどころのない基本的人権としてすでに認知されているからである。

新しい権利を作るにせよ、古い権利を新たな状況で補強するにせよ、航空旅客権利章典は、伝統的な権利の学説が明確に適用されない状況下での、既存の人権の侵害に注目を集めるものである。現在行われている旅客への不当な扱いは、飛行機での旅ではそのような注目が必要であることを示している。災害における最近の不当な扱いを見るかぎり、災害においてはそれ以上の注目が必要ではないだろうか。この考えを進める前に、平常時の人権について考察することが助けになるだろう。

平常時の人権

権利とはあることからの自由（freedoms from）であり（例：保護 protections）、同様に他のことへの自由（freedoms for）である（例：政治的自由（liberties））。権利は人の相互行為にかんするものであり、行動の原理や規則を生みだす。権利は義務論的である（第二章参照）。災害の権利にかんする問いには、以下のものが含まれる。どのような保護と自由が、侵害してはならない神聖なものなのか。災害時に人々に起きてはならないこととは何だろうか。災害時に人々のどのような行動を妨げてはならない、あるいは支援するべきなのか。これらの問いに対する答えは、それが暫定回答だったとしても、現行の法と行政からの明確な変化を示唆するものであろう。しかし、民主主義社会において受容できる道徳的な内容をもつとともに、政党の「哲学的原理」の喚起にともなう自滅的で狭量な政治的不一致を避けうるような、災害時の権利を明確化するのは容易でない。

米国内では広範な政治的不一致が起きており、現在多くの政治論争が伝え聞こえてくるが、災害時の権利という考えもこれと同様の不一致に直面している。政府にかんしては、権利とは根本的に市民を政府の権力の乱用から守るための保護手段（safeguard）なのか、あるいは権原［資格付与］（entitlement）としての権利なのか。保護手段という権利の観点は、アメリカ合衆国憲法の最初の十の修正条項を成す権利章典の前文においても明らかである――「憲法を採択したときの州の数にかんする協定は、憲法の誤った解釈や権力の乱用を防ぐために、権利の宣言と権力の制約にかんする節を加えなければならないという望みを表明した。」[18] 同様に英国の一六八九年の権利章典は「臣民の権利と自由を宣言し、かつ、王位の継承を定める法律」とも呼ばれ、それは、市民の自由への乱用と、国王ジェームズ二世による議会選挙への制限の一覧表から始まっている。[19] 対照的に権原としての権利はフランス、ノルウェー、ドイツ、そしてラテンアメリカの法制度に明確にみられ、政府は援助と支援の積極的な義務を有するとされる。[20] アメリカ国民は、もちろん年金、福利厚生、医療保障の分野で権原を受けてきたが、そこに確固たる保証はないし（社会保障の未来でさえ時として不確かだ)、それらの権原を権利として受けているわけでもない。

国連の人権宣言は、保護手段としての、また権原としての普遍的な権利を公布している。第一条と第二条は、普遍的な人間の平等を権利と自由の観点から主張する。第三条から十三条は、個人の自由および生命と安全への権利を主張する。第十四条から二十五条は、基本的な政治的権利と自由を主張する。第二十二条から二十八条ではアメリカ合衆国では「権原」として捉えられる内容が主張される。第二十二条から二十八条に記載されている内容は、個人の発展、公正な雇用、教育、社会保障、文化生活への参加と適切な生活水準への権利である。第二十五条は、母親と子供の特別な権原とともに、失業者と障害者への保障の主張で注目すべき条項である。第二十九条は、社会に対する個人の義務について、その能力に応じて主張する。第三十条は、この宣言のいかなる規定も、いずれかの個人あるいは団体が、宣言に掲げる権利と自由の侵害を認められると解釈してはならないと主張する。そしてそれは、国連の観点から挙げられた権利と権原の区別にかかわりなく当てはまる。

災害時の権利

災害にかんするいくつかの論点は、権利にかんする前述の議論から派生する。アメリカの法律の伝統においては、権利は一般的に、市民のために政府に対して主張されるものだった。その伝統は、災害の権利もまた、政府と政府機関に対する、市民あるいはほかの住民の権利を含意すると想定する根拠となる。災害特有の権利を発展させ公布させる一つの理由は、通常の保護と自由を災害時に十分に守ることができないためである。もし、予測できない緊急な状況が通常の権利の停止を求めるとするならば、問われるのは次のことである。権利停止の状況自体が特別な権利を必要とするのだろうか。言い換えると、もし政府がその基本的な政策を変える場合、新たな権利が必要となるだろうか。

米国の憲法において、権利章典は米国政府を形づくっているのではなく、憲法に記載されている通り、米国政府をチェックするものである。それによれば、災害時の権利は、災害時に政府が何をすべきかを形作るものでも、災害に対処するまったく異なる政府の形式を決めるものでもない。災害時に存在するどのような形式の政府であっても、何らかの権利による制約を受けるといえる。権利のすべてが、想像することができる災害において停止されてよいわけではない。もしそうならば、誰もがあるいは誰でも政府により任意に殺害されうることになり、政府自体が不法なものとなるだろうからである。それならば、どのような権利が停止されないのだろうか。絶対的な権利のひとつは、無実の人の生きる権利である。無実の人の命に対する絶対的な権利は、多くの人にとって道徳的に自明なようにみえる。後に見るように、ヨーロッパの尊厳主義の伝統においては、無実の人の生きる権利は内在的な価値をもつとされ、法的観点からも絶対的なものと位置づけられている。

保護手段としての権利と権原としての権利の間の政治的な緊張を考慮すると、災害という状況を、平常時には期待されないような権原を導入するために利用することは、おそらく非現実的あるいは日和見主義的である。この問題は厄介である。なぜなら平常時の生活や、日常に必要なものへのアクセスなくしては、支援そのものが権利というよりは権原（entitlement）に近くなるからである。しかし、四章で論じたように、もし支援が、統治されるものの生活をよりよくするという事前の政府の社会契約義務にもとづくのであれば、支援は権利となる。問題となるのは、政府が災害時の生活をどの程度よくすべきかである。すなわち、どの程度の支援の提供が政府にとって義務だろうか？　生きるか死ぬかという緊急時の状況においては、市民は生き延びるための支援を得る絶対的な権利をもつ。しかし復興段階においては、自由市場の力がそれを凌駕し、政府の支援は特典とみなされ阻止されるかもしれない。

平常時において承認されているすべての権利を災害時に維持するために、政府はできるかぎりの手を尽くさなければならないとしてみよう。これは、より基本的な生きる権利が危険にさらされないかぎり、言論、信条、集会の自由が、プライバシーの権利や適正手続と同様に、そのまま継続することが想定されるということである。第二に重要な実施原理は、そのような権利は、平常時と同様に、社会的要因にもとづく差別や偏見なしに維持されるべき、というものである。しかしながら、人種、階級、身体能力、年齢、ジェンダーによる社会的不利益は、災害に先立ちすでに制度化されており、何も策を講じなければ、災害の現実も、その制度化の程度に応じた差別的影響をもたらすだろう。（そのような影響については六章で述べる。）

アメリカの法律の伝統では、政府は私的財産権を保護しなければならないが、被害を受けた私的財産を回復することを義務づけられているわけではない。しかし、災害時に生き延びるためには財産の回復も必要である。これは、権原のようにもみえるが、社会契約義務の遂行として説明することもできる。同じ意味において、災害時のある状況においては、より多くの人が生き延びるために、政府が私的財産を破壊あるいは再配分することが必要になるかもしれない。また、生き延びるために、個人が、彼らの不動産に加え、相当量の私的財産を放棄することを求められるかもしれない。それゆえ、どのようにして平常時の所有権が、災害時に無条件に維持されるのかを知ることはむずかしい。

災害は、典型的には、おびただしい量の財産の突然の破壊である。政府は、そのような被害の影響を軽減し（例：暴風に伴う高潮に耐えうるとして事前に合意された高さの堤防を建設する）[21]、事後に被災者を補償する（例：FEMAが民間保険証券を引きうける）[22]責任があると認識している。しかしながら、政府による財産権の保護は、財産権そのものと同様、所有と使用に先立ちそれらを支える社会的・政治的文脈においてのみ、意味をもつ。ハリケーン・カトリーナの後のニューオーリンズで起きたように、すべての近隣と街中のインフラが破壊されたとしてみよう。そのとき、政府の行動がその破壊を防ぐことをできたかもしれないという事実は、学校、病院、雇用や他の住民の帰還に頼れないため戻れない人々の、財産権を侵害しているわけではない[23]。また、たしかに、そのような喪失による挫折、怒り、悲しみは、理解可能であり道理にかなったものである。しかしそれは、文脈化された財産権が認める以上の、より強固な所有権のための議論に使われるべきではない。ニューオーリンズの復興の財政的、技術的、地理的問題の冷徹な分析の結果として、フォスター（Foster, K.）とジーゲンガック（Giegengack, R.）は以下の見解を示している。

米国は、都市の物理的あるいは経済的損失をもたらす出来事に対する計画を立てることに慣れていなかった。しかし、都市は繰りかえし過去にも失われてきた。私たちは、ポンペイ、ティカル、クノッソス、マチュピチュ、レプティス・マグナ、あるいはサントリーニのような（他にも挙げればまだまだあるが）太古の都市の歴史を考えるだけで、以下のことを認識する。主要な都市は過去の自然の変化によって破壊されており、そしてこれらの都市を文化的なかがり火としていた社会は、都市をまた異なる場所へと移転させた。[24]

都市を移転することは、再建することと異なる。さらに、どのようにして住民は、都市が集合的に移るべき時を知ることができるだろうか。忘却の彼方へ消え去る都市の歴史的な記録では、上述の挫折、悲しみ、怒りを考慮すると、説得力に欠ける感がある。それは、権利にもとづく災害対応や復興へのアプローチは、権利を政府への規制に限定する法制度では、本質的に制限されるからである。災害時の市民と住民の幸福に対する政府のもっとも強力な貢献は、四章で述べたように、社会契約論にもとづいて、政府の存在を正当化する義務を遂行することにある。権利は、災害時の即刻な政府の対応において現れるかもしれない。しかし、平常時における災害のための備えは、統治される人の生活をよりよいものにするという政府の核心的な義務の遂行が、いつどこで行われるのかに依っている。ただし、その義務の遂行に対する要求が行われるもっともふさわしい仕方は、平常時における言論、集会、投票といった通常の権利の行使によってである。

尊厳と災害の被害者

一七九七年初版の『道徳の形而上学』の第二部「徳論の形而上学的基礎」においてカント（Kant, E.）は、内在的価値（intrinsic value）をもつ人[1]、あるいは目的自身としての人間と、その他のすべてのものを区別する。その他すべてのものには、たんなる動物や商品とみなされた人も含まれる。

自然の体系における人間（現象界における人、理性的動物）は、さほど重要でない存在であって、大地の産物としての他の動物たちと共通の価値（通俗的な価値）をもっている。……しかしながら、人間は、人格として、すなわち道徳的・実践的理性の主体として観るならば、あらゆる価格を超えている。というのは、このようなもの（道徳界における人）として、人間は、たんに他人の目的に対する、いやそれどころか自分自身の目的に対してさえも手段としてではなく、目的そのものとして尊重されなくてはならないからである。すなわち、人間は尊厳（絶対的内的価値 an absolute innner worth）を所有しており、その価値によって、人間は世界のあらゆる他の理性的存在に自分に対する尊敬を強要し、この種の他の存在と優劣を競い、それらと平等の立場に立って自己自身を評価できるからである。[25]

カントは価格をつけることができる人の技術と、人の選好の価値を同等視する。しかし、人が目的自身であり、他人の目的の手段とならないというのは、人が価格づけられない尊厳をもつことである。

傾向と欲望とは人間に通有であるが、これらに関係するところのものは市場価格をもつ、また欲望を前提しないで、或る種の趣味に適うもの――換言すれば、我々の心情の諸力によるまったく無目的な遊びにおいて生じる喜びは感情価をもつ。しかし、或るものが目的自体であり得るための唯一の条件をなすものは、単なる相対的価値すなわち価格をもつものではなくて、内在的価値（intrinsic worth）すなわち尊厳を具えているのである。[26]

このような高尚な文にもかかわらず、カントは普遍的な人間の尊厳という考えを、彼が「人格（persons）」と考える人、すなわち、理性的であり白人であるヨーロッパ系の男性に限定した。[27] 二十世紀になるまで、すべての人が人格であることは当たり前とは考えられていなかった。さらに、人権理論も、二十世紀に人権を謳う新たな文書に組み込まれるまでは、カントのいう「完全な内的価値」としての尊厳という道徳的考えに焦点をあてなかったし、カントの尊厳概念にもとづくものでもなかった。グレンドン（Glendon, M.）は、ルーズベルト（Roosevelt, E.）が、世界人権宣言を生みだした国際連合委員会を導いた経緯を説明しているが、その中で、第二次世界大戦後の新しい憲法や条約のほとんどは、尊厳を中心にするものだったと記している。たとえば、一九四九年のドイツ連邦共和国基本法は、第一条「人の尊厳は不可侵である。それを尊重し保護することはすべての国家権力の義務である」からはじまる[28]。そして、国連の人権宣言（一九四八年十二月十日採択）の前文も「人類社会のすべての構成員の固有の尊厳と平等で譲ることのできない権利とを承認することは、世界における自由、正義及び平和の基礎である[29]」で始まる。

乗客が飛行機の中に何時間ものあいだ、いつ離陸するかという情報がないまま置かれたとしよう。計画の中断や、それに伴う身体的な不快さは、彼らの基本的な法的権利を侵害することにはならないだろうが、尊厳を傷つけることになる。災害の被害者が何日も、牛の群れのように集められ、家族から離れ、生き延びるために必要なものがなく、衛生やプライバシー確保のための施設がない状況に置かれることは、尊厳をさらに深く傷つけるものである。尊厳を傷つけることは、核心的な意味においては、尊厳の侵害と同じではないが、人の尊厳には、移動のしやすさ、人体への敬意、そして最低限の安心感といった、装飾品［不可欠ではないが、あると生活を豊かにしたり、心を満たしたりしてくれるもの］の要素がある。これらの装飾品がひとたび取り除かれると、その状況では、人に対するもっと基本的な尊敬の念はもはやそれほど厳しくは要求されないかもしれない。人々が、閉じ込められ、貧しく、だらしなく、汚れた状況におかれた時には、憐みや気遣いの対象になるだろうが、彼らを尊重することは、対応における主要な態度とはならない。[30] しかし、人間の尊厳の尊重が、国連の人権宣言にあるように自由、正義と平和の前提条件であるならば、普遍的な人間の尊厳は、災害の被害者の権利についても想定され、尊重されるべきである。飛行機の遅延においてはたんに不快で不便であることも、災害時には危険となる。尊重と明らかな社会的ステータスとの関係は、たとえば、災害の被害者が住居や個人的財産といった社会的ステータスの実際の基盤を失う時には、無慈悲にも尊厳の侵害となって清算される。

ヨーロッパの権利の伝統と国連の人権宣言が示すように、個人の尊厳の承認は、主要な政治原理である。尊厳は肯定される。そして、政府に対する保護手段、また経済的、発展的、社会的な幸福への権原の両方とも、尊厳の承認にともなうとされる。人間の尊厳は道徳的価値である。それゆえ、尊厳の承認が、社会契約の伝統におけると同様に、尊厳主義の伝統においても、政府のすべての行動の基礎であるならば（ドイツ連邦共和国基本法で主張されるように）、合法的な政府の基礎であり正当化根拠であるのは道徳である。

ヨーロッパの尊厳主義の伝統が基盤にするのは、個人の生命という絶対的な価値である。それは、それ自身の内にそれ自身のために存する価値という意味で内在的価値である。この価値は、しばしば法律の中に直接的な表現を見つけることができるように、すべての人権の基礎となっている。たとえば、ドイツ憲法、あるいは連邦共和国基本法は、民間の乗客を乗せた航空機がテロリストに乗っ取られた場合に、航空機への軍事的破壊行為を認めるという、九・一一後に採用された米国の航空保安法の規定を認めないものと解釈される。すなわち、基本法によると、人間の尊厳は完全であり不可侵であるため、より多くの人を助けるために少数を犠牲にするというように、人間の尊厳を測ることはできないのである。[31]

米国では、人間の尊厳の尊重は、法律に明示された内容というよりも、道徳的な直観として現れている。ハリケーン・カトリーナの犠牲者への支援が遅れたことに対する大衆の怒りの大部分は、個人としての尊厳が侵害されたという言語外の感覚だった。その侵害の一部は、豊かで技術的に発展した社会においては、物資とサービスはもっと早く提供されるべきだったという事実にもとづく。貧しく技術的にも劣った社会であったならば、これらの状況は、カトリーナの犠牲者によって尊厳の侵害として経験されなかっただろう。また、それを観察する人たちからも尊厳の侵害として認識されなかっただろう。このことは、尊厳が、内在的な価値という意味では完全なものであるにもかかわらず、その侵害については相対的であることを示唆している。また、それは、市民や居住者が、災害時に彼らの尊厳が侵害されないという絶対的な権利をもつことを示唆している。

罪のない人の生きる権利、緊急時に支援を受ける権利、そしておそらくそれが得られるのであれば、個人の尊厳を尊重する権利といった、災害被害者の絶対的権利は、アメリカの法的伝統ではほとんど擁護されていない。しかし、災害で苦しむ人、とくにその権利が侵害される、あるいは尊厳が認識されず守られない人に対して、観察者は大きな同情心をもち対応する。人道的対応のいくつかは、平常時なら一定の所得を得ていない、あるいはそれに値しないとして支援を断られるような、不利な条件のグループのメンバーにも拡大される。現代のアメリカの災害において不利な立場にある人々の状況については六章の主題である。災害の備えにおいて政府は市民を支援すべきとする、より強い社会契約的義務（四章を参照）に照らせば、人道的慈悲への回帰は妥協であるということを、ここでは述べておくべきである。より基本的な社会契約的義務が遂行されていない場合、それを埋め合わせる補足的な義務が生じるといえる。政府は、備えという社会契約的義務を遂行していないときには、通常でない仕方で対応することが求められるためである。しかし、それが実行される前に、より基本的な社会契約的義務が多くの人に認識されなければならない。そのような認識がなければ、私たちは本当に、人道的な側面による対応に戻ってしまう。としてもやはり、第二次世界大戦後のヨーロッパの政治的伝統における人間の尊厳の重要性を考慮すると、これは決して小さなことではない。

注

1　読者が映画を見ていない場合のために――確かに、私は読者にそれを求めているわけではないので、ここにあらすじを示す。サーファーのショーン・ジョーンズ（ネイサン・フィリップス）は、エディ・キム（バイロン・ローソン）と彼の共犯者による検察官の殺害を目撃する。ショーンは、キムに不利な証言をすると命を狙われる恐れがあることから、ＦＢＩエージェントのネヴィル・フリン（サミュエル・Ｌ・ジャクソン）の護衛を受ける。彼らはホノルルからロサンゼルスに向かうボーイング七四七に搭乗した。しかし、キムは、飛行機の荷物入れに預け入れる荷物として、多数の毒蛇を入れた木の箱を準備しており、それはタイマーで自動で開くものだった。蛇は、ホノルルで乗客に配られるレイに吹きかけられたフェロモンの匂いをかぐと極めて危険になるものだった。トイレで性行為をしていたカップルが最初の血みどろの犠牲となり、そこからは悪化の一途であり、映画「エイリアン（*Alien*）」と「トップガン（*Top Gun*）」の最高と最悪の組み合わせになっている。もう一人別の乗客は、蛇にペニスを噛まれ殺害された。太った女性は、服の下に滑り込んできた蛇にしめられた。初めて子供だけで飛行機で旅をしていた子ども二人のうちの一人が惨く噛まれた。タチの悪い乗客がニシキヘビをなだめようと、甘やかされて育った金持ちの女性メルセデス（レイチェル・ブランチャード）のうるさい子犬をその口に投げ入れると、あっという間にニシキヘビはその犬も満足げにたいらげた。フリンの相棒、操縦士、副操縦士、そして退職間際の年配の親切なスチュワーデスも、みな血まみれであった。メルセデスがスマートフォンで死んだヘビの写真を撮って爬虫類学者スティーヴ・プライス（トッド・ルイーゾ）に送ったおかげで、着陸時に生存していた乗員乗客は、プライスが調達した解毒剤をもらえた。メルセデスが彼らを救ったのだ。フリンは「いい加減にしてくれ！　このいまいましい飛行機にこのいまいましい蛇、もううんざりだ！」というセリフを吐きながら、ヘビを機外へ吸い出そうと飛行機の窓二つを銃で撃ち抜く。このセリフはその後インターネットを駆け巡った。いまやフリンは、乗客であるラッパーのトロイ（Troy, Three Gs.）のボディガードの一人であるトロイの指示にもとづき飛行機を操縦しなければならない。トロイには、二千時間の飛行経験があった。しかし、（映画「フェニックス（*The Phoenix*）」さながらに）、トロイの経験はプレイ・ステーション二のフライト・シミュレーションによるものであることが明らかになる！　だが問題ない――彼らは無事に着陸し、善良な男たちは魅力的なスチュワーデスたちからデートの約束を取り付ける。

そして悪人どもは追い詰められ殺される。最後のシーンでは、ショーン・ジョーンズがネヴィル・フリンと、おそらくバリでサーフィンをしている。そこは検察官殺害を目撃する前、ショーンが行こうと計画していた場所だ。

2　例えば、McGee, B. “Focus on Terrorism May Obscure Other Airline Safety Threats,” *USA Today*, October 3, 2007, www.usatoday.com/travel/columnist/mcgee/2007-10-03-airlines-safety-threats_N.htm.

3　Creed, P. and Newman, R.（2008）, *Firefight: Inside the Battle to Save the Pentagon on 9/11*, New York: Ballantine Books.

4　Creed, P. and Newman, R.（2008）, 171–72, 177 ff.

5　しかしながら、消防士は、この権限を継続的に主張しなければならなかった。Creed and Newman, *Firefight*, 143–144, 244–251.

6　Creed and Newman, *Firefight*, 316–317.

7　www.fema.gov/about/stafact.shtm.

8　構造的な説明と引用は、ハリケーン・カトリーナへの事前準備と対応を調査するための超党派委員会によるものである。Farber, D. A. and Chen, J.（2006）*Disasters and the Law: Katrina and Beyond*, New York: Aspen Publishers, 69–70.

9　Farber and Chen, *Disasters and the Law*, 71.

10　Farber and Chen, *Disasters and the Law*, 71–72.

11　Farber and Chen, *Disasters and the Law*, 72.

12　Haddow, G. D. and Bullock, J. A.（2003）*Introduction to Emergency Management*, Burlington, MA: Elsevier Science, 239.

13　Haddow and Bullock, *Introduction to Emergency Management*, 242.

14 “Reforming the Law of Disaster Response,” Haddow and Bullock, *Introduction to Emergency Management*, 93–108 参照。

15 アメリカ合衆国内閣部門による。www.whitehouse.gov/government/cabinet.html. U. S. cabinet departments/ see www.whitehouse.gov/government/cabinet.html 参照。

16 www.biz joumalsxom/dallas/stories/2007/ol/22/daiJy20.htinl.

17 この情報と更新情報は、http://strandedpassengers.blogspot.com とU. S. PIRG のホームページ www.uspirg.org. において入手可能である。

18 www.archives.gov/exhibits/charters/bill_of_rights.html 参照。

19 www.webmesh.co.uk/englishbillofrights1689.htm 参照。

20 Glendon, M. A.（2001）*A World Made New: Eleanor Roosevelt and the Universal Declaration of Human Rights*, New York: Random House, xvii. 参照。

21 最終的にカトリーナ前の堤防の能力を定めることになった評価と決定、そしてより民主主義的な決定手続きについては、Winterfeldt, V. W., “Using Risk and Decision Analysis to Protect New Orleans against Future Hurricanes,” Daniels, R. J., Kent, D. F, and Kunreuther, H., ed.（2006）*On Risk and Disaster: Lessons from Hurricane Katrina*, Philadelphia: University of Pennsylvania Press, 27–40.

22 カトリーナの後に個々の住宅所有者が直面したむずかしい状況については、Gosselin, P. G., “On Their Own in Battered New Orleans,” in Daniels, R. J., Kent, D. F, and Kunreuther, H., ed.（2006）“*On Risk and Disaster: Lessons from Hurricane Katrina,*” Philadelphia: University of Pennsylvania Press, 15–26.

23 金融資本市場委員会議長のリチャード・ベイカー議員（Richard L. Baker, R-LA）は、「見落とされていたのは、破壊されたのが一つの住宅や事業ではなく地域全体だったということである。……人をひとり、家族を一つ立ち上がらせるだけでは何の役にも立たない。なぜなら、彼らがかつて住んでいたところには何も残されていないからである――学校、食料品店、医者、銀行、警察や消防車も」。Kent, D. F. and Kunreuther, H. ed. *On Risk and Disaster*, 17.

24　Foster, K. R. and Giegengack, R. "Planning for a City on the Brink," in Kent, D. F. and Kunreuther, H. ed. *On Risk and Disaster*, 41–58. Quote is from 56–57.

25　Kant, E., *Metaphysical Principles of Virtue*, Kant, E., (Ellington, J. W. trans.)（1994), Ethical Philosophy, Indianapolis, IN: Hackett, ch. 2, 97 また、praxeology.net/kant8.htm（『人倫の形而上学』吉澤傳三郎・尾田幸雄訳、カント全集第11巻、理想社、1969, 347–348（訳は一部変えてある。）

26　Kant, E., *Grounding for the Metaphysics of Morals, Second Section*, Kant, E., (Ellington, J. W. trans.) Ethical Philosophy, 40.（『道徳形而上学原論』篠田英雄訳、岩波文庫、116.（訳は一部変えてある。）

27　*Zack*, N. (2002), *Philosophy of Science and Race*, New York: Routledge, ch. 1.

28　Glendon, *A World Made New*, 263n2.

29　Glendon, *A World Made New*, 310, また www.un.org/Overview/rights.html.

30　これは、見過ごされがちではあるものの、常識的観察そのものだ。どのような会場においても、サービススタッフは、貧しくだらしなくみえる人に比べ、きちんとしており、よい服を着ている人に最善の待遇で対応する。ホームレスは、外観だけにもとづいて、金をもっているかどうかとは関係なく、小売店への立ち入りが禁止される。人種的マイノリティは、同様の外見にもとづいた無礼な扱いに立ち向かっている。この場合は、公共の場における社会的地位が、明らかな富や自己管理だけでなく、人種的あるいは民族的アイデンティティを見下す不変のサインと結びついている。

31　Youngs, R. (2008) "Germany: Shooting Down Aircraft and Analyzing Computer Data," *International Journal of Constitutional Law* 6, no. 2, 331–48, アブストラクトは http://icon.oxfordjournals.org/egi/content/abstract/6/2/331.

訳者注

（1）　何か他の目的のために価値がある（道具的価値をもつ）ことと対比的に、それ自身のうちに価値をもつこと。何が内在的価値をもつかについては立場が分かれる。たとえば人間中心主義と呼ばれる立場では、動物や植物、商品は人間のために役立つという道具的価値をもつが、それ自身のうちに価値をもつことはなく、人間だけが内在的価値をもつ。

六章　不利な人々と災害──ハリケーン・カトリーナ

恥

人間社会は、人の遺体を尊敬をもって取りあつかう。戦時には、遺体は故郷に移送され、友人、親戚、隣人、そして政府高官が参列する中、厳粛に埋葬される。彼らの棺にかけられた星条旗は儀式に則ってたたまれ、配偶者、親、あるいは子どもに恭しく手渡される。ワールドトレードセンターのツインタワー崩落後、ニューヨーク市の消防局員は休みなく働いた。体制を組んで、遺体が含まれるがれきを慎重に運び出した。ペンタゴンでの消火活動の間、ＦＢＩが遺体の捜索、回収、身元の照合、移送を、慎重に監督した。遺体は、インチ単位で測定された組織片から完全な遺体にいたるまで大きさが異なっていた。一体ずつまとめられた遺体は、フォートマイヤーズから派遣された歩兵第三連隊の儀礼部隊の精鋭の少なくとも二人以上によってペンタゴンから運び出された。彼らのペンタゴンへの出入りには、連邦緊急事態管理庁（FEMA）の職員が護衛した。死者に対するこうした手厚い配慮は、メディアやインターネットに「ボディパーツ」が晒されるのを避けるために行われた。[1] この種の公的な努力は、人間としての尊厳を守ること、そして国に尽くして亡くなった人たちに敬意を表するためになされる。

ハリケーン・カトリーナから何日もの間、世界の人々は車いすに乗ったままのフリーマン（Freeman, E.）の遺体を頻繁に目にした。うつ伏せの遺体が洪水の水に浮かんでいる姿や、膨満した遺体がニューオーリンズの通りに置きざりにされている姿を数億ものコンピューターやテレビ画面で見ることができた。これらの映像は人間の尊厳を侵害するものであった。

ディラン（Dylan, B.）は彼が一九六四年に発表したプロテストソング「ハッティ・キャロルの寂しい死（The Lonesome Death of Hattie Carroll）」[2] の中で、「不名誉を思案し恐怖を批判する人々よ」と繰り返し歌う。そして、ストーリーが展開するにつれて、「今はまだ涙を流す時ではない」と戒める。この曲は実話にもとづいている。ザンジンガー（Zantzinger, W. この曲の中では、彼の名前の綴りから"g"が省かれている）は二十四歳で、南部の白人地主の息子だが、彼は、ホテルのキッチンで働き十人の母である五十歳の黒人女性ハッティ・キャロルを部屋中杖で追い掛け回してなぶり殺しにした。彼は逮捕されたのち保釈され、全員が白人の陪審員により有罪とされ、判事に刑を宣告された。[3] ディランはザンジンガーが宣告されたのが六カ月の刑だったと物語ったあと、「今こそ涙を流す時だ」と締めくくっている。

ディランや他の人々が公民権運動の最中で公にした、明白で暴力的な人種差別は、もはや発端となった南部地方のコミュニティでも道徳的に受け入れられるものではない。しかし、アメリカでは、人間の尊厳に対するひどい侵害が、災害時だけでなく平常時も、黒人に対して起こり続けている。ほとんどの白人たちが侵害を意識的にしたり黙認したりしないため、これらの侮辱と、それによって生じる痛みと悲しみは和らいでいる。しかし、消えることはない。白人ではなく黒人がこうした侮辱に苦しむとき、広範囲で意図的な人種差別の悪が過去から呼び起こされる。

市民を巻き込むすべての災害において、もともと不利な人々がもっとも苦しんできた。今後もそれが続くことはほとんど疑いがない。そうした継続を防ぐための法的あるいは政治的な議論は、即効性があるとはいえない。道徳的議論だけでなく、文化的な批判もまた、決定的なものではないが、発展させる価値のあるものである。なぜなら、これらは理想を形成しなおし、公の討論を促すからである。少なくとも、道徳的議論と文化的な批判は当局から無償の同情を引きだし、それは恣意的ではあるものの命を救い人の尊厳を守る。ハリケーン・カトリーナの後、ジョージ・W・ブッシュ大統領は、各州に災害時にペットへの安全提供を求める議案にサインした。[4] 南カリフォルニアで二〇〇七年十月に発生した野火の際、不正入国に対する公的措置は部分的に縮小されたと報じられ、ホテルに泊まる金銭的余裕のない避難民は、市民であること、あるいは法定住所を証明できるものを提示すれば、十分な緊急施設を利用できたようだ。[5] ブッシュ大統領は連邦航空局を指揮し、航空会社には二〇〇七年の休暇シーズンにおける運行遅延を最小化するよう要請し、航空会社はこれを約束した。[6] ハリケーン・カトリーナの際に何がなされなかったかと比較すると、大統領のこれらの行為はすべて単に効果をねらったものに過ぎないが、それらは同情心や慈悲の心への高まりゆく関心を表現しており、それは公共の徳としての同情心や慈悲の心を助長する。

　人類学者と社会評論家は、恥の文化と罪の文化を区別する。恥の文化は、名誉や礼節の厳しい規則をもつ支配的集団を有し、個人の道徳的地位は社会的地位の高い人びとの意見に依存する。罪の文化は階層的な性格が少なく、個人の責任感や良心に焦点を当てているため、個人の地位は、恥の文化よりも、他者の見解から独立している。ホメロスのギリシアは恥の文化として有名である一方、ユダヤ・キリスト教的伝統は罪の文化を生みだした。キリスト教的、個人主義的で階級のない社会として見るかぎり、アメリカ社会は罪の文化である。しかし、金持ちや権力者、有名人、とくに政治家の言動をメディアが即座に報じているかぎりにおいて、私たちの文化は恥の文化である。

　人種差別的な考えをもち、有色人種を嫌悪したり失礼な態度をとったりする一般的な白人は、彼らを知る人たちから否定的な評価をされるだろうが、ふつうは罰せられない。しかし、政治家や大企業の重役、セレブたちは、差別主義的な意見を述べたり、差別主義者だとみなされれば、ひどく悪く報道されたり職を失うことは避けられない。エリート層にとって差別主義者として知られることは今では恥ずべきことなのだ。知識人たちはメディアの力を借りて、金持ちや権力者の行動に対して道徳的な目をつねにもちつづけている。そしてメディアが民主主義を守る方法の一つは、スキャンダルを利用して脅すことである。

しかし、公共での恥を用いて社会的な正義を執行するこの道徳的な用心の仕組みは、本質的に恣意的なものである。恥の文化はエリート層が縛られている基準と同程度に道徳的であるにすぎない。アメリカの道徳的姿勢は十年ごとに変わり、世間を驚かせるスキャンダル話はより大きなものにとって代わられるかもしれない。メディアや世間は、個人の道徳的な悪事の重要性と福祉全体に影響するような反道徳的行為のそれとをうまく区別できていない。（性非行は、経済的、政治的に市民を裏切ることと同等の注目を集めることができる。）それでも、エリート層が人種差別に対して公共の場で見せるように、エリートによる人種差別に対する公共的不寛容が示すように、現代の最悪の公共的恥には他者の尊厳を傷つけることも含まれる。この不寛容は人の尊厳の一般的な基準となってはいるが、侮辱や罵り、無視といった恥ずべきことをされた人は、必然的に辱めを受ける。恥は罪と異なり、加害者だけでなく被害者をも汚すのである。

社会的不平等と災害

恥の概念の有用性は限定的である。有名人や地位ある他の人々は特定の行動で辱めを受けるが、他人の不幸に由来する利益を長く享受しているという理由で彼らを辱める仕組みはない。なぜなら、彼らの地位と個人的特徴はしばしば混同されるからである。彼らが所有するものは、私有財産権により完全に彼らのものである。所有の過程において誰が苦しもうとも、彼らが自身で財産を作り上げたのなら、彼らはそれを所有するに値する。もし彼らの所有物が相続したものならば、彼らの地位は一層高い。なぜなら、たとえ祖先がいかなる仕方で築いた富であっても、彼らの金は種々のいかがわしい外れた世襲財産だからだ。恥が戦略的に有効であることは軽視できないが、道徳的良心が弛緩したとき（すなわち、良心による促しや不正に対する罪の意識がまったくないとき）、恒久的な理想にもとづいた、確固とした文化的な批判が重要なものであり続ける。もし災害時の人種差別が、第一に道徳的文化的な批判、第二に法的議論、第三に法と政策の変化、の点で効果的に取り組まれるならば、その取り組みは恥や罪を利用するより確固としたものであろう。そしてそのときおそらく制度上の構造の堅実な変化にも至るだろう。

アメリカ社会で有色人種という要素を一定にして見た場合、それぞれの人種グループ内に大きな社会経済的多様性があり、階級と人種はきれいに対応しない。たとえば、多くの白人たちよりも裕福な黒人たちがいる。しかし、社会階級を一定にして見たときは、どの収入のグループにおいても黒人や他の少数派の人々は、教育や雇用形態、犯罪による投獄、そして健康全般に至るまで、白人より劣る仕方で生活している。アメリカではもっとも不利なグループは有色人種と貧困の組みあわせで構成されている。もっとも不利な人々による、また彼らのための災害への備えの欠如自体が、不利な人々をより一層不利な立場にしている（たとえば、災害に伴う賃金損失により、賃借人はホームレスになる）。世界の別の部分では、もっとも不利な人々の交点は、階級と民族性、国籍あるいは宗教によるものだろうが、次の原理は同様に当てはまる——災害は社会的不平等を増大させる。

事前の備えなしに災害を生きのびた中流階級の人々は、時間と労力をかければ元の暮らしや財産を取り戻すことができる。富豪はさらに恵まれている。クライン（Klein, N.）が言及したヘルプジェットは、フロリダ州ウエストパームビーチの航空会社のプランで、「ハリケーンから逃れる初のこのプランはハリケーン避難をジェット機での休暇に変える」と宣伝されている。

暴風雨警報が発令されると、ヘルプジェットの搭乗客のための五つ星ゴルフ場やスパ、ディズニーランドが予約される。避難者たちはハリケーンが襲来する地域から三十人乗りのターボプロップ機で離れる——「一列に立って並ぶこともなく、群衆のわずらわしさもない。ファーストクラスでの経験は困難を休暇に変える……いつものハリケーン避難の悪夢から逃れる気分をお楽しみください。」[7]

搭乗客はペットをもちこむこともできる。[8] 年会費は五百ドルで、往復の運賃は二〇〇六年のハリケーン時期では約二〇〇〇ドルだった。（まさに「白人の大移動」だ！）

災害から生き延びる人に対するよくあるイメージは、丈夫で健康な体をもち、若者もしくは中年の白人男性である。アメリカの人口動態の中で伝統的に多数派を占めてきた彼は模範であり、英雄のようであり、実際に緊急時の作業者や軍隊の観点からも模範としてある。それは、それらの組織が人種と性においてますます多様化していても言えることである。市民として災害に遭ったとき、女性や子ども、老人、貧困者、最近やってきた移民、障害者、少数民族といった人々は、こうした模範と比較すると、すでに不利な立場にある。その不利は、自明なところでは身体能力や体力によるものであるが、複雑なものとしては社会的なバイアスによるものがある。災害時支援における平等主義の理想は、支援者が至急に分配できる十分な物資と人材を確保して、物資と支援を皆のニーズに合わせて公平に分配することにある。多くの人たちが、これがまさにハリケーン・カトリーナの後に起きなかったことだと思っている。（ニューオーリンズでの失敗についての研究は、おそらく、一つの世代の学術研究者や実務家の経歴を失墜させるものだろう——さらに悪い出来事が起こらないかぎり、あるいは起こるまでの間は。）

ハリケーン・カトリーナ

この災害から二年たって、明白な事実として言えるのは次のことである。ハリケーン・カトリーナは一八七一年のシカゴ大火や一九〇六年のサンフランシスコ地震とその火災、一九九二年のハリケーン・アンドリューを超える、アメリカの歴史上、最大の破壊をもたらした自然災害だった。カトリーナの中心部から百三マイルに広がる、九万三千平方マイル、百三十八もの郡で一千億ドルもの経済被害をもたらした。ミシシッピ川やポンチャートレイン湖沿いの堤防は、そのもっとも低い部分から水に沈んだ。ニューオーリンズでは三つの運河が洪水をおこし、街の八十％が影響を受けた。三十万戸の家が破壊されたり、居住不能な形で取りのこされたと推定されている。それに加え、商業ビルや森林、緑地が一億千八百万立方ヤードもの瓦礫と化した（瓦礫をフットボールのフィールドに積んだ場合、高さは十マイルを超える）。

もっとも被害の大きかったルイジアナ州とミシシッピ州では、カトリーナの後、失業率が六％から十二％に倍増した。カトリーナに続き、二〇〇五年九月二四日ルイジアナ州やテキサス州の州境を襲ったハリケーン・リタにより、メキシコ湾での年間生産量の一／五にあたる石油精製品が使い物にならなくなった。七四十万ガロンもの石油流出が湾岸の運河で発生した。貯留水や下水の汚染、化学物質、人や動物の死骸による環境汚染に加えて、四百六十六もの化学関連施設、三十一の危険物処理場、十六のスーパーファンド法[1]にもとづく有毒物質処理施設、百七十もの飲料水製造施設、幾十もの汚水処理施設に損害が生じた。

その領域全体のカトリーナの死者数は、千三百人～千五百人と推定される。約八十％がニューオーリンズにおける死者である。ルイジアナ州では、死者の五十一％が六十歳以上であり、四十七％が七五歳以上であった。二〇〇六年の二月時点で、ルイジアナ州カービルの犠牲者識別センターには二百もの請求者のいない遺体が残っており、二千人以上の人々が未だ行方不明と報告されている。七十五万人もの人々が、重要書類や医療記録、保険の情報を失ったまま立ちのきを余儀なくされた。二〇〇五年八月には、十六歳以上の百十万人が避難したが、二〇〇七年秋の時点で二十六万七千人が帰還しておらず、そのうち八十％が黒人であった。[9]

ルイジアナ州のブランコ（Blanco, K.）知事は二〇〇五年の八月二六日金曜日に州の非常事態宣言を発した。彼女の要請を受け、八月二七日、ブッシュ大統領はルイジアナ州に対して連邦の非常事態宣言を発表し、連邦緊急事態管理庁（ＦＥＭＡ）に、必要な救援活動にかんする全面的な権限を与えた。また八月二七日の夜、ブランコ知事は嵐によりルイジアナ州で犠牲者になる人々に代わって、ブッシュ大統領へ個人的な請願を出し、「可能なかぎりすべての援助」を求めた。八月二八日にはカトリーナはカテゴリ五の嵐に格上げされ、国の気象情報サービスは停電が何週間も続き、「水不足は近代の水準では考えられないほどの苦痛をもたらすだろう」と警告した。ネイギン（Nagin, R.）ニューオーリンズ市長は、市からの避難を命令した。ＦＥＭＡのブラウン（Brown, M.）長官とブッシュ大統領は国立ハリケーンセンターのメイフィールド（Mayfield, M.）所長から、水が堤防の「頂点に達しうる」との報告を受けた。カトリーナは八月二九日の午前七時に、カテゴリ四のハリケーンとして上陸した。その朝、ネイギン市長はザ・トゥデイ・ショー（The Today Show）の番組内で水が堤防の頂点に達しつつあることを報告した。嵐が襲来して五時間後にようやく、ブラウンは国土安全保障省長官のチャートフ（Chertoff, M.）に、国土安全保障省の職員千人をメキシコ湾に配置するよう要請した。それからＦＥＭＡがニューオーリンズに人員を送りこむのに二日を要した。ブッシュ大統領は嵐から五日が過ぎた九月二日の金曜日に現地を空から視察し、自宅を失ったミシシッピ州の上院議員ロット（Lott, T.）に同情の念を示した。

ルイジアナ州はアメリカで二番目に貧しい州である。ニューオーリンズの六十三％は黒人で、半数の市民の収入は貧困ラインを下回る。ニューオーリンズの貧しい黒人世帯のほぼ六十％で車を所有しておらず、嵐の前日に避難を命令されても街を離れられない人々がたくさんいた。カトリーナの上陸後、命にかかわる重要な支援の到着には五日を要し、洪水で家を追われた人々に対する市の役場からの公的な援助といえば、スーパードームへ行って市外へ出るバスを待つようにとの助言だけであった。[10]

アメリカでの複数世代にわたる貧困は、人々を災害に対しより脆弱にする。世界中で、貧しいものは金持ちと比較して移動可能範囲が狭い。これは明らかに経済力に起因している部分（カトリーナ上陸時の車を持っていない人々の場合がその例である）もあれば、貧しい人びとはたいてい特定の場所で家族や隣人同士の親密な絆をもつという事実によってもいる。ニューオーリンズは、アメリカでもっとも文化的で、歴史のある街にほかならなかった。ニューオーリンズの貧しい人々の多くが避難命令に従わない、もしくは従うことができないこと、そして、移動は彼らにとって文化的にも個人的にも大変な苦痛と思われたことは、容易に予測できたことである。[11]

ＦＥＭＡによる支援は数回にわたり期間延長されたが、帰還を望む貧困者層を家に帰すという政府の方針はなかった。それどころか、カトリーナ後のニューオーリンズでは、有力者たちはただちに開発計画を立てた。それは移動した黒人貧困層を締め出すものだったという証拠がある。ボンド（Bond, J.）は、嵐が過ぎて間もない時にネイギン市長とアーバンランド協会（地域のディベロッパーの団体）との会合で「ナインスワードを含む大規模な低地を買い占めて、「緑の回廊」に変える」

という提案があったことを記している。ボンドはまた、ソーシャルインクルージョンセンターの研究を引用している。

不幸な真実だが、ニューオーリンズの市民が元の土地に帰還するための能力を評価すると……現在の政策や基金の状況からして、再建されるコミュニティはほとんどない。ニューオーリンズに戻った人や、将来の帰還やニューオーリンズ・メトロポリタン地区に移転ができる人のほとんどは、比較的裕福な白人だろう。[12]

制度化された集団殺戮?

十万人ものアメリカ人が同時に不当に扱われ無視されることなどありうるのかと、多くの人が思うだろう。数の多さということが、その糸口を提供するかもしれない。アメリカ人は個人の扱いにおける平等主義に誇りをもっており、国家設立の文書や憲法の修正箇条、一九六〇年代の公民権と移民政策修正に関連する法律における反差別の文言では、個人に対して行ってはならないことについて言及されている。歴史的に、マイノリティについて最も邪悪な信念をもつ偏見主義者や差別主義者は、マイノリティの中の数人の個人をしばしば例外視してきた。その邪悪な信念とはすなわち、もっとも悪意のある、そして下劣な通念と固定観念であるが、これらは個人にではなく、軽蔑すべき組織の大多数に対して取っておかれる。

カトリーナの被害者である黒人たちが行った犯罪のイメージや流言は、彼らへの救出活動が遅れた要因として不可欠である。「災害と人種と障害」で、フィヨルド（Fjord, L.）は、米国議会下院によるカトリーナの報告書について記している。そこでは当局の情報に対する信頼が、衛星による画像や現地専門家との通信よりむしろ、メディア報道に置かれていたことが批判された[13]。避難者たちが立ち往生したり屋根の上で動けなくなったりしている悲惨な写真と並んで、黒人たちによる「略奪」の写真や報告が並んでいた。同様のことを白人が行っている写真は対照的に犯罪とは関係なく描写されている（たとえば、白人の場合は「食糧調達」だが、黒人だと「略奪」のように）。メディアもまた流言を報じた。レスキューヘリを狙撃するスナイパーの話や、のどを切り裂かれた七歳のレイプ被害者の話、三十〜四十もの死体がコンベンションセンターの冷蔵庫に詰めこまれた話などである。米国下院による報告書はスナイパーやレイプ、詰めこまれた死体といった流言を誤りであるとして葬りさったが、それはカトリーナから一年が経ってからにすぎなかった。流言が流布しているとき、州兵たちは銃をもって街に入り、群衆を「鎮圧」して救助を行おうとした。その様子は次の通りである。

ひどい無法状態にかんする報告、特にヘリコプターの狙撃にかんするしつこい都市伝説は緊急対応や法的措置を確実に遅らせた。州兵はコンベンションセンターへの接近を、ハリケーンから百時間が経過した九月二日まで拒んだ。「現地で敵を圧倒するのに十分な戦力が整うまで待った」

と、州兵局長ブルーム（Blum, H. S.）中将がレポーターに話したのは九月五日のことだった（カトリーナレポート、二〇〇五年〔一七一〕）。[14]

しかし、

よき友人の一人、シボドー（Thibodeau, J.）大佐は安全確保を主導した。彼らは言った。「ジャック、ここは身を入れてささっと片付けてくれ。」彼は「かかってこい」と言った。そして彼は、何にも出くわすことがなかった――拍手と歓声で、彼らの到着を喜ぶたくさんの人々以外には（ブッシュ（Bush, E.）少佐、カトリーナレポート、二〇〇五年〔一七一〕）。[15]

FEMA、大統領、そしてアフリカ系アメリカ人を含むテレビ視聴者（たとえば、アフリカ系アメリカ人であるライス（Rice, C.）国務長官は伝えられるところによれば、ニューヨークの街を「浮かれ楽しんで」靴を買ったり食事したり、ブロードウェイを観劇していた）[16]の見方は、必要なことは最初の百時間ですべてなされたというものだった。金曜日（五日目）にニューオーリンズを訪れたブッシュ大統領は、FEMAの長官であるブラウン（Brown, M.）に対し、「ブラウニー、とてもよい仕事ぶりだ」と言った。[17]

もちろん、固定観念による最初の報告と現実がどれほど違うものであったか、私たちは今となっては知っているし、今後何年もかけて新たに学ぶだろう。現実は犠牲者たちを、彼らの信頼を裏切る形で深く傷つけた。二十八年間看護師アシスタントを務めたバター（Buter, C.）がニューオーリンズの州間高速自動車道で味わったような経験をした人は、次の発言を被害妄想として退けることはできないだろう。

彼らは私たちを殺そうとしたんです。もしあなたが五日間も食料も水もなしで人々を高速道路の上に留めるなら、それは人殺しです。……ヘリコプターは夜、ライトで私たちを照らします。彼らは私たちがそこにいるのを知っていたんです。警察官、軍隊も何もかも、そして救急車も私たちが何物でもないとでもいうように無視します……私たちは動物よりもひどい扱いを受けたのです。[18]

大人数のグループに対する固定観念は、いかにも起こりそうな「台本」の筋書き通りの展開を生むかもしれない。グループが無能、あるいは犯罪的だとする固定観念をもたれていた場合、傍観者たちは、そのグループが犯罪に走らないとしても、死ぬことを期待するかもしれない。[19]もし傍観者たちが救助者であるならば、こうした信念は自己達成的予言[(2)]となりうる。救助の対象が自分たちより無能で、犯罪的である場合、救助者の助ける意欲は低減する。その意味で、ここでは数が多ければ安全というのではなく、その多数に入ることが危険なのである。ハリケーン・カトリーナの後ニユーオーリンズで起きたことは、正確には集団殺戮でもその未遂でもない。なぜならば、アフリカ系アメリカ人全体の生存が危険にさらされていたわけではなく、また、彼らの全体あるいはニューオーリンズ在住のアフリカ系アメリカ人全体を殺害する意図があったという証拠もないからである。しかし、十万という数字は誰の基準でも大きな数であり、生命を危険にさらすような無視があったし、犠牲者たちは以前から「都心の貧困者」という否定的な固定観念によって社会的に軽蔑されていた。

制度化された人種差別という概念は、一九六〇年代以来、人種差別への批判的言説に不可欠な要素である[20]。アフリカ系アメリカ人や他の有色人種たちは、白人たちが人種を理由に傷つけようとしない場合でも、排除や差別的な危害を公共施設や組織、そして個人からさえも受けるかもしれない。貧困や教育の欠如は、白人社会よりも非白人社会の方で多く見られる。これは世代を超えて続く不利の結果であり、優遇されている個人による実際の敵意や悪意、公然の差別行為なしに存続する。人種差別主義者がいなくても、人種に関連する不利が世代を超えて存続することや新しく発生することは、今日では広く知られている。しかし、カトリーナの事例は制度化されたアメリカの人種差別の歴史とともに、さらに激しい制度化された人種差別を、次のようなきわめて憂慮すべき等式で示している。

従来の不利＋災害＝制度化された集団殺戮

事実、カトリーナの被害者やまじめな傍観者たちの感じる憤怒やイライラ、悲しみは、災害そのものの統計的な数値を超えた反応となる。それは、もっと大々的な悲劇が起こるのではという怖れや恐怖を喚起させる。この場合の悲劇は、貧困による災害への脆弱性や、従前から存在する制度的な人種差別の明白な事実の範疇を超えている。もちろん貧困者、とくに黒人の貧困者は脆弱である。平常時においても、白人中流層の生活にある品物を黒人が手にできない状態は長きにわたり存続してきた。制度化された人種差別は広く蔓延するものだが、しばしばその存在はわかりづらい社会問題であり社会状態である。しかし、人種別住宅供給という制度化された人種差別の様相一つでも、人種嫌悪と苦痛の無視が横行する災害の状況と結びつくと、またたく間に多数の人間が死に瀕するだろう。人種で分けられたコミュニティが災害に見舞われたとしよう。否定的な固定観念で捉えた者によって、グループ全体が人間性を貶められてぞんざいに扱われたとしても、個人レベルでそれを回避する機会はない。個々人には逃げ場も逃げる時間もない。最終的な結論は、大変に恐ろしい新事実、すなわち、制度化された集団殺戮である。カトリーナの事例で起きたようなことは再度起こりうるし、さらに大きなものとなるかもしれない。

普段の生活では、貧しい人々の多くは富裕層や中流層と同じ大衆文化を共有できるので、貧しくないと「見逃される」ことがありうる。彼らは同じテレビ番組を見て、同じものを食べ、同じ贅沢品を欲しがり、同じ神を崇拝する。スプリンガー（Springer, J.）が述べているように、パーク・アベニューやビバリーヒルズに住む人々と、ジェリー・スプリンガー・ショーに出演してほんの一時だけ有名になって、あっという間に忘れさられた貧しい人々を区別するものは金である。貧困とは周りとの比較によるもので、アメリカでの貧困層は他の多くの国、特に「第三世界」の貧困層と比較すると経済的にましであると主張されてきた。しかし他方では、そうした相対性は、たいていは富裕な国における経済的、社会的資源における富裕層、貧困層の格差を表している。アメリカでの究極的な貧困が第三世界のある国々での生活状態に匹敵するものであるとすると、その究極的な貧困は「相対的に」より悪いということになる。なぜなら、アメリカでの富裕と貧困の格差は第三世界の国々のよりも大きいからである。このことは、アメリカの貧困層をある種の第四世界へと格下げする。これに黒人であることと、それに伴う否定的固定観念や、教育や就職等の機会の欠如を加え、「第五世界」という概念を想定できる。さらに今では、黒人のアメリカ人貧困層を災害が見舞うことを加えると、その結果としてのカトリーナ後のような地獄のサイクルの世界を「第六世界」と名づけることもできるだろう。

陰謀論

「制度化された集団殺戮」や「第六世界」が、特定の貧困層を排除することで利益を得られる支配階級のエリートやその他地位のある人々の意思により創られたものだと仮定してみよう。また、白人至上主義や類似の概念の代わりとして、指針となるのが経済的イデオロギーであり、主たる悪行が人種差別でなく貪欲さ、とりわけ「百億ドルは十億ドルの十倍価値がある」という種類の貪欲さであると仮定してみよう。このような貪欲さは、マーベルの漫画に登場する悪役ではなく、政府権力による支援を受けている実在の人々を動機づける。そのような貪欲はすでに、戦争のみならず現代の災害においても、貧しい人々を支配する要素となっているかもしれない。そう考えると、貪欲な悪人たちが、彼らが直接それらを起こすのではないにしても、戦争だけでなく、災害の発生をも待ちわびているとイメージするのに大きな抵抗はないだろう。こうしたイメージは陰謀論の入口まで私たちを連れていく。陰謀論者たちは、ハリケーン・カトリーナのような出来事に対してもっとも冷笑的な分析を行うとともに、将来へのもっとも憂鬱な診断をする。この点にかんする最悪の考察は、クライン（Klein, N.）の『ショック・ドクトリン——災害資本主義の興隆（二〇〇七）』[3]に記されている。[22]

クラインは二十世紀の最後の四半世紀にはじまった自由市場経済への国際的な転換について説明する。彼女の提唱するテーゼは、国際企業の成長と、社会主義、家父長主義的国家や福祉国家の衰えは、一般大衆の好みの変化の結果ではなく大きな強制力の結果であるというものである。クラインによれば、その強制者とはシカゴ大学のフリードマン（Friedman, M.）の弟子とその一派の人々である。フリードマンは彼の学生たち（そのうちの何人かは政府内の影響力のある地位に上りつめた）に、人間社会を統制する「自由市場」の絶対的な価値について教えこんだ。彼の考えはレーガン

(Reagan, R.) 大統領が政権を引きつぐまで評判はよくなかったが、彼らは福祉国家を解体する好機の到来を心待ちにしていた。

クラインによると、軍事攻撃やテロ、自然災害後のようなショック状態にある時は、国民は、自由市場を復元・創造するような新保守主義や新自由主義による経済的変化に対する抵抗を以前よりも示さなくなることを、フリードマン一派は信じていた。ショックという言葉は、破壊的な出来事で引きおこされる心理的な意味のほかに、実際には、精神病患者に対する臨床的な電気ショック、またCIAにより秘密裏に行われるこうした治療の極端な応用や、拷問も含む。人々が何らかのしかたで十分にショックを受けたとき、彼らの思考は開いて空っぽになり、再教育、あるいは「再プログラム」可能となる。クラインはショックの被害者たちがまさにこうした手法で強制されたと主張する。

以下は、クラインの挙げる国際的な政治事例である。一九五〇年代、フリードマンはチリの独裁者、ピノチェト (Pinochet, A.) に税金のカット、自由貿易、社会サービスの削減といった手法を教示した。またフリードマンは、アルゼンチンの自由市場主義への転換に影響力を発揮したが、その際は三万人もの左翼主義者が「行方不明」となった。一九八二年、フリードマンの親しい文通相手であった英首相サッチャー (Thatcher, M.) は、フォークランド紛争の勝利以後、低迷する支持率を好転させた。軍事的勝利の愛国的な祝賀ムードの中、サッチャーは英国の炭鉱夫のストライキを押しつぶし、見境のない株式会社資本主義の奨励だけでなく、さまざまな公益事業の民営化を推しすすめることができた。一九八九年、中国共産党は天安門広場での虐殺のショックを利用して国家の経済を輸出中心へと転換した。一九九三年、ロシア連邦の初代大統領のエリツィン（Yeltsin, B.）は、議会の建物を焼きはらい反対派のリーダーを拘留するために戦車を送った。そして、群衆にショックを与えながら彼の計画する民営化や寡頭政治への道を推しすすめた。

九・一一でツインタワーが破壊されたとき、ホワイトハウスにはフリードマンの親友であるラムズフェルド（Rumsfeld, D.）国防長官を含む、大勢のフリードマンの弟子たちがいた。クラインは、フリードマン一派のねらいが私企業を用いた「テロに対する世界的な戦争」であり、それは政府機能自体の民営化をけん引するものだったと主張する。彼らの計画はイラク戦争でも継続した。二〇〇三年から二〇〇六年の間、安全保障関係の商契約が三千五百十二件から十一万五千件に増加した。[23]

クラインの解釈によれば、民営化の計画は「災害資本主義」へと拡大していった。スリランカでは二〇〇四年の津波の後、海岸に住む貧しい漁民は家に戻るのを妨げられ、政府は彼らの土地を豪華リゾート事業者へ売ってしまった。クラインは二〇〇四年の夏、ルイジアナ州が要請した巨大ハリケーンへの緊急事態基金をＦＥＭＡが拒否したことを報じた。ＦＥＭＡはその代わりに、ルイジアナ南東部とニューオーリンズにおけるハリケーン災害計画の開発のために、民間企業のイノベーティブ・エマージェンシー・マネジメント（Innovative Emergency Management）に契約を発注した。百万ドルの費用で、詳細で合理的な避難計画、給水運搬計画、臨時のトレーラーの駐車場などが提案されたが、ＦＥＭＡは資金不足を理由に、それらを実施しなかった。カトリーナ襲来から二週間後、ヘリテージ財団は共和党議員と会談し、「ハリケーンへの救援」のアイデアを三十二項目発案した。そこには、賃金法やチャータースクール(4)のバウチャー券(5)の一時的中断も含まれていた。ハリバートン（Halliburton）、ブラックウォーター（Blackwater）、パーソンズ（Parsons）、フルーア（Fluor）、ショー（Shaw）、ベクテル（Bechtel）、CH2Mヒル（CH2M Hill）といったイラクで事業をしている企業はみな、ニューオーリンズの復興事業で有利な契約をとった。

加えて、カトリーナをきっかけとした民営化にはどうやら多額の「間接的な費用」が存在していたようだ。クラインは次のような事例を提示している。葬儀関連の複合企業、センディーコーポレーション・インターナショナルの一部門であるケニョン（Kenyon）社は遺体の搬出を一契約あたり十二万五千ドルで受注した。ケニョンはゆっくりと作業をした（その結果は世界中の目に触れることとなった）が、地域の葬儀屋やボランティアたちは助力を妨げられた。ショー社は政府から支給されたブルーシートを痛んだ屋根に掛けるさい、一平方フィート毎に百七十五ドルをFEMAに請求したが、作業員が受け取ったのは一平方フィートあたり二ドルだった（復興のための労働力のうち、少なくとも四分の一はヒスパニック系の不法移民だった）。ライトハウス・ディザスター・レリーフ（Lighthouse Disaster Relief）社はセントバーナード郡で緊急作業員のベースキャンプを建設するためにFEMAから五百二十万ドルを支払われたが、この事業は完了しなかった。さらに実は、この会社は過去にユースキャンプ場の建設経験しかない、宗教的な団体だった。[24] クラインは、こうした悪用は大規模なロビー活動と高額の寄附によって、アメリカ政府と契約した大企業と関連がある汚職であり、大企業は契約を誠実にはたすことを義務づけられていないと示唆する。彼女は書いている。

ニューヨークタイムスによると、「サービス請負のトップ企業は二〇〇〇年以降、三億ドル近い金額をロビー活動に使い、また二千三百万ドルもの政治献金を行った」。その見返りとして、ブッシュ政権は二〇〇〇年から二〇〇六年の間で、おおよそ二千億ドルに上る歳出増を請負企業に対し行った。[25]

現代の災害にかんするクラインの報告のうち最大の問題点は、マニ教主義〔善悪二元論的禁欲主義〕である。読者は、独立しているように思われる出来事や仕組みから悪の全体へと導かれ、今度はそこから構成要素に意味が与えられる。その結果として、直接的な証拠なしに、隠れた共謀者グループが彼らの貪欲さを満たすことを最優先して災害についての計画をたてるという、現代における生活の絶望的な状況を描くことになる。たとえば、政府の十一万五千もの安全保障上の契約のすべてが不正に遂行されているとは思えない。たしかに、大きな力をもち、大勢の人々を害することに加担する機会をもつ、道義心のない貪欲な人々がいる。しかし、こうした集団が最近の災害の責をすべて負うとするのは、入手できる限りの証拠を超えた飛躍した考えである。戦争をはじめるのは確かにこうした集団かもしれない。しかし実行にはその他の人々の協力が必要で、彼らが協力を拒めば、実戦には至らない。そして、彼らは自然災害を通じて利益を得ているのかもしれないが、彼らがそれら災害を作り出せる証拠も、彼らが災害対応における唯一の利害関係者だという証拠もない。資本主義、消費主義、天然資源の枯渇や破壊、迫害、社会的に不利な立場の継承はみな、現代における現実であるが、協力や多産性、自然保護、解放運動、そして人生を好転させるチャンスも現実のものである。

陰謀論の構築と、それが面白おかしく語られることは市民の怒りのエネルギーを発散させ、自律した人々が自らの権限の強化やそれに向けての活動計画から眼をそらせることになる。怒りの源に代わるものとして、理想郷について思い描くことが挙げられるが、これは人々の、小さな変化のために働きかける意欲を停滞させてしまう。なぜなら、理想郷とは明らかに実現不可能なものだからである。[26] クライン自身も『ショック・ドクトリン』の結論部分で、ラテンアメリカやヨーロッパの諸国では、はじめのショックが消えるにつれ、何が自分たちの利益であるかわかった人々が、変革のための組織をつくりだし、フリードマンの思想にもとづく政策が転換されたことを述べている。[27] こうした変革への努力と成就は、災害時の資本主義とそれにもとづく政治体制が、クラインが考えるような常に一枚岩のシステムであれば起こりえなかっただろう。

災害時の積極的行動

群衆として貧しいということは、個人として貧しいことや小集団、隣近所として貧しいということと意味合いが違う。私は、人々に対し何かがなされ、人々から何かが取り上げられようとしているとき、そこには「数的優位」は必ずしも存在しないと主張してきた。しかし、個人のレベルでは、二人や六人の方が一人の場合より多くをなしうることは自明である。他者によって固定観念化された集団の数量としてよりも、人間が一人ずつ加わっていってできたものとして集団を語るならば、そこには数的優位が存在するかもしれない。不特定多数としての「貧しい人」は、本質的に無力なのではないし、たとえ政策に変更がないとしても、ニューオーリンズで起きたことが繰り返されてよいわけはない。どれだけ小さな集団でも、役割を分担する、避難路を覚える、水や食糧、着替えを備蓄する、そして、災害時にすべきこと、平常時の自他への助力義務が災害時に要求することについて考えておくことで、災害に備えることはできる。雨水の貯留、基本的応急処置、簡単な捜索救助は、今やアメリカで暮らすすべての人にとってのサバイバルスキルである。今日のアメリカでは、職場、学校、行政、市民、ボランティア、あるいは独力によるなど多様な形で、あらゆるコミュニティが災害に備えるための方策を有している。ＦＥＭＡや赤十字は災害に備えるための教育活動をおこなったり、備えが必要なもののリストを含む情報をオンラインで公開したりしている。

専門的にでも個人的にでも、誰かに頼りにされている人はみな、彼らを頼る人々が災害時に必要とするだろうことを把握することからはじめることができる。人々は自らの災害関連スキル、強み、責任を評価し、起こってほしくはないが予測される緊急事態にとる行動について、あらかじめ考えておくことが必要である。すでに広く知られている民間と政府との災害時の備えや対応にかんするギャップを考えると、このことは個人にとって道徳的な責任といえる。いずれの災害時にも、情け深いボランティアたちの活動が絶え間なく続けられた。理想としては、他者を助けることのできる人がみな、他者を助けるスキルやとっさの手腕をもっていることが望ましい。それはたんに利他的な理由だけでなく、人を助けるために準備をする人々は、無力な犠牲者になりにくいという理由からでもある。

資本主義と災害

重要なのは、生活に不可欠な物資や災害救助を含めたサービスを、もっともよく提供するのが民間企業と政府のどちらかということではない。重要なのは、それらの物資やサービスが最善のものであるかどうか、またエンドユーザーや消費者がどのような力をもちうるかという点である。私たちが災害に備えるために、資本主義やグローバル企業資本主義から離れるという根本的な変革は必要ではない（それを望ましいと思う人がいたり、他の見方ではその変化が利益を生んだり生まなかったりするかもしれないが）。主要な問題は「行政サービスの民営化」ではない。なぜならクラインやその他の人々が記したような悪用は、行政サービスのあり方だけが原因ではないからである。

もし政府の軍事的な部局や災害救助にかんする部局が、（支援者、批評家双方からの）たんなる呼び名の変更などではなく、中核的な資本主義的な原理原則において実際に民営化されていたら、それは次の二つの方法で実現可能だっただろう。政府（連邦もしくは、連邦の融資を受けた州）が公共の基準にそって企業の能力を評価し、もっとも優れた企業と契約する方法、もしくは、最終消費者の組織にバウチャーを提供し、競合する企業から必要なものを選んで購入させる方法がとれたはずなのである。しかし、そのどちらも起きなかった。それに代わり、イラクとニューオーリンズでは、基準の開示がないまま、しばしば競合する入札なしに、民間企業との契約が行われた。バウチャー制度がない状況では、災害の犠牲者であろうと占領されたイラク人や軍関係の購入者であろうと、最終消費者は物資やサービスの提供者を選ぶことはできなかった。

連邦の予算源である税収が常に安定していると仮定しよう。個人であろうが組織的な消費・使用であろうが、物資やサービスを現物あるいは（税金から賄われている）バウチャーを用いて得ることは、その予算にとっては同じことである。競合する民間企業が教師に給料を払って経営するチャータースクールとそれに対するバウチャーは、民営化された教育の例である。しかし、競合相手がおらず政府が費用を支払う一つの企業のみが、教育、葬儀、天井の修理を無料もしくはバウチャーと引き換えに行うとすれば[28]、これでは「民営化」どころか「独占資本主義」ですらない。最終消費者に選択の余地がなく、契約にさいして競合関係がないかぎりにおいては、政府に保護された独占、というほかかない。これはフリードマンの思想に影響を受けた「民営化された政府」の考えからすれば皮肉である。政府は画面から消えずに、請負業者と下請け業者を選ぶことの利点を公示することなく民間会社を任命することで、自らの力をより大きなものにしたのである。

ある物資やサービスが、ある時ある場所で、最適な仕方で提供されるのは、政府職員によってであるか、あるいは民間企業によってであるかは、その時次第である。たとえば、いくつかの社会では、公的教育からプロパガンダがなされたり、配給される食品の量が不十分で栄養がなかったり、公的な健康管理が医学的な基本水準に達していない場合がある。これらの失敗が民間会社による教育、食料品、健康管理に帰着する社会もある。最近の代理システムの競争なき乱用を「民営化」「外部調達」「グローバル企業資本主義」と呼び、それらの言葉が重要な問題を診断すると考えることは、命にかかわる物資やサービスの水準の重要性にかんする議論を避け、消費者の自律性がもつ民主主義的な価値を見落とすことである。民主主義的な社会においては、統治下の人々が親切なあるいは卑劣な政府の手のうちにある受動的な存在とみなされるべきではない。本当に焦点を当てるべきは統治下にある者、すなわち国民の活動なのである。

カトリーナ後の不利な立場の人々に対するスパイク・リーの見方

原理上は、災害は平等な出来事である。嵐は犠牲者を選ばない。しかしこれまでのところ、アメリカにかぎらず、最近の市民の災害による犠牲者の典型は、もともと社会的、経済的、政治的に不利な状態にあった。もしこれがすべての事例に当てはまるとすれば、将来予知しうる災害に、市民の災害にたいする完全に社会構成主義的なアプローチをとることに意義があるだろう。ここで「市民の災害」とは「命や幸福、資産を失うような突然の不幸で、他の集団や地域より従前から不利な立場にある社会の集団や地域に降りかかるもの」という意味をもつことになるだろう。こうしたアプローチはある程度、現代災害を題材にしたいくつかの自由主義的な表現物の中で前提とされる。たとえばリー（Lee, S.）の『堤防が破壊される時——四幕の鎮魂歌（二〇〇六）』には「アメリカの悲劇」の副題がつけられている。

リーのドキュメンタリーはハリケーン・カトリーナの犠牲となったアフリカ系アメリカ人の、歴史的に続いてきた不平等を描いている。人命や財産が失われたことへの深い悲しみのシーン、奴隷制の歴史の参照、インタビューを受ける人々の、土地や家にたいする強い想いが感じられるドラマティックな挿話、そして背景にあるジャズのサウンドトラック音楽——そのすべてが黒人特有の文化を豊かな背景とともに運んでくる。退去させられたニューオーリンズ市民のほとんどが職をもち、家を所有していたが、一度退去させられると、彼らには物的資源がほとんどないか、まったく残らなかった。ニューオーリンズ再建に向けた努力の一部は、無職の黒人ではなくヒスパニック系移民の労働者を雇用して実施された。リーが取り上げた人々が、こうした経済的な「軽視」や、土地や住居を押収して金銭を得る人々に不満を述べているように、奴隷制や黒人の搾取と移住といった歴史的によく知られたテーマが呼びおこされる。リーは早い段階で、ウエスト（West, K.）が言った「ブッシュ大統領は黒人のことを気にかけない」というメディア映像を繰りかえしながら、こうした暗い調子を打ちだした。

リーの映像の被写体として、人種差別的な発言をする白人は登場しない。何人かの被写体は、ヒューストンのアストロドームにいるカトリーナの避難者は嵐によって利益を受けているという、バーバラ・ブッシュ（Bush, B.）が出したコメントについて痛烈に非難したが、彼女自身は直接登場しない。このように、リーのドキュメンタリーでは白人による制度化された人種差別の結果を描いており、インタビューの受け手は、人種差別主義者がいなくても明るみにでる事実上の人種差別の悲劇に対処している。改めていうと、カトリーナのずっと前から、アフリカ系アメリカ人は人種と関係のない経済的、文化的な面で排除、差別されており、このことは常に明白な問題であった[29]。

それでも、そこに描かれる災害は、古くからある意図的な人種差別とまったく無関係なものではない。黒人のインタビューの受け手は、白人による差別的な言葉が自身や従弟に使われたことを述べる。黒人のニューオーリンズ市民が経験した直接的な嫌悪としての人種差別は、カトリーナが直撃した時、彼らは爆発音を聞いたという報告に現れている。リーのインタビューの受け手のうち何人かは、白人居住区の堤防決壊を防ぐために、黒人居住区の堤防が爆破されたと信じている。これは実際、一九二七年のミシシッピ大洪水のさいに生じたことである。二〇〇五年のニューオーリンズのハリケーンで被害に遭い、ニューヨークへ移住したある女性は、「死ぬ目にあいたくない」ので戻ることはないだろうという。黒人の生存者は嵐の翌日を思い出し、彼らの必死の救助要請や合図にもかかわらず、ヘリコプターが頭上を越して去っていった出来事について詳しく話す。

暴風雨警報から被害状況の撮影、救助や緊急対応の努力、再建や復興の試みへと展開しながら、『堤防が破壊される時』の四幕は、アメリカの文明の重要な物語をアフリカ系アメリカ人の視点で伝えている。災害時の人種差別だけでなく、歴史的に続いている人種差別をも呼びさましながら、『堤防が破壊される時』が陸軍工兵部隊、腐敗した州や市の政治、そしてブッシュ大統領への非難に向かうのも当然だ。このドキュメンタリーでは繰りかえし、彼らのハリケーンへの対応とその遅れ、復興への無関心さが、物理的にたんに嵐によって引きおこされたものでありながら、社会的に作られた災害を構成していることが明らかにされる。地元のジャーナリストは地域の荒廃はハリケーンが原因ではなく、ポンチャートレイン湖からのレベル一や二の高潮にも耐えられないような、脆弱に設計された堤防のせいであると主張する。

より広い見方

『ショック・ドクトリン』タイプの陰謀論や陰謀論に近い考え方や、リーのインタビューの受け手たちから感じられる被害妄想に近い考え方は、紛れもない真実だとはいえないにしても、有益な洞察をもたらす。クラインは、完全なる黒幕による陰謀論を示唆したわけでも、立証したわけでもない。[30] 彼女の記述は「あたかも」政府の指導者たちが組織的に、フリードマンがはじめに提唱した自由市場主義を発展させようと企てているかのように進んでいく。同様に、リーのインタビューの受け手たちも、黒人被災者たちの窮状の原因についてのよく練られた「理論」に関わっていたのではない。彼らによる自身の置かれた状況への評価は、「あたかも」政府の指導者たちが「黒人が好きではなかった」かのように進行する。両方のケースに見られる有益な洞察は、政府が透明性と有効性という点で失敗していることである。透明性と有効性は、平等主義の理想をかかげる民主主義社会において向上させることができるはずだとみなされている。

人種や人種差別の問題についてさらに言うと、貧しいアフリカ系アメリカ人に対する人種差別の話は、カトリーナの対応において何が間違っていて何が正しいかを語る上で十分なものではない。リーはハリケーン・カトリーナの発生過程や、技術者が用いるハリケーンモデルの問題点、またカトリーナが上陸したときのニューオーリンズの気象条件の複雑さについて詳しく説明しようとはしなかった。[31] 今では災害担当職員の中には、ニューオーリンズでの災害対応は次の二つの理由で、成功裏に終わったと信じている人がいる。米国湾岸警備隊が三万三千人以上の人々を救助したことと、[32]「依存都市」と揶揄されたアストロドームが六万五千人に一時的なシェルターと生活用品を、ハリケーン・リタ[33]によって避難を余儀なくされるまでの二十一日間、避難者に提供したことである。アフリカ系アメリカ人だけがカトリーナによる犠牲者ではない。[34] カトリーナでは八百五十人のアフリカ系アメリカ人に加えて、五百五十人の白人が亡くなった。そして、四百四十四人の犠牲者については人種が特定されていない。二人の白人姉妹が、うち一人はビールを飲んで大胆になっていたが、政府に対し辛辣な批判的コメントを出した。しかし、老人集団特有の弱さや障害者の窮状について、ドキュメンタリーの中ではほとんど触れられなかった。たとえばカイシェタ（Caixetta, B.）は車いすに乗った中流のヒスパニック系女性だが、彼女を救助するという保証を国中から繰り返し得たのちに、自分のアパートでゆっくりと溺死した。[35]

ここに書くべき結論は二つある。一つ目は、無視をされ粗末に扱われた災害犠牲者への共感や、こうした正義に反することへの怒りは十分に正当化できるということである。しかし、二つ目の結論は、カトリーナの事例においてさえ、潜在的な不利の中に人種や階級のみならず、少なくとも障がいや年齢といった要素が含まれていたということである。カトリーナの事例をさらに広げて考えると、災害への備えや対応はニーズに根差して行われるべきだと言うことができる。なぜならば、すべての社会的に不利な人々が災害時にも同じように不利に苦しむとはかぎらないし、アイデンティティに根差したどのような特別な災害への備えも、少なくとも平常時の積極的優遇措置（Affirmative Action）と同じくらい異論が多いからである。食糧、水、シェルター、避難や個人の移動補助といったニーズは、平等主義的な方法による災害への備えや物資の配備にも直接通じるものである。より些細な例であるが、現在の空の旅に対する世論の中で、多くの搭乗客が、障害のある乗客のための特別な取り決めが全員のチケット代金の増額によって賄われていることを聞いてそれに反対するとしてみよう。そしてさらに、代金の上乗せの中に、英語を話せない乗客のために通訳をする職員の追加雇用のための資金が含まれているならば、乗客の抗議はより大きなものになるだろう。しかし、もし一定数の車椅子が必要だと説明されたり、追加のサービス職員が必要であることが説明されれば、彼らの反応はより寛容なものに変わるかもしれない。

注

1　Creed, P. and Newman, R.（2008）Firefight: Inside the Battle to Save the Pentagon on 9/11, New York: Ballantine Books, 330.
2　著作権一九六四年、Special Rider Music により一九九二年に更新。
3　ザンジンガーの人生の残りの記述とハッティ・キャロルの親族がどのように彼女を記憶しているのかについては、Frazier（2004）, "Legacy of Lonesome Death, "Mother Jones, November/December 2004, at www.motherjones.com/commentary/slant/2004/11/10_200.html.
4　press_release/president_bush_signs_pets_Act.html.
5　国境警備隊の一／三の人員（六百人中二百人）が、火災現場に配置転換され、救助活動に当たった（www.msnbc.msn.com/id/21437752 参照）。しかしながら、煙が充満したトマト畑で働き続ける不法外国人についてのニュース記事と、テレビ報道があった。十二人のメキシコ人家族がサンディエゴのクアルコム・スタジアムにおける略奪の罪で訴えられ、即時にティファナに追放された。アメリカ先住民保護地区を含むたくさんの貧しいコミュニティは避難しておらず、その居住者は、赤十字を含む公式な支援組織からは顧みられなかった。

これは、カリフォルニア大学サンディエゴ校チカーノ（メキシコ系アメリカ人）研究の教授ジャスティン・エカーズ・カコン（Justin Akers Cacon）が、二〇〇七年一一月に"Divided by Fife: Two San Diegos Emerge from the Flames"で報告している。以下の二つのサイトにおいて閲覧可能。www.socialistworker.org/20072/651/65106_Divided.shtml 及び www.dissidentvoice.org/authQr/lustinAkers.

6　news.yahoo.com/s/ap/20071115/ap_on_go_pr_wh/airline_delays.

7　www.helpjet.us.

8　Klein, N.（2007）*The Shock Doctrine: The Rise of Disaster Capitalism*, New York: Metropolitan Books, 415–16. Help jet のホームページは www.helpjet.us.（『ショック・ドクトリン：惨事便乗型資本主義の正体を暴く』岩波書店）

9　この記述はホワイトハウスの"The Federal Response to Hurricane Katrina: Lessons Learned 5–9（2006），" 再販 Farber, D. A., Chen, J.（2006）*Disasters and the Law: Katrina and Beyond*, New York: Aspen Publishers. をもとにしている。レポートは、二〇〇六年二月に書かれ、そのときに帰還していない避難者は五十万人であったと見積もられる。二〇〇七年になるとその数は約三十万人と書かれている。例えば、Bond, J.（2007）In Katrina's Wake: Racial Implications of the New Orleans Disaster（spring/summer 2007）: 27.

10　この点に関する私の記述については、私は主に Bond, J. "In Katrina's Wake," 15–22 及び Saucier, D. A. Smith, S. J. and McManus, J. L. "The Possible Role of Discrimination in the Rescue Response after Hurricane Katrina," Journal of Race and Policy, 113–14 を頼りにした。

11　Teasley, M. L. "Organizational Cultural Competence and Disaster Relief Participation," *Journal of Race and Policy*, 102–12.

12　Bond, "In Katrina's Wake," 28–29, Davis, M. "Who Is Killing New Orleans?", *The Nation* 二〇〇六年四月十日及び the Center for Social Inclusion, "The Race to Rebuild: The Color of Opportunity and the Future of

New Orleans," August 2006, www.centerforsocialindusion.org/PDF/racetorebuild.pdf.

13　Fjord, L., "Disasters, Race and Policy: [Un] Seen Through the Political Lens on Katrina," *Journal of Race and Policy*, 46–65（下院の報告は四十六—四十七頁を引用）. U. S. House of Representatives, *A Failure of Initiative: Final Report of the Select Bipartisan Committee to Investigate the Preparation for and Response to Hurricane Katrina*, 109th Congress, 2nd Session, H. Report 108–377. www.gpoaccess.gov/serialset/creports/katrina.html, February 15, 2006, 223.

14　Fjord, "Disasters, Race and Disability," 52.

15　Fjord, "Disasters, Race and Disability," 52.

16　Bond, "In Katrina's Wake," 18.

17　Bond, "In Katrina's Wake," 19, the White House（2005）Office of the Press Secretary より引用。

18　Bond, "In Katrina's Wake," 19, Ransby, B.,（2006）Katrina, Black Women, and the Deadly Discourse on Black Poverty in America, *Dubois review* 3, no. 1 より引用。

19　Ford, "Disasters, Race and Disability," 46–65.

20　Zack, N.（2002, 2006）"Race and Racial Discrimination," in *Oxford Handbook of Practical Ethics*, ed. Hugh Lafollette, Oxford: Oxford University Press, 245–271 参照。

21　人種差別がどのように悪行となるのかに関する議論については、Zack, "Race and Racial Discrimination," 245–271.

22　Klein, N.（2007）*The Shock Doctrine: The Rise of Disaster Capitalism*, New York: Henry Holt.

23　Klein, *The Shock Doctrine*, 3–12.

24　Klein, *The Shock Doctrine*, 409–412. クラインの情報源はその多くがニューヨーク・タイムズの記事であるので、彼女がそれを編集して報告する内容はほとんど秘密のものではない。

25　Klein, *The Shock Doctrine*, 412.

26　確かに、九・一一以降に活発になった陰謀論の創出と同様に「消費」は、いくつかの事例においては現実的な政治への関与の代用のようにもみえる。Fenster, M.（2008）*Conspiracy Theories: Secrecy and Power in American Culture*, Minneapolis: University of Minnesota Press., esp. 279–291.

27　Klein, *The Shock Doctrine*, 424–466.

28　Klein, *The Shock Doctrine*, 410–412.

29　Zack, N.（2006）*Thinking about Race*, Belmont, CA: Thomson Wadsworth, ch. 5; Loury, G. C.（2002）*The Anatomy of Racial Inequality*, Cambridge, MA: Harvard University Press.

30　このような、大規模なイベントを操って真の政府を形成する強大な秘密結社が必ず登場する記述には、今日は事欠かない。例えば、Fenster, *Conspiracy Theories*, 197–278 のように、九・一一後のトゥルース・ムーブメント（真実を求める運動）がある。そして、もちろん、それ自身の理論もある。例えば、インターネットビデオ Zeitgeist: Addendum and Daniel Estulin's The Bilderberg Group, Walterville, OR: Trineday, 2007.

31　John Schwartz, "An Autopsy of Katrina: Four Storms, Not Just One," *New York Times*, May, 30, 2008, www.nytimes.com/2006/05/30/science/30storm.html.

32　"Coast Guard: Observations on the Preparation, Response, and Recovery Missions Related to Hurricane Katrina," GAQ–06–903, U. S. Government Accountability Office, July 31, 2006, www.gao.gov/docsearch/abstract.php?rptno=GAO-06-903. 参照。

33　二〇〇六年五月十三〜十七日に、ロサンゼルスで行われた全国ＣＥＲＴ会議において、政府職員が、ハリケーン・カトリーナへの対応を映像で報告した。そこには、自らの成功とヒロイズムが描かれていた。市民災害対応チーム、略称ＣＥＲＴは、地域コミュニティにおいて、ボランティアに対し標準化された緊急対応の訓練を提供する国家組織である。

34　コロンビア大学が www.katrinalist.columbia.edu/stats.php に掲載している統計データによれば、黒人以外の人種に相当な数の死者が出ている。

人種内訳	
アフリカ系アメリカ	八三〇
コーカサス	五五三
ヒスパニック	三六
アメリカ先住民	六
アジア／太平洋諸島	一四
その他	〇
人種不明	四四四

35　Kailes, J. I.（2005）0V1-3aRestricted.doc. See also www.benildacaixeta.com. Improving Access to Disaster Services for People with Disabilities and Seniors, Center for Disability Issues and the Health Professions. www.jik.com/11-28-05%20CHHS_Draft_Report%20V1-3aRestricted.doc. また、www.benildacaixeta.com を参照。一八九〇人の犠牲者全員の名前と人口統計については twww.katrinalist.columbia.edu.

訳者注

（1）　一九八六年に制定された米国の環境関連法。事業を通じて土壌汚染をした場合の補償金を積み上げることを義務づけた。

（2）　たとえ根拠がない予言でも、人々がそれを信じて行動することで結果的に予言通りの真実となるということ。

（3）　邦訳は『ショック・ドクトリン：惨事便乗型資本主義の正体を暴く』。ここでは原著の「災害資本主義（Disaster Capitalism）」を用いる。

（4）　地域の人々が望む特色を取り入れた認可式の公立学校。

（5）　子供のいる家庭にバウチャー（クーポン）が交付され、保護者や子どもが自由に学校を選択し通うことのできる制度。学校側は多くの生徒に選ばれるような学校づくりをするため、ある種の市場原理がはたらく。

結論——災害の倫理綱領、その意味するところと水危機

これまでの章は、何も「証明された」わけではないという意味では、結論に到達していない。しかし、これまでの議論には説得力があったと思われるので、これからの議論のための新しい課題が可能になるとともに必要になる。それゆえ私はこの本を、災害の倫理綱領、災害の倫理の意味するところにかんする簡潔な議論と、いくつかの長期的な社会問題、たとえば水不足のような問題を災害とみなす提案、そして世界的な水危機への倫理綱領で締めくくりたい。

災害の倫理綱領

災害の倫理綱領は必要である。なぜなら、倫理には一般に人の生命と幸福が関係しており、災害がこれらの価値を脅かすためである。しかし、災害の倫理綱領を考える前に、この本の議論において出会ったいくつかの問題について心にとどめておく必要がある。

一．災害とその具体的な詳細は予測不可能な性質をもっているので、すべての災害に適用できる行動の詳細なリストはない。

二．帰結主義と義務論の道徳システムの対立は、行動についての相容れない一般的な原理を生みだす。帰結主義が現実的に見える一方で、義務論は、たとえばお互いを傷つけてはいけない、といった、幅広く支持されている道徳的見解に近い。とはいうものの、災害は、それらの原理に対し予測不能な例外を余儀なくさせるので、ケースバイケースの分析が求められる。徳倫理学が加わることで、帰結主義と義務論の拡張によっても埋められないギャップを埋めるだろうが、今度は、私たちは、自分たちが好む徳について批判的に考える必要がある。

三．民間団体や政府の備えと対応の義務については、いまだ幅広く議論されておらず、受け入れられていない。

四．広く普及している考えと政府の構造は、安全保障と安全を一緒にしており、それでは公共の安全が損なわれかねない。

五．災害は、災害対応にかんする法政策に記されていないところで人の尊厳を傷つけうる。

六．災害は、平常時において不利益を被っている人にさらに悪い影響をもたらすが、社会的不正を永続させてきた偏見が、災害の備えと対応において直ちに変わるとも思えない。

これらの問題は、この本の各章における分析や議論の過程で一時的な解決を生みだした。以下は、さらに進んだ道徳的議論を支えるのに役だつだろう。

災害の倫理綱領

一、一般的な道徳的義務：災害のために計画し対応する道徳的義務がある。災害のために計画することは備えと対応の一部であり、災害の備えと対応は、道徳的評価の対象である。災害への備えと対応は、平和的な協力という想定にもとづかなければならない。

二、適切さと公平性：災害計画と対応に適用される道徳システムは、平常時に他者に対し行うことを許されていることについての、幅広い合意にもとづく直観に反してはならない。起こりうる、あるいは目前の災害にたいする道徳的決定には、幅広い公衆の議論が必要である。資源がかぎられているため平等主義的でない場合でも、公平でなければならない。災害計画において最良の原則は、「最善の備えのもとで助けられる人すべてを公平に助ける（FSALLBP）」である。

三、個人の責任：個人には、自らと自らに依存する人々の生命と幸福を最大限守るように、災害に備え対応する道徳的義務がある。個人やそれに依存する人々に害を与えないかぎりにおいて、この義務は、隣人、同僚、そして見知らぬ人を助けることに拡大される。

四、社会契約の義務：民主主義的政府は、統治される人の人生をよりよくするために設立された。

それゆえに政府は、そのサービスが災害で一時的に中断する前に、個人による災害の備えと対応の計画・実施を助ける義務がある。政府にはまた、独自の災害への備えと対応を計画し実施することが求められる。

五、安全と安全保障：国民の安全と、国家間の権力の協力をともなう安全保障は分けて扱わなければならない。

六、尊厳：すべての災害の被害者の人としての尊厳は、もっとも重要な道徳的価値のひとつとして守られるべきである。

七、ニーズ：災害の備えと対応において、民間および政府の計画立案者は、すべての被害者のニーズに対処しなければならない。

災害の倫理の意味するところ

災害の定義は、災害にかんする道徳的側面が考慮されることにより、新たな重要性を得る。人類は常に、ニーズや欲求を満足させるために環境を変えてきた。技術的な専門性、科学的理解、そしてすべての人の人生と幸福への道徳的関心の進歩は、自然的と人為的災害にたいする、より活発で先行的で批判的な態度を可能にしてきた。今日、災害の定義には、災害を防ぎ、備え、対応する行動をとることができるという想定がともなっている。このように災害の原因と結果に関わろうとする私たちの動機と能力は、災害の道徳的側面を可能にする。倫理学上の有名な命題が述べるように、私たちは何かをすべきであるという主張は、それができるということを意味する。それだけでなく、私たちができることは道徳的反省を生みだす。なぜならば、それは私たち自身と他の人々の幸福に影響するからである。

災害とは、望まずして大勢の人が巻き込まれる出来事であるから、人間の介入と反応にかんする災害特有の要因は、私たちが望まない他の大規模な出来事にまで拡張される。それらは現在災害とみなされている出来事よりもっと長期間におよぶ出来事である。自動車事故、エイズ、世界飢餓、戦争の市民への影響、そして大きな金融危機は、災害とみなされる長期の出来事の例である。地球温暖化はすでに災害の原因として認識されている。豊かな社会においては、これらのリスクのうちの自動車事故や金融危機などは、すでにその対応という点では、災害として扱われている。

私たちが現在災害とみなしているものよりも長期的な、多くの人的犠牲を伴う破壊的出来事のすべてを災害に算入することは、単に定義や意味上の問題ではない。ある出来事がひとたび災害として分類されると、官民の関係部署は、より直接的に動員され、防止、沈静、準備、対応、復興に意欲的に取り組む。しかし、エイズや世界的飢餓のような破壊的出来事も、その状態がしばらく続くと、災害時に沸き上がるような激しい反応もないままに、人々は、平常時における「社会的問題」としてそれに慣れてしまうだろう。そのような災害に対する慣れは、事態収拾のために介入できるはずの安全な人を隔離することで、苦しむ人や犠牲者を無視することに導く。その問題が歴史的な流れをたどる、あるいは個人や小さな団体がそれらの問題を解決しようと人道的な努力を行うにつれ、時間がかかるが実際に事態は改善されるかもしれない。しかし、慣れや平常化の過程が長ければ長いほど、短期での効果的な解決策の可能性は少なくなる。

平常と災害の問題の多い区別は、危険やストレスに対する人間の「戦うか逃げるか」という反応に、目に見えない時計が結びついたと想定するとうまく説明できる。戦うか逃げるかという激しい反応は、個人であれ集合的であれ、短い時間を超えては明らかに維持できない。短い時間を超えるとき、病理学的診断が下される。たとえば、危機が過去にある場合は心的外傷後ストレス障害（PTSD）、あるいは、現在進行している危機が平常の効果的に対応する能力を超えた場合は「燃え尽き」と診断される。個人が経験する、外的事象に起因するストレスの許容範囲には、社会的文化的要因はもちろん、心理的生理的要因によっても決められる、時間的な限界がある。個人の経験をこのように構造化することで、人が「平常」と考えていることの重要さがさらにきわだってくる。他の肉食性の種と比喩的かつ現実的に類似しているのは、私たちが世界に存在することの初期設定が、静かで、自己満足的で、怠惰であるということである。

災害を理解し、構造化し、道徳化する、すなわち「手なずける」ことができれば、災害自体が平常化されるだろう。しかし、ここで私たちは注意ぶかくならなければならない。なぜなら、安全で特権を得ている人が、彼ら以外の人々には手が付けられない状況を自分たちのために手なずけることは、極めて容易だからである。私たちが平常としてすでに受け入れたものが「災害化」される場合、戦うか逃げるかの反応、心的外傷、心的外傷後、あるいは、進行するストレスという新しいサイクルが生じるだろう。それゆえ、私たちは新しい災害の被害を軽減し、構造化し、合理化し、道徳化できることを確信しなければならない。さもなければ、私たちは、不安や恐怖、無益な戦いに動転するだろう。また、他の危機により効果的に使うことができるかもしれない精神的、物理的な資源を枯渇させるかもしれない。私たちの課題は、災害の危機を否定したり、あるいは誇張することなく、正しい方法で災害を認識し手なずけることにある。過去にはうまくいかなかったかもしれないが、最善の努力が適用できる、あるいは適用されるはずの将来の危機や災害はいくらでもある。以下では、世界的な水危機について考えてみよう。

世界的な水危機

二〇〇七年には、毎日およそ一万六千人、つまり五秒に一人、子どもが飢餓で死んでいる。[1] しかし、世界的な飢餓は、災害というよりも今では十分に確立された社会的問題である。もし明日、一万六千人の子どもがヨーロッパやアメリカで火事やハリケーンから生じた微粒子で亡くなるとしたら、それは災害だろうか。もし、アメリカで一万六千人が一日のうちにテロリストの攻撃により死ぬとしたら、それは災害だろうか。

世界的な飢餓は、長い間続いている。そのため、世界的な飢餓の事実は災害と呼ぶにふさわしいにもかかわらず、災害とみなしがたい。世界的飢餓が、突然に災害とみなされることはまずないだろう。しかしその次に来るのが、世界的飢餓よりさらに壊滅的な結果をもたらす大惨事である場合はどうだろうか。地球上の水不足は、災害とみなされるだろうか。それとも社会問題、すなわちすでに不利な状態にある人々にとっての不運な生活状態であろうか。

二〇〇九年三月十四日に、国連世界水発展報告書第三版（WWDR-3）が、トルコのイスタンブールで行われる第五回世界水フォーラムで報告されるだろう。WWDR-3は、気候変動、国連ミレニアム開発目標、地下水、生物多様性、インフラ、バイオマス等にかんする新しい情報を含む包括的な形式となっており、すべての事項は関連する専門家の監視下におかれることになっている。[2] 世界的な水不足にかんする事実は争点になっていない。現時点において十二億人の人が、安全な水へのアクセスをもっていない：サハラ砂漠以南のアフリカの約五十％、アジアの二十八％、ラテンアメリカの十八％、エチオピアの田舎の八十八％（四千万人）、インドの五億人である。開発途上国の病気のうち、八十％は、水由来の病原体により、病床の半分は、水を原因とする病気による患者で占められている。二〇二五年までに、世界人口の一／三が、安全な飲料水と適切な衛生措置を欠くことになると想定されている。

世界の水危機の原因は、経済成長と人口増加、地球温暖化、衛生の欠如、産業そして化学による汚染である。氷河は融解し、河川は次から次へとせき止められ、あるいは迂回させられ、帯水層はかなりの割合で枯渇しつつある。残りの安全な水源は、急速に民間の商業利益にあてられ続けている。海面上昇は、塩水を淡水に変えることを迫っているが、脱塩化のプロジェクトは高額であり技術の進歩が求められている。水をめぐる政治紛争は、協調的に解決されなければ戦争へと向かいかねない。また、豊かな国の住民により過剰に水が使われている。[3]

災害と社会的問題のもっとも大きな違いは、危機的な出来事が短期間に凝縮して起きることが災害と判断されるため、災害の道徳綱領に緊急性があることである。他方、社会問題は長期的に展開し持続するため、それを解決するための行動は、選択肢をもち猶予が認められている。ここで、世界的な水不足が災害として捉えられるとしてみよう。災害の倫理綱領はそれに対してどのようなことを含意するだろうか。

世界的な水危機に対する倫理綱領

一、一般的な道徳的義務：水不足の増大に対し被害軽減のためのプロジェクトを計画する道徳的義務がある。それらのプロジェクトが現在の情報のもとで十分に計画され実施されるかどうかは、道徳的に評価される。また、計画では、水の利用形態はいくつか制限され削減されねばならないし、政府機関と公共施設は、新たな水不足地域にいる人々に、直ちに真水を供給しなければならない。水源の管轄と水の消費の管轄が異なるときは、対立を避けるために、協力して予想される水不足を緩和し、緊急用の水を貯留することが求められる。さらに、現在、安全な水の不足に苦しむ十二億の人に、人道的立場からの即時の支援をすべきである。

二、適切さと公平性：ＦＳＡＬＬ（助けられる人すべてを公平に助ける）を水不足に適用することは、この時点において、水不足に苦しむ人は誰もが助けられるという期待をつくりだす。緊急時に不十分な量の水を配分するさいの公平性は、事前の被害軽減や非常用備蓄において十分に努力したにもかかわらず水が不足する社会や地域に、不利益を与えるものであってはならない。すなわち、それは、必要以上に水を使用している人の犠牲を要求することになるだろう。すなわち、かぎられた水資源の公平な配分は、既存の水所有権の一時的な中断を必要とするだろう。

三、個人の義務：個人には、自分自身と自分に依存している人が非常時および長期的な水不足を乗り切れるよう、可能な限り十分な水を確保する責任がある。

四、社会契約の義務：政府は、その統治下にある人の人生をよりよいものにする義務によって正当化されており、個人が水に対する責任を果たせるよう支援することが求められる。そのような合法的な民主主義的政府には、必要な水源を維持する責任があり、それが枯渇したときには、新しい水源を得る責任がある。

五、安全と安全保障：安全かつ十分な水は、主として公共の安全にかんする事項である。安全で十分な水を脅かすような犯罪とテロリストの行為には、安全保障という別個の問題として取り組まなければならない。

六、尊厳：十分で安全な水をもっていない人は、その点において、それをもっている人に比べ低く評価されたり、敬意を払われなかったりするべきではなく、十分で安全な水へのアクセスは、彼らの尊厳のための要件とみなさなければならない。水を必要とする人のために水を調達して配ることは、そうすることができる人にとっての人道的な理想、あるいは道徳的義務である。

七、ニーズ：豊かな先進国においては、身体を支え衛生を維持するために、そして人が必要とするその他のことを支えるために必要な量以上の水が消費されている。ニーズの問題は、社会正義にかんする事項を含むことから長期的に論じることはむずかしい。しかし、水がない緊急な状況において人が水を必要とすることは、わかりやすいことである。人が水を必要とするという普遍的な性質を、普遍的な権利として解釈するのは容易である。前国連事務総長のアナン（Annan, K.）は「安全な水へのアクセスは、人の基本的なニーズであり、それゆえに基本的な人権である。汚染された水は、すべての人の身体的、社会的健康を危うくする。それは人の尊厳を傷つける」と述べた。[4]

追記——人の生命の道徳的価値と金銭的価値

本書では、道徳的価値——その第一のものは人間の生命である——は、絶対的であると仮定してきた。道徳的に考えるとは、経済的な選択と物質的な財を超えたことがらについて熟考することである。これはナイーブな考え方かもしれない。なぜなら、たとえば、金銭やその他の資源が人の命を助け、永らえさせることと関係することがあるからである。経済学者、保険会社、そして公共政策の立案者は、この最後の実利的な現実に対し敏感である。

二〇〇八年七月十一日に、米国環境保護庁（ＥＰＡ）は、アメリカ人の生命を金銭的に再評価したことによりマスコミの注目を集めた。五月にＥＰＡはその数字を七百八十万ドルから六百九十万ドルへ見直していた。この「統計的生命価値」を用いることで、救命活動の結果とそれに使われる費用のバランスを考えることができる。統計的生命価値が低ければ、救命活動に対してあまり費用をかけないことが許容される。しかし、統計的生命は、稼ぐ能力、社会に対する価値、あるいは愛や家族関係によって測られるのではない。その代わりに、それは、人が特定のリスクを避けるために支払う額と、そのリスクを引き受けることに対して、その人に余分に支払われる額にもとづく。統計的生命を計算するためのデータは、給与支払い簿の数値と世論調査から収集される。そのため、統計的生命は、「命の値段」とは異なるはずである。[5] 多くの場合、アメリカの統計的生命は、価値という点においては不法死亡訴訟で陪審員がはじきだす賠償金の額よりも低く、そしておそらく大部分の生命保険契約の額面価格よりも高い。そして、それはアメリカのような環境保護行政がない国に住む人の統計的生命価値よりも高いだろう。

ＥＰＡがアメリカ人の統計的生命を九十万ドル下げたことに対し、国民からは即座に反応があった。ボクサー（Boxer, B.）上院議員（民主党・カリフォルニア州選出）は、価値の減少を「常軌を逸した」ことと呼び、「この常識を外れた決定を覆す」ための法的手続きをとると約束した。ボクサーは、記録された経済的な決定にもとづく統計的生命の経済的基礎を無視し、その代わりに、それを人の生命の絶対的な価値と混同した。彼女は、「ＥＰＡは、アメリカ人は皆それだけの価値があるとは考えていないようであるが、私たちは皆、家族に対する、あるいはコミュニティや職場、国家に対するアメリカ人の生命価値がこれまでと変わらないと信じている。この新しい数学は退場しなければならない」と述べた。適切な金銭価値が人間の生命のそのような非物質的な価値にもとづくとされるかもしれないということ、そしてＥＰＡの現在の統計的生命価値にかんする数字についての問題は、その数字が低すぎる点にあるということを（これは彼女の誤解であるのだが）前提にしたボクサーの発言は、注目に値する。

もし、金銭的価値が他者に対する個人の生命の価値にもとづくとすると、あまり役に立たない、能力が劣っている人は、価値が低くなる。二〇〇三年に、アメリカ–カナダの研究が、死ぬ確率を減らすためにお金を払う意思を、回答者の年齢と健康状態別にまとめた。それによると、四十歳を超し、心臓病や肺疾患、あるいは癌にかかっている回答者は、より健康な人や若い人が、死ぬリスクを減らすために支払うよりも多くを進んで支払うことがわかった。[6]

統計的生命の定義は、生命が能力と他者に対しての価値という次元からも価格をつけられるという想定と結びついている。その結びつきは、統計的生命を測る手段が、人がリスクを避けるために進んで支払うことと、リスクを引きうけることへの支払いの要求のいずれかによっている点にある。人々がこれらの決定をするとき、彼らは事実上経済的な自己評価を実施しているか、あるいは、自らの生命に値段をつけている。アメリカの文化の大部分と、そして確実に存在する世界の資源の格差は、このように自分自身の生命に価格をつける能力と合理性を支持する。しかし、道徳的な内省は、このようなアプローチがまさに失望、悲しみ、そしてそれが見逃していたものによる強い反対を引きおこすことから始まる。人の生命に対する道徳的な内省は、それを金銭的価値として捉えることの不可能性を伴う。これは、人の生命が何の金銭的価値もないこと、または、それが何にも変えがたい価値があることのいずれかである。

注

1 Black, R., Morris, S., and Bryce, J.,（2003）, “Where and Why Are 10 MillionChildren Dying Every Year?” *Lancet* 361, 2226–2234.

2 http://www.unesco.org/water/wwap/wwdr/wwdr3/Millennium Development 参照。国連ミレニアム開発目標のその七とは、安全な水と衛生環境への持続的なアクセスがない人の割合を、二〇一五年までに半分に減らす、というものである。

3 世界の河川システムの崩壊については、Pearce, F.,（2008）*When the Rivers Run Dry: Water—The Defining Crisis of the Twenty-first Century*, Boston: Beacon Press. 近年、水源の割当が民営化されていること、そしてその傾向に反対する草の根運動については、Barlow, M.,（2008）*Blue Covenant: The Global Water Crisis and the Coming Battle for the Right to Water*, New York: New Press.

4 引用は “Why WASRAG?” Water and Sanitation Rotarian Action Group, March 2008, www.wasrag.olg/downloads/brochures/Join%20WASRAG%20Form.pdf.

5 www.msnbc.msn.com/id/25626294 を参照。

6 Albertini, A., Cropper, M., Krupnick, A., and Simon, N., B.,（2004）“Does the Value of a Statistical Life Vary with Age and Health Status?” *Journal of Environmental Economics and Management* 48, no. 1, 769–792.

『災害の倫理』解説

はじめに

哲学者は災害の問題に対し、いったいどのような貢献ができるのだろうか。ハリケーン・カトリーナでの悲惨な現実を前にしてナオミ・ザックは自らに問いかけた。それが本書の出発点となったことが序論に記されている。東日本大震災の災禍の映像を連日眼にして、同じ問いに私も突き動かされた。震災の二年後に『「共災」の論理』を刊行することで、ようやく心の落ち着きを得た。「共災」とは災害と共にあるということである。地球温暖化の影響もあり、世界中で「百年に一度」の災害がいつ起きてもおかしくない状況にある。災害に感染症やテロも含めると、世界はまさに災害と共にある時代に入ったと言える。そのような時代を、災害犠牲者の生を荘厳しつつ勇気をもって生きる思想をそこで公表した。

その後、実践的側面にも関心を拡大した。具体的には、災害対応時に救助の専門家、一般の避難者それぞれが、どのような行動をとるべきか、どのような行動を優先すべきか、だれを優先して救助すべきかということの倫理学的考察である。つまり、自助・共助・公助の倫理学的基盤とそれらのあいだの優先順位を考えた。そのさいに、ザックの本書も参考にした。こういう問題は倫理学の世界で公表するだけではいけないと思い、「地区防災計画学会」第二回大会（二〇一六年三月）でも発表をした。会場には倫理学の専門家が私しかいなかったので、どこまで理解してもらえるか不安だった。しかし、意外にも好評で、発表後、現場に携わっている人たちから、「そのことで今まで悩んでいた」、「それが知りたかった」といった声が数多く寄せられた。医療の現場が倫理学的問題と不即不離であるように、同じように命や幸福に直接かかわる災害現場には倫理学的問題が溢れていることをあらためて知ることになった。

この会場で、訳者の一人であり防災を専門とする阪本真由美氏と知り合った。阪本氏はザックとも面識があったので、一緒に『災害の倫理』の翻訳をしましょうという話になった。二〇一八年七月に、新たに訳者として同じく防災専門の北川夏樹氏に加わっていただき、翻訳が本格的にスタートした。学会での発表から熊本に戻って一か月後に熊本地震が発生した。震源地から近いこともあって、震度六強の揺れを二回、その他強い余震を何度も味わうことになった。頑丈な造りだったので家自体はほとんど被害がなかったが、内部はかなりひどかった。その数か月の間、自助、共助、公助についても貴重な経験をすることができた。

本訳書は Naomi Zack, *Ethics for Disaster*, Rowman & Littlefieled Publushers, INC, 2009 のハードカバー版に、新たに序論を付加して二〇一一年にペーパーバックで刊行された版の翻訳である。著者のナオミ・ザックについては著者略歴を参照していただきたい。

「災害倫理」あるいは「災害の倫理」とは聞きなれない言葉であろう。実際、この言葉が著作のタイトルとして登場したのは、筆者が知るかぎり、本書が最初である。ペーパーバック版が刊行された翌二〇一二年に、緊急時論文集シリーズ（*The Library of Essays on Emergency Ethics, Law and Policy*）四巻が刊行された。同シリーズは、緊急時の倫理、緊急時の法、緊急時の政策、緊急時の調査倫理の四巻より成っている。ザックの『災害の倫理』は、最後を除く三つの巻と直接かかわっており、「緊急時」の諸問題を「災害時」の視点から倫理学的にとらえる試みである。二〇一六年にはオックスフォード大学出版会から、緊急時倫理をタイトルとする論文集（*Emergency Ethics: Public Health Preparedness and Response*）が出版されている。これらは、緊急時や災害時の倫理にかんする研究が本格化してきていることをうかがわせるものである。

本書の三つの主要なテーマ

本書は、これから災害の倫理について本格的に考えていく上で避けて通ることのできない多くの問題を提起している。その中で本書全体を貫くテーマとして、以下の三点に注目してみたい。

一つは自助・共助・公助にかかわることである。たとえば、人はなぜ災害時に自らや家族を守らねばならないのか、なぜ見ず知らずの他人を助けなければならないのか、政府はなぜ市民を救助し支援しなければならないのか。これらは自助・共助・公助の倫理学的基礎についての問いである。また、それにもとづいて自助・共助・公助それぞれについて、どのような行動をとるべきかという自助・共助・公助の行動原理や、自助、共助、公助の関係も論じられるべきである。本書を読んでまず気づくのは、日米間の共助のありかたの違いである。多くの人種が存在し、貧富の差の大きいアメリカでは、災害時に暴動や大規模な略奪が生じる場合がある。このあたりの状況は、地域住民が避難しあいその後も助け合うという日本のような共助を生みにくいと思われる。アメリカでは、公助が至らない地域では、災害ボランティアチームである緊急事態対応チーム（CERT）の研修を受け、捜索・救助からトリアージにいたるスキルを身につけた人が中心となって、自分や家族のみならず地域の被災者の命を救うことが目指されている。その意味で、共助は自助の延長上にあるといえる。

二つ目は平常時と緊急時の倫理の関係である。大災害のように政府の機能が一時的に停止した緊急時にも平常時の倫理で十分なのか、それとも平常時と異なる倫理（緊急時の倫理）が適用されるべきかどうかが問われる。これは古くから問われてきたことである（たとえば、デビッド・ヒューム（1751））。二十世紀になってからは、「救命ボートの倫理」という仕方で議論されてきた。また、この問題は医療においては十九世紀以来「トリアージ」をめぐって論じられている。かぎられた医療資源のもとで、どの傷病者を優先的に搬送・治療すべきかの選別（トリアージ）の基準は、平常時のように先着順でよいのか、それに代わるものとして、なにが一番公平なやり方なのかが問われてきたのである。ザックのこの問題に対する基本的立場は、できるかぎり平常時の道徳を尊重するということである。それでも、自他の生命が危機に瀕するぎりぎりの状況では事情は異なってくるのではないだろうか。いわゆる「救命ボートの倫理」の状況であり、ここでザックは「徳」という概念に活路を見出そうとしている。

三つ目のテーマは、備えと対応の区別である。アメリカの救助専門家の現行の行動原理は、最大数を救う（ＳＧＮ）ことである。しかし、医療資源や人員の決定的な不足から全員を救うことが困難な場合が少なくない。ＳＧＮには選別がしばしば適用され、国民に開かれた議論もなしに倫理的に妥当とされてきた。ザックはここには災害準備計画と災害対応計画の混同があるとする。本来、二つの計画においてふさわしい倫理学的原理は異なるのである。事前に十分な備えをせずに、資源がかぎられた状況下での対応に焦点を当てているのが現行の行動原理に他ならない。このように、備えと対応の区別を強調する点に著者独自の視点を見てとることができる。このテーマは主として一章と二章で論じられるが、五章にも登場する。九・一一以後、国土安全保障省の設立にともない、それまで災害対策・対応を担ってきた緊急事態管理庁はその一部局へと編成された。それに対して著者は安全保障と安全を混同させるものだと批判するとともに、備えを見落とし、対応に集中することでもあると述べる。

以上を念頭に置いて、本書の内容を章ごとに解説することにしよう。ザックの記述は多くのことを背景にしており、含蓄の多い文章も少なからずあるので、この解説が読者の理解の一助になることを願っている。

第Ⅰ部について

第Ⅰ部（一章〜三章）では、自助、共助、公助の倫理的基盤、災害計画における基本的原理の考察、および伝統的な三つの道徳的システム（帰結主義、義務論、徳倫理）を災害時にどこまで適用できるか、また、災害時には平常時と異なる特別の倫理的原理が必要かなどについて考察される。

一章では、アメリカにおける救助専門家やボランティアの活動にかんする倫理的原理に焦点を当てる。序論にもあるように、ザックは実際に、緊急事態対応チーム（ＣＥＲＴ）の研修にも参加している。アメリカの救助専門家と緊急事態対応チームの現行の原理は、鳥インフルエンザ流行への対応に見られるように、最大数を救う（ＳＧＮ）ことである。しかし、ＳＧＮが、高齢者や病気の人や治療する価値がないとみなされる人を排除するために活用されると、ＳＧＮは、「＿という人の最大数を救う（SGN Who＿. SGNW）」となる。＿の空白部分は、医療措置を受ける患者の既定の特性で埋められるが、それには誰を救うかについての議論が前もって必要となる。

ザックはここには災害準備計画と災害対応計画の混同があるとする。また、事前の十分な備えを考慮せずに、物的・人的資源がかぎられた状況下での対応に焦点を当てることに強く異を唱える。

本来、備えと対応は別のことであり、それぞれ別の倫理的原理が働くべきなのである。災害対応計画と災害準備計画における倫理的原理の違いは、最大数を救う（ＳＧＮ）と、助けられる人をすべて救う（ＳＡＬＬ）の違いである。両方とも功利主義的原理であるが、最大数を救うこと（ＳＧ

N）は、犠牲者を伴いがちであり無条件では受けいれられない倫理的原理である。しかし、助けられる人をすべて救う（SALL）は、西欧民主社会の一般的な道徳的直観と合致する。ここで、SALLが備えと対応の両方を考慮しているのに対し、SGNは対応を注視している。

それでは、西欧民主主義社会における一般的な倫理的原理とはいかなるものであるか。ザックが挙げるのは以下の原理である。（以下の七つの義務論的原理はザックが依拠する社会契約論で、ジョン・ロックが主張した原理でもある。）


一．人の命は、本質的に価値がある。

二．すべての人の命は平等に価値がある。

三．すべての人には他の人に傷つけられない等しい権利がある。

四．すべての人は、人以外の力により傷つけられることから守られる権原を与えられている。


また、これらの原理は、下記のように個人にとっての倫理的原理となる。

A．私たちには、私たち自身そして私たちに依存している人の世話をする（care for）義務がある。
B．私たちには、互いに傷つけない義務がある。

C．私たちには、私たちが傷つけられないかぎりにおいて他人の世話をする義務がある。

Aは自分や家族等を助ける義務（自助の義務）を述べている。また、Cは他人を助ける義務（共助の義務）、そして自助が共助に優先することを述べている。すなわちこれらは、自助と共助の義務、および自助と共助の優先関係の倫理的基礎をなす原理であるといえる。

いくら準備をしても、想定外の事態が生じ、かぎられた資源をどのように分配するべきかという問題、いわばトリアージのトリアージ（トリアージの再検討）という問題が生じる。どのような分配が公平・公正なのかは公開の場で議論されなければならない。これはザックが強調することである。検討すべき有力候補として、ザックはジョン・ロールズの「公正としての正義」の方法を挙げる。それによれば、医療トリアージにおいて、平等主義的功利主義が効率的功利主義より好まれることになる。

災害時には、壊滅的な出来事の後で、助けられるすべての人が実際に救われることが望ましい。すなわち、「助けられる人をすべて救う（Save All Who Can Be Saved: SALL）」である。私たちは、まだ準備するための時間がある平常時においてSALLを思い描かなければならないとザックは主張する。しかし、適切に備えなければ、大規模災害の後に「最大数を救う（SGN）」の原理のもとで動くしかないだろう。そして、公平さを欠く「」という人の最大数を救う（SGNW）」と道徳的に妥協することになるかもしれない。

以上をまとめると、災害計画における最善の原理とは、「最善の備えをして助けられる人すべてを公平に救う（Fairly Save All Who Can Be Saved, with the Best Preparation, FSALLBP）」という原理である。

これまで哲学者が伝統的に支持してきた三つの異なる道徳システムがある。行為や規則の正邪を問題とする、帰結主義（consequentialism）と義務論（deontology）、そして行為者の性格特性を倫理の中心に置く徳倫理（virtue ethics）である。帰結主義では、最善の結果をもたらす、あるいは善を最大化する行為や規則は正しいとされる。義務論は、結果にかかわらず、私たちが特定の道徳原理に従わなければならないことを求める。徳倫理は、人の徳、あるいは善い生活にもとづく道徳システムである。一章では、主として帰結主義の諸相や問題点を考察しながら義務論的原理も提示してきた。

二章では、「洞窟の中の太った男」、「洞窟探検隊」、「ウィリアム・ブラウン号の大型ボート」、「旅行者ジム」といった、救命ボートの倫理／災害シナリオのよく知られた用例を検討する。これらの事例は、究極の選択が求められる災害時に、帰結主義と義務論のいずれが適しているかという問題を提起する。これらの事例の一つ一つが、帰結主義と義務論という道徳システムのあいだの緊張を劇的に描いている。これらのシナリオにおいて帰結主義が選ばれるときは、「最大数を救う（ＳＧＮ）」と、「最大数を救う（ＳＧＮＷ）」という規則が支持される。「助けられる人の最大数を救う」という規則はすべて公平に救う（FSALL）」、あるいは「最善の備えをして助けられる人すべてを公平に救う（FSALLBP）」が適用される時は、選ばれる結果は義務論的なものとなる。

しかし、最善の備えでも対処できず公平性も保てないような予期せぬ状況においては、「最大数を救う（SGN）」と、「」という人の最大数を救う（SGNW）」という帰結主義的原理の圧力が増すが、そこには「無実の人を殺さない」というさらに強い義務論的原理が立ちはだかることになる。ところが、救命ボートの倫理で表されるようなきわめて逼迫した状況では、その原理さえつねに適用可能とはかぎらない。そのような状況では義務論的原理に例外を認めることも可能かもしれないが、例外は行動のたんなる合理化と正当化につながりかねない。たとえばトリアージが示すように、災害時には帰結主義が支持されることが多い。それでも、平常時の道徳的直観は保持されるべきであり、ここには道徳システム間の緊張が出現する。ザックはこのような考察に続いて、それまでとは別の視点に着目する。それは「徳」という視点である。究極の選択が求められる状況において、義務論と帰結主義のいずれを選ぶにしても、正しい決定かどうかは、参加者とリーダーの徳に対する私たちの信頼度に依拠するだろうとザックは述べる。さらに、徳倫理の立場からの帰結主義への批判として、バーナード・ウィリアムズの主張した「誠実さ」という徳に言及し、誠実さを維持することは自他の生命の存続に優先するという立場も可能であることを述べる。

三章では災害時にもっとも適切な徳について考察する。徳は、長期にわたる行動の傾向性・性格特性であり、生得のものではなく習得されるものである。三章での中心的な問いは、災害時の英雄が示す徳は、平常時の徳と異なるのかということである。徳の考察であるから、二章のように短時間での究極の選択の場面ではなく、三章では、ある程度の期間にわたる行動の傾向性が検討される。

現代のベストセラーのスリラーやサイエンス・フィクションは、現代に好まれる徳について多くのことを示唆している。フリンの小説の主人公たちが示す、アキレスの徳を踏襲するような無謀な勇敢さや残虐さ。『ザ・ロード』での父と息子が表すカニバリズムの忌避と誠実さ。そして、小説ではなく現実世界における誠実さと勤勉さの徳の事例として、遭難した南極探検家のアーネスト・シャクルトンが参照される。

災害を扱うにあたり、ザックは、アキレスが示したような無謀な勇気や残虐さに対立するものとしての誠実さ（integrity）と勤勉さ（diligence）の徳を支持する。平常時における徳である誠実さや勤勉さは、アリストテレスやそのリバイバルである現代の徳倫理に直接よるものではないが、これらは、私たちが恐れる極限的な状態においても必要とされる徳である。災害時に選出されるリーダーはこの種の徳を具えていなければならない。また、欠乏と危険が長びく状況においては、誠実さや勤勉さは、避難者にとっても継続的に生活を支える背景であり、道徳的価値を維持するのである。

第Ⅱ部および結論

第Ⅱ部の四章～六章では公助が主題となる。

四章では、公助の道徳的基盤として社会契約論の視点が適用される。社会契約論はアメリカの独立宣言のもとになっている思想でもあり、政府の存在根拠を述べるものである。それによれば、政府の存在は、市民による明示的あるいは暗黙の合意にもとづくものであるとともに、政府のない「自然状態」での生活と比較したうえで正当化されるという理論である。しかし現代は、自給自足の生活がもはやできない。もしそのような状態になれば国土自体が破壊されてしまうため、本来の自然状態に戻ることはできない。むしろ、災害がつくりだすのは「第二の自然状態」と呼ぶのにふさわしい。ロック的見方では、こうした状況では、自発的組織や家族、共同体組織が、一時的に政府機能が停止している間に再編成もしくは設立され、従来の秩序のある社会が維持される。このような叙述は、避難所での整然とした秩序や備蓄された食糧、必需品、それらの公平な分配、地域の人々や企業による支援等を考慮すると、日本の状況に当てはまると思われる。ザックは、災害発生後に混乱と略奪が横行しがちなアメリカを、家族や地域共同体の働き（自助、共助）によって秩序を回復するロック的な状態よりもむしろ、公助なき中、自助中心で行動する冷酷なホッブズ的状態に近いととらえているようである。

このように社会的組織が崩壊した状況においては、中央機関が必要とされる。政府のみが、リーダーシップに富み、関連情報を入手し、職員を展開する管理者的で物理的な能力をもつからである。では、こうした第二の自然状態における政府の義務とは何か。著者は、政府が負っているのは、災害による第二の自然状態において市民が生きのこるために備えるという、政府の起源（社会契約）

にもとづく義務であると主張する。このような備えは公共政策として実施が求められる。また、十分な備えがない場合、政府は災害対応に人道的な役割を演じる必要があるが、社会契約の立場からは、人道的支援は道徳的に善いことではあるが、義務ではない。ただし、生きるか死ぬかという緊急時の状況においては、市民は生き延びるための支援を得る絶対的な権利をもつ。

公共政策は五章のテーマである。九・一一の出来事、とくにアメリカン航空七十七便がペンタゴンに衝突した事件は、国土安全保障省（ＤＨＳ）の設立のきっかけとなったが、連邦緊急事態管理庁（ＦＥＭＡ）は今やこの局に従属する部門である。国土安全保障省長官は、重大な緊急事態を国家的な意味をもつ出来事として位置づけ、さらに省庁間事件管理グループ（Interagency Incident Management Group）を招集し、ＮＲＰ国家災害対応計画・破局的事件補遺（ＮＲＰ‐ＣＩＡ）を発動させることができる。ＮＲＰ‐ＣＩＡは、主に短い、あるいは事前通告のない出来事に適用されるものであり、その発動は連邦政府による災害対応を、州政府からの要請への対応（「プル」システム）から、先取りした対策（「プッシュ」システム）へと移行させる。それが、ハリケーン・カトリーナ発生時に機能していた仕組みだったが、ＮＲＰ‐ＣＩＡは発動されなかった。国土安全保障省の設立と九・一一後の不安は安全保障（security）と安全（safety）を混同させていると著者は主張する。安全保障と安全の混同は、備えを見落とし、対応にほぼ全面的に集中することを促進することで、災害への備えと対応にとって最善とはいえない結果となった。

災害対策において、個人がないがしろにされないための一つの方法は、災害の権利を尊重することである。著者は航空旅客の権利を例にして、新たな災害の権利の可能性を探る。そして、災害時においても停止されない絶対的権利として無実の人の生きる権利（殺されない権利）、緊急時に支援を受ける権利、および個人の尊厳を尊重する権利をあげる。ただし、「尊厳」とは多義的な言葉である。カントでは、理性をもつ人格としての人間は尊厳という絶対的内的価値を有するとされる。ヨーロッパの尊厳主義の伝統が基盤にするのは、個人の生命という絶対的な価値である。米国では、人間の尊厳の尊重は、法律に明示された内容というよりも、道徳的な直観として現れている。また、どこまで災害の被害者を支援すべきであるかは、社会契約論の枠組みの中で検討しなければならないと著者は述べる。

六章では、ハリケーン・カトリーナを題材にして、不利な立場にある人々と災害について論じられる。災害時における近年の災害にかんする政策は、犠牲となる可能性のある人の視点よりもむしろ、公務上の視点からのものである。こうした方針のもとでは、個人の尊厳の道徳上の重要性は見落とされがちである。

災害に対してあらかじめ不利な人々、特にハリケーン・カトリーナで被災したアフリカ系アメリカ人について考察すると、彼ら自身による災害への備えも、彼らのための備えも乏しい状態だった。彼らの多くは避難するための自家用車ももっていなかった。ひどい無法状態や救助のヘリコプターへの狙撃という風評が救助隊の活動をためらわせた。また、災害への彼ら自身の対応力も弱く、救援活動や復興の指針も彼らを軽視しがちであった。すなわち、社会的に不利な人びとは災害時によりいっそう不利な立場に陥るのである。他にも、身体障害者のようなグループは、災害時に普段以上に制度上の不平等を経験する。このように、もともと不利な立場の人々に災害が加わると、そこには制度化された集団殺戮が生じうると著者は言う。災害への備えは歴史的に存在してきたこれらの不平等を是正できる見込みはなく、また将来の災害によってどの社会的グループがもっとも損害を被るのか、予測することもできない。そのため、自分たちで可能なかぎりの備えをすることと、ニーズにもとづいた（need-based）備えと対応が必要である。

この章ではコミュニティやボランティアによる支援にも触れているが、さほど重視されてはいない。公助が機能するまでの間、いわゆる共助に頼れないとすれば、重要なのは平常時から自助のスキルを磨くことである。それは、役割を分担する、避難路を覚える、水や食糧、着替えを備蓄することから始まり、雨水の貯留、基本的応急処置、簡単な捜索救助に至るサバイバルスキルを身につけることである。アメリカのコミュニティが取り組んでいるのは、このようなスキルの広報と教育である。

結論では、第Ⅰ部と第Ⅱ部の主な主張を、各章で直面した実践的・理論的問題に注目しながら結びつける。その成果が災害の倫理綱領である。そこには、道徳原理にもとづく自助の義務、自助の義務の拡大版としての共助の義務、社会契約にもとづく公助の義務、そして人としての尊厳の尊重等が述べられる。また、災害についての道徳的熟考は、何を災害とみなすかについて新たな含蓄をもたらすとともに、災害の危険を無視したり誇張することなく手なずけることの重要性を示す。最後に、二〇二五年までに、世界人口の三分の一が、安全な飲料水と適切な衛生措置を欠くことになると想定される、世界的な水不足について、災害の倫理綱領が適用される。追記では、現時点で人間の命がどのように「金額化」されているかに言及しつつ、命の価値について述べられる。

翻訳に当たっては、阪本真由美氏と北川夏樹氏が訳したものに監訳者の髙橋が適宜修正を施した。訳語の統一等もその段階で行った。また、引用文ですでに邦訳がある場合は、できるかぎり邦訳を尊重した。お二人には、災害の頻発する中、超多忙の日々であったにもかかわらず翻訳作業を進めていただいた。翻訳の最終段階では翻訳家の田島貴美子氏から貴重な助言をいただいた。また、出版に当たっては勁草書房の藤尾やしお氏には大変お世話になった。ここに感謝の意を表したい。

監訳者　髙橋　隆雄

参考文献

国土技術政策総合研究所研究資料 ks059804.pdf.（米国の危機管理体制についてのレポート）
http://www.nilim.go.jp/lab/bcg/siryou/tnn/tnn0598pdf/ks059804.pdf#search=%27Catastrophic+Incident+Annex+%E9%99%84%E5%B1%9E%E6%9B%B8%27

髙橋隆雄（2013）『「共災」の論理』九州大学出版会

髙橋隆雄（2016）「トリアージの倫理」『人間と医療』第五号　九州医学哲学倫理学会

立花幸司（2015）「見えないものをみる――徳倫理学の立場から考える防災の倫理学」山口大学時間学研究会編『防災と時間（時間学の構築Ⅰ）』恒星社厚生閣、一九一―二二一頁

米国の防災に係る自治体と地域コミュニティの取組み（Clair report No. 384）　自治体国際化協会
http://www.clair.or.jp/j/forum/pub/docs/384.pdf

牧紀男（2014）「災害発生時における危機対応システム――米国の事例に学ぶ」『海外社会保障研究』四―一四頁

Jennings, B, et al.（eds.）（2016）, *Emergency Ethics: Public Health Preparedness and Response*, Oxford University Press.

Takahashi, T. (2019), “Disaster ethics in the age of co-disaster”, Takahashi, T., Macer, D., Ghotbi, N.（eds.）, *Philosophy and Practice of Bioethics across and between Cultures*, Eubios Ethics Institute, Chap.1, 1-10.

Viens, A.M.et al.（eds.）（2012）, *The Library of Essays on Emergency Ethics, Law and Public Policy*, 4 vols. Ashgate Publishing Limited.

■著者略歴

ナオミ・ザック（Naomi Zack）

1970年、コロンビア大学で博士号を取得後、20年のブランクを経て、1990年学界に復帰、ニューヨーク州立大学オールバニ校で教鞭を執る。2001年からオレゴン大学哲学科教授。他の著作にRace and Mixed Race（1993）、Bachelors of Science（1996）、Philosophy of Science and Race（2002）、Inclusive Feminism（2005）、Thinking about Race（教科書、第2版、2005）がある。American Mixed Race（1995）、RACE/SEX（1997）、Women of Color and Philosophy（2002）の編集者でもある。

■監訳者略歴

髙橋 隆雄（たかはし たかお）

熊本大学名誉教授。東京大学大学院博士課程修了（哲学）。博士（文学）。『生命・環境・ケア―日本的生命倫理の可能性』（九州大学出版会、2008）、『「共災」の論理』（九州大学出版会、2013）、その他、倫理学関連の編著多数。

■訳者略歴

阪本 真由美（さかもと まゆみ）

兵庫県立大学大学院減災復興政策研究科教授。京都大学大学院情報学研究科博士後期課程修了。博士（情報学）。「災害ミュージアムという記憶文化装置―震災の想起を促すメディア」（山名淳他編『災害と厄災の記憶を伝える』勁草書房、2017）、『わかる！取り組む！災害と防災1　地震』（共著、帝国書院、2017）など。

北川 夏樹（きたがわ なつき）

名古屋大学特任助教。京都大学大学院修士課程修了。修士（工学）。専門は土木計画学（防災減災計画など）。「広域災害による『入浴困難者』の発生数および必要な支援拠点数に関するケーススタディ」（土木学会論文集D3（土木計画学）Vol. 75、No. 5、共著、2019）。

人名索引

ア行

アキレス（Achilles）　*95–99, 104, 106, 108, 119, 121–125, 263*
アナン（Annan, K.）　*247*
アリストテレス（Aristotle）　*15, 43, 91–94, 98, 129–130, 134, 263*
イースターブルック（Easterbrook, G.）　*7–8*
ヴィーチ（Veatch, R.）　*28*
ウィリアムズ（Williams, B.）　*75–77, 89, 262*
ウィンズロウ（Winslow, G.）　*24, 45*
ヴォルテール（Voltaire）　*4–5, 17*
エドワーズ（Edwards, J.）　*85–86*
エンゲルハート（Engelhardt, J. T.）　*26*

カ行

カント（Kant, E.）　*186–188, 195, 266*
クアランテリ（Quarantelli, E. L.）　*11–12*
クライン（Klein, N.）　*203, 215–220, 228, 232*
グロス（Gross, M.）　*26*

サ行

シャクルトン（Shakleton, E.）　*91, 98, 114–120, 263*
ジョンセン（Jonsen, A.）　*26*
シンガー（Singer, P.）　*xiii*
ストロスバーグ（Strosberg, M.）　*25–26, 46*
スピーゲルマン（Spiegelman, A.）　*129, 133, 145–151, 160*
ソクラテス（Socrates）　*xli*

タ行

ディラン（Dylan, B.）　*198–199*

ナ行

ニールセン（Nielsen, K.）　*62–65, 83*

ハ行

ハックルベリー・フィン（Huckleberry Finn）　*83–85*
パトロクロス（Patroclus）　*96*
ビーチャー（Beecher, H.）　*26, 54*
ヒムラー（Himmler, H.）　*84–85*
ヒューム（Hume, D.）　*xlv, 256*
ブッシュ（Bush, G.）　*79, 155, 160, 199, 206, 210, 226–227*
フラー（Fuller, L. L.）　*66–68, 71,*

73–74
プラトン（Plato）　*xli, 73*
フリードマン（Friedman, M.）　*215–217, 220, 224, 228*
フリン（Flynn, V.）　*98–99, 102, 104–106, 108, 263*
ベイカー（Baker, R.）とストロスバーグ（Strosberg, M.）　*25–26*
ヘクトール（Hector）　*95–96, 104*
ベック（Beck, U.）　*7*
ベネット（Benett, J.）　*82, 84–85*
ヘロドトス（Herodotus）　*111*
ホッブズ（Hobbes, T.）　*xli, 89, 129, 134–139, 141, 143, 156–158, 264*
ポープ（Pope, A.）　*4*
ホメロス（Homer）　*95–96, 125, 200*

マ行

マッカーシー（McCarthy, C.）　*xlviii, 98, 109, 111*
ミルトン（Milton, J.）　*77, 88*

ラ行

ライプニッツ（Leibniz, G.）　*4*
ラムゼイ（Ramsey R.）　*26*
ラレー（Larrey, D. J.）　*25*
ルソー（Rousseau, J. J.）　*5, 17, 134, 156*
ロック（Locke, J.）　*xlvii, 15, 89, 129, 134–137, 139, 141, 143–145, 156–159, 259, 264*
ロールズ（Rawls, J.）　*44–46, 156, 260*

事項索引

ア行

アメリカ国土安全保障省（DHS）　*xviii, 165, 168–169*
アメリカ国防総省（DoD）　*165–167*
アーリントン郡消防　*166*
アレオパジティカ　*77*
安全性（safety）　*xvii, 170*
安全保障（security）　*x, xvii–xviii, 133, 170–175*
安楽死　*80*
生きてこそ（Alive）　*111*
依存都市　*228*
遺体　*197–198*
意図的な人種差別　*199, 226*
イリアス（The Iliad）　*95, 123, 125*
陰謀論　*214*
ウィリアム・ブラウン号　*69–70*
エンデュアランス号　*114–117*
穏やかな人　*93, 107*

カ行

格差原理　*46*
カニバリズム（人肉食）　*111–114*
消えたタワーの影のなかで　*148–151, 159–160*
帰結主義（consequentialism）　*xxxv, xliii, 59–62, 64, 70, 75–76, 80–81, 258, 261–262*
義務論　*xxxv, xliii, 59–62, 83, 238, 261–162*
救命ボートの倫理　*xli, 15, 59–60, 94, 256–257, 261–262*
9・11　*xii, 7, 9, 16, 149, 151, 153, 160, 165, 167, 170–173, 175*
9・11 委員会報告　*153*
緊急時　*36*
緊急事態　*33, 34*
勤勉さ（diligence）　*15, 98, 106, 111, 114, 118, 121, 263*
経験的問題　*ix, 46–47*
啓蒙主義　*4*
権限［資格付与］（entitlement）　*180, 183*
原初状態　*44*
公開討論　*46–47, 53*
航空旅客権利章典　*177–179, 266*
公正（fairness）　*xvii, 44–45, 72, 239, 246, 256, 260–262*
幸福の原理（PWB）　*31, 34, 57*
功利主義　*xvi–xvii, xliii, 25–26, 39–40, 46, 62, 258, 260*
効率性　*25–28, 122*
国家災害対応計画（NRP）　*168*
国家災害対応計画・破局的事件補遺（NRP-CIA）　*168–169, 265*
コミュニティ緊急事態対応チーム（CERT）　*xxxvii, 39, 57*

サ行

災害時の権利　*180, 182*
災害準備計画　*23, 29, 35, 165, 257–258*
災害対応計画　*23, 29, 35, 39, 43, 47, 165, 257, 258*
災害と法　*171*
災害とは何か　*111*
災害の倫理綱領　*237, 239, 245, 267–268*
災害被害軽減　*51, 58*
災害倫理　*x, xi, xiv–xvi, 255*
サイクロン・ナルギス　*xv, 2–3*
最善の備えのもとで助けられる人すべてを公平に救う（FSALBP）　*52, 239, 261*
最大数を救う（SGN）　*39, 48, 60, 70–71, 74–75, 123, 257–258, 260–262*
残忍さ　*96–98, 102, 108–109*
自動車事故　*xii, 7–8*
自然状態（state of nature）　*16, 68, 135–137, 139–146, 159, 264*
慈悲殺　*80, 82*
社会契約的義務　*191*
社会契約論　*xv, 15, 133–137, 140, 142, 145, 153, 164, 185, 264, 266*
社会構成主義　*225*
社会的不平等　*201–202*
自由（freedom）　*129, 179*
自由（liberty）　*129*
集団殺戮　*212–214, 267*
ジュネーブ条約　*26–27*
ジュネーブ条約議定書　*26–27*
省庁間事件対応グループ　*168*
ショック・ドクトリン　*215–220, 227, 231*
自律（autonomy）　*129, 147*
人格　*186–187, 277*
スタッフォード法　*168*
スネーク・フライト（Snake Flight）　*163, 191*
誠実さ（integrity）　*14, 76, 98, 111, 121, 262–263*
制度化された人種差別　*212–213, 226*
政府存続計画（COOP）　*131, 146, 155*
政府の存続（COG）　*131, 146*
絶対主義者　*62, 64*
戦争時のトリアージ　*26–27*
全ハザード型アプローチ　*173*
全米臓器配分ネットワーク　*28*
組織化された援助力　*25–26*
尊厳　*xv, 186–191, 198–201, 238, 240, 246–247, 266*
尊厳主義　*182, 189, 266*

タ行

大統領令　*131, 155*
第二の自然状態（second state of nature）　*16, 139–146, 264*
助けられる人を全て救う（SALL）　*39–40, 50–53, 70, 258–261*
チャータースクール　*218, 223, 235*
チリ地震　*xxv*
罪の文化　*200*
堤防が破壊される時　*225, 227*

適正手続　*103, 106–107*
テロリズム　*8, 101, 167, 170*
テロリスト　*9, 51, 99, 101, 164, 166, 168, 170–171, 173, 246*
ドイツ連邦共和国基本法　*188–190*
__という人の最大数を救う（SGN-W）　*49, 60, 70, 223, 258–262,*
洞窟探検隊事件　*66*
統計的生命価値　*248–249*
同情　*xviii, 70, 82, 84–86, 96, 105, 191, 199–200, 206*
道徳的保守主義者　*62*
道徳の形而上学　*186*
道徳と法　*129–130*
徳倫理　*xxxv, xliiii, 15, 59, 108, 238, 261–262*
トリアージ　*xvii, xxxviii–xxxix, xliii, 24–28, 36–37, 44, 49, 57, 61*
トリアージと正義　*24*
鳥インフルエンザ　*7–10, 34–38, 43, 45, 54, 258*

ナ行

内在的価値（intrinsic value）　*186–187, 189, 196*
ニコマコス倫理学　*91*
認識論（epistemology）　*102–103, 106, 108*

ハ行

ハイチ地震　*ix, xxiv–xxvi, xxviii*
バウチャー　*218, 223, 235*
恥の文化　*200–201*
ハックルベリー・フィンの良心　*84–86*
ハッティ・キャロルの寂しい死　*198, 230*
ハリケーン・カトリーナ　*ix, xiii–xix, 7, 16, 78, 169, 184, 190, 198–200, 204–208, 209*
ビッグ・ディッグ（Big Dig）　*51*
平等主義　*xvii, 25–27, 46, 122, 135, 204, 208, 228–229, 239*
ファイアーファイト（Firefight）　*165*
不公平　*36, 43*
物的基盤　*xviii, 140*
フロネーシス　*92–93*
文化的相対主義　*111*
米国湾岸警備隊　*228*
ペットの避難　*79*
ヘルプジェット　*203*
ペンタゴンの火災　*165–167*

マ行

マニ教［善悪二元論的禁欲主義］　*134, 219*
水危機　*237, 243–245*
水危機に対する倫理綱領　*245–247*
無謀な勇敢さ　*101–102, 263*
無危害原理（PNH）　*30, 34, 57, 81*
無知のヴェール　*44–45, 58*

ラ行

リスボン大震災に寄せる詩　*4*
リスボン地震　*xlviii, 4–6, 17*
立憲政体の持続（ECG）　*131*

旅行者ジム　*75–76*
連邦緊急事態管理庁（FEMA）　*xvii, 17, 168, 173, 198, 206, 265*

災害の倫理
災害時の自助・共助・公助を考える

2020 年 4 月 20 日　第 1 版第 1 刷発行
2021 年 7 月 20 日　第 1 版第 2 刷発行

著　者　ナオミ・ザック
監訳者　髙　橋　隆　雄
訳　者　阪　本　真　由　美
　　　　北　川　夏　樹
発行者　井　村　寿　人

発行所　株式会社　勁《けい》　草《そう》　書　房
112-0005 東京都文京区水道 2-1-1 振替 00150-2-175253
（編集）電話 03-3815-5277／FAX 03-3814-6968
（営業）電話 03-3814-6861／FAX 03-3814-6854
三秀舎・松岳社

ISBN978-4-326-15465-4　Printed in Japan

https://www.keisoshobo.co.jp

著者	書名	判型	価格
清水睦美ほか	震災と学校のエスノグラフィー 近代教育システムの慣性と摩擦	A5判	四一八〇円
森田伸子	哲学から〈てつがく〉へ！ 対話する子どもたちとともに	四六判	二四二〇円
森田伸子	子どもと哲学を 問いから希望へ	四六判	二五三〇円
松下佳代	対話型論証による学びのデザイン 学校で身につけてほしいたった一つのこと	A5判	二二〇〇円
山名淳 矢野智司編著	災害と厄災の記憶を伝える 教育学は何ができるのか	A5判	四四〇〇円
日本デューイ学会編	民主主義と教育の再創造 デューイ研究の未来へ	A5判	三八五〇円
耳塚寛明・浜野隆・冨士原紀絵編著	学力格差への処方箋 ［分析］全国学力・学習状況調査	A5判	三一九〇円
耳塚寛明・中西祐子・上田智子編著	平等の教育社会学	A5判	三〇八〇円
G・ビースタ／上野正道ほか訳	民主主義を学習する 教育・生涯学習・シティズンシップ	四六判	三五二〇円
小玉重夫	教育政治学を拓く 18歳選挙権の時代を見すえて	四六判	三一九〇円
荒牧草平	教育格差のかくれた背景 親のパーソナルネットワークと学歴志向	A5判	四一八〇円

＊表示価格は 2021 年 7 月現在。消費税 10%が含まれております。